■ 2020年重庆市教委人文社科研究重点项目"习……重要论述研究"（20SKSZ006）

■ 张永红　著

高校思想政治工作育人体系
创新发展研究

重庆大学出版社

图书在版编目（CIP）数据

高校思想政治工作育人体系创新发展研究/张永红
著.--重庆：重庆大学出版社，2022.11
ISBN 978-7-5689-3584-5

Ⅰ.①高… Ⅱ.①张… Ⅲ.①高等学校–思想政治教
育–研究–中国 Ⅳ.①G641

中国版本图书馆CIP数据核字（2022）第201801号

高校思想政治工作育人体系创新发展研究
GAOXIAO SIXIANG ZHENGZHI GONGZUO YUREN TIXI CHUANGXIN FAZHAN YANJIU

张永红 著
策划编辑：陈筱萌

责任编辑：陈 曦　版式设计：陈筱萌
责任校对：邹 忌　责任印制：张 策

＊

重庆大学出版社出版发行
出版人：饶帮华
社址：重庆市沙坪坝区大学城西路21号
邮编：401331
电话：（023）88617190　88617185（中小学）
传真：（023）88617186　88617166
网址：http://www.cqup.com.cn
邮箱：fxk@cqup.com.cn（营销中心）
全国新华书店经销
重庆升光电力印务有限公司印刷

＊

开本：720mm×1020mm　1/16　印张：16.25　字数：275千
2022年11月第1版　2022年11月第1次印刷
ISBN 978-7-5689-3584-5　定价：88.00元

　　高校思想政治工作的创新与发展事关高校发展方向与人才培养质量，高校能否真正落实立德树人根本任务，切实做到为党育人、为国育才，关键在于高校思想政治工作能否实现创新发展并切实提升育人质量。高校思想政治工作是一个系统工程，需要我们用系统思维对其进行分析和研究。习近平总书记多次强调要用系统思维分析当下中国面临的重大现实问题，他在《中共中央关于制定国民经济和社会发展第十四个五年规划和二〇三五年远景目标的建议》的说明中明确提出：“系统观念是具有基础性的思想和工作方法。”[1]党的十八大以来，以习近平同志为核心的党中央高度重视系统推进高校思想政治工作。因此，我们以系统思维提升高校思想政治工作育人质量是认真贯彻落实党的十九大精神、全国高校思想政治工作会议精神、《中共中央国务院关于加强和改进新形势下高校思想政治工作的意见》精神以及习近平总书记重要讲话精神的举措。

　　2017 年 12 月，中共教育部党组关于印发《高校思想政治工作质量提升工程实施纲要》的通知，强调要“充分发挥课程、科研、实践、文化、网络、心理、管理、服务、资助、组织等方面工作的育人功能，挖掘育人要素，完善育人机制，优化评价激励，强化实施保障，切实构建‘十大’育人体系”[2]，这为我们推动高校思想政治工作育人体系的创新和发展提供了基本遵循。为了提升高校思想政治工作的质量，高校不仅要充分掌握和发挥每一个育人子体系的育人功能，而且还要保证每一个育人子体系能够形成一体化育人格局，以逐渐打破高校思想政治工作的不平衡状况。因此，推动高校思想政治工作育人体系的创新和发展就要统筹推进课程育人、要着力加强科研育人、扎实推动实践育人、深入推进文化育人、

1　习近平.关于《中共中央关于制定国民经济和社会发展第十四个五年规划和二〇三五年远景目标的建议》的说明［N］.人民日报，2020-11-04（2）.

2　中共教育部党组.中共教育部党组关于印发《高校思想政治工作质量提升工程实施纲要》的通知：教党〔2017〕62 号［EB/OL］.（2017-12-05）［2022-06-22］.http://www.moe.gov.cn/srcsite/A12/s7060/201712/t20171206_320698.html.

创新推动网络育人、大力促进心理育人、切实强化管理育人、不断深化服务育人、全面推进资助育人、积极优化组织育人，进而推动构建"十大"育人体系新格局，为我国坚定不移地走中国式现代化道路和实现中华民族伟大复兴的中国梦培养一代又一代的优秀人才。

第一章 / 高校思想政治工作课程育人创新与发展 /

"学校归根到底即育人的场所，即一切积极的育人资源的集中而系统的配置之所"[1]，而"课程教学，是学校教育中一种最基本最重要的形式"[2]。中国特色社会主义进入新时代以来，习近平总书记"把对思想政治工作地位的认识提升到了新的高度"[3]，而课程是高校开展思想政治工作的主要载体。因此，高校理当以立德树人为根本目标指向，重视课程建设与改革，深入挖掘课程育人的资源，充分发挥各类课程育人的功能，在课程育人理念变革、课程育人机制建设、课程育人路径优化、课程育人评价体系构建四个基本方面予以探索，以解决在什么样的理念指导下推动课程育人体系建设、以什么样的机制保障课程育人的顺利实施、如何推动课程育人实践的发展以及如何评价课程育人效果四个基本问题，推动构建课程育人的新格局，进而为提升高校思想政治工作质量，推进我国高等教育实现现代化贡献力量。

第一节 高校课程育人的演进历程、本质内涵与现实困境

我国高校历来重视课程建设。教育部门按照中共中央、国务院出台的文件精神制定的相关政策，为高校课程育人工作提供了基本遵循。本书所探讨的课程育人主要强调的是高校各门课程的社会政治本质以及教育教学本质，其价值旨归是实现立德树人的根本任务。当前，我国高校课程育人工作虽然已经取得了一定的成效，但在育人理念、机制建设、实施路径以及评价体系方面还存在一些问题，有待继续完善。

一、高校课程育人的演进历程

新民主主义革命时期，课程育人功能的发挥主要与革命运动紧密相连，这一

1　沈壮海.思想政治教育的文化视野［M］.北京：人民出版社，2005：271.
2　沈壮海.思想政治教育的文化视野［M］.北京：人民出版社，2005：274.
3　沈壮海.新编思想政治教育学原理［M］.北京：中国人民大学出版社，2022：35.

时期高等学校教育工作的中心任务是对学生进行政治思想教育、转变学生的思想，启发学生的政治觉悟。1920 年 8 月至 1921 年春，已建立起来的共产主义小组便开始着手"开办文化补习学校，启发工人的阶级觉悟"[1]。1924 年，周恩来任黄埔军校政治部主任并对政治部的组织机构进行了调整，政治部下设组织股，专门负责"掌握师生的政治思想状况"，后来他还领导政治部专门制定了《中央军事政治学校政治教育大纲草案》，并且通过开设专门的政治课对学生、军官和士兵开展政治训练，以增强青年的政治觉悟[2]。1939 年 7 月，《中央军委关于抗大工作的指示》指出"学校一切工作，都是为了转变学生的思想"。1949 年以后，我国高校人才培养的目标是"又红又专"，"红"就是指要具备无产阶级的世界观，"专"就是要精通所学专业技术。由此可见，各类学校在这一时期为了适应革命的需要，更加注重通过相关课程引导学生树立正确的政治价值观，以充分发挥学校课程的政治功能，启发学生的政治意识和阶级觉悟。

社会主义革命和建设时期，我国依旧很重视发挥高校课程的政治功能，并且强调通过开展以爱国主义为核心的革命实践教育课程，实现培育学生"爱祖国、爱人民、爱劳动、爱科学、爱社会主义"的目标。1949 年 11 月，教育部明确强调课程改革的中心是加强政治课学习。1951 年 11 月 30 日，中共中央发出《关于在学校中进行思想改造和组织清理工作的指示》，《指示》明确规定要对学校教职员以及高中以上学生进行思想改造工作，主要目的和方法是树立为人民服务的观点[3]。1957 年 2 月 27 日，毛泽东在最高国务会议第十一次会议上作《关于正确处理人民内部矛盾的问题》的重要讲话，指出："我们的教育方针，应该使受教育者在德育、智育、体育几方面都得到发展，成为有社会主义觉悟的有文化的劳动者。"[4] 1957 年 12 月，高等教育部、教育部印发了《高等教育部、教育部关于在全国高等学校开设社会主义教育课程的指示》，决定开设专门的社会主义教育课程，后来又增设了"中共党史"课程。"文革"结束后，邓小平在全国教育工作会议上强调，学校要"更好地为社会主义建设服务"，并且"永远把坚定

1　《中国共产党思想政治教育史》编写组 . 中国共产党思想政治教育史 [M]. 北京：高等教育出版社，2016：24.

2　《中国共产党思想政治教育史》编写组 . 中国共产党思想政治教育史 [M]. 北京：高等教育出版社，2016：39-41.

3　《中国共产党思想政治教育史》编写组 . 中国共产党思想政治教育史 [M]. 北京：高等教育出版社，2016：199.

4　毛泽东 . 毛泽东文集：第七卷 [M]. 北京：人民出版社，1999：226.

正确的政治方向放在第一位"[1]。由此可见，这一时期高校主要通过开设"中国革命史""中共党史"这两门课程以在历史教育中激发学生的爱国情怀，而且为了更好地服务于国民经济建设，学校教育开始注重提升学生各方面的能力。

改革开放和现代化建设时期，我国高等学校人才培养的主要目标是培育"有理想、有道德、有文化、有纪律"的"四有"新人。为推动高校课程实现培育"四有"新人的主要目标，中共中央、国务院颁布了一系列政策文件，强调要将思想政治教育与教学工作相结合，充分发挥各类课程的德育功能，明确各门课程的育人功能，进而推动马克思主义理论教育与各类课程在育人方面同向同行。如中共中央宣传部、教育部于1984年9月联合下发的《关于加强和改进高等院校马列主义理论教育的若干规定》明确指出，要在课程教材建设过程中开设对各种社会思潮的评论讲座，要求教师切实承担起教书育人的重要职责，实现知识育人与思想育人的统一。[2] 1987年5月29日颁布的《中共中央关于改进和加强高等学校思想政治工作的决定》指出："要努力联系我国改革和建设的实践，把思想政治教育贯穿到教学环节中去。"[3] 1994年8月31日颁布的《中共中央关于进一步加强和改进学校德育工作的若干意见》明确强调要促进各类学科与课程同思想品德课、马克思主义理论课有机结合。1995年颁布的《中国普通高等学校德育大纲》特别明确了各科教师、各门学科以及不同专业的育人职责，强调要发挥各门学科教学的德育功能。2004年8月印发的《中共中央国务院关于进一步加强和改进大学生思想政治教育的意见》强调"各门课程都有育人功能，所有教师都负有育人职责"[4]。

中国特色社会主义进入新时代以后，以习近平同志为核心的党中央高度重视高校思想政治工作，高校课程育人体系建设的重要地位得以凸显。2014年，教育部颁布了《关于全面深化课程改革落实立德树人根本任务的意见》，指出"要在发挥各学科独特育人功能的基础上，充分发挥学科间综合育人功能"，要"强

1　邓小平文选：第二卷［M］.北京：人民出版社，1994：103-104.

2　教育部思想政治工作司.加强和改进大学生思想政治教育重要文献选编（1978—2014）［M］.北京：知识产权出版社，2015：28.

3　教育部思想政治工作司.加强和改进大学生思想政治教育重要文献选编（1978—2014）［M］.北京：知识产权出版社，2015：70.

4　中共中央文献研究室编.十六大以来重要文献选编：中［M］.北京：中央文献出版社，2006：181-182.

化教师育人能力培养"。[1] 这是继党的十八大提出"立德树人"根本任务以后，首次强调要以课程改革推动落实这一根本任务，更加强调综合育人、协同育人。2016 年，在全国高校思想政治工作会议上，习近平总书记强调要"把思想政治工作贯穿教育教学全过程，实现全程育人、全方位育人"[2]。2017 年，中共中央国务院印发了《关于加强和改进新形势下高校思想政治工作的意见》，强调要"把思想价值引领贯穿教育教学全过程和各环节""要发挥哲学社会科学育人功能""充分发掘和运用各学科蕴含的思想政治教育资源"，并根据习近平总书记的讲话精神在文件中正式提出了"三全育人"的概念。同年，中共教育部党组印发了《高校思想政治工作质量提升工程实施纲要》，要求"大力推动以'课程思政'为目标的课堂教学改革"[3]。习近平总书记在全国高校思想政治工作会议上强调："要用好课堂教学这个主渠道，思想政治理论课要坚持在改进中加强，提升思想政治教育亲和力和针对性，满足学生成长发展需求和期待，其他各门课都要守好一段渠、种好责任田，使各类课程与思想政治理论课同向同行，形成协同效应。"[4]2019 年，习近平总书记在学校思政课教师座谈会上强调要"挖掘其他课程和教学方式中蕴含的思想政治教育资源"[5]。这为推动思政课程与课程思政同向同行，实现育人与育才的有机融合指明了方向。2020 年，教育部印发了《高等学校课程思政建设指导纲要》，强调"必须将价值塑造、知识传授和能力培养三者融为一体、不可割裂"。

二、高校课程育人的本质内涵

关于课程育人的本质内涵，学界目前大致有两种观点：第一种观点倾向于探讨泛指意义上的课程育人，旨在推动课程育人"回归教育的本真与内核"，是一种理念、机制和行动，并把课程育人界定为"在学校教育情境中，基于学生的全

1　中华人民共和国教育部.教育部关于全面深化课程改革落实立德树人根本任务的意见：教基二〔2014〕4 号〔EB/OL〕.（2014-04-08）〔2022-06-22〕.http：//www.moe.gov.cn/srcsite/A26/jcj_kcjcgh/201404/t20140408_167226.html.

2　习近平在全国高校思想政治工作会议上强调 把思想政治工作贯穿教育教学全过程 开创我国高等教育事业发展新局面〔N〕.人民日报，2016-12-09（1）.

3　中共教育部党组.中共教育部党组关于印发《高校思想政治工作质量提升工程实施纲要》的通知：教党〔2017〕62 号〔EB/OL〕.（2017-12-05）〔2022-06-22〕.http：//www.moe.gov.cn/srcsite/A12/s7060/201712/t20171206_320698.html.

4　习近平在全国高校思想政治工作会议上强调 把思想政治工作贯穿教育教学全过程 开创我国高等教育事业发展新局面〔N〕.人民日报，2016-12-09（1）.

5　习近平.思政课是落实立德树人根本任务的关键课程〔M〕.北京：人民出版社，2020：23.

面发展而以各种课程形式为媒介开展育人活动的教育行为"[1]。这一观点虽然强调了学生的全面发展，但并未突出课程育人对学生价值观念的引导和指引，也没有处理好高等教育中存在的知识传授与价值引领的突出矛盾。第二种观点倾向于探讨特指意义上的课程育人，主张将课程育人与高校落实立德树人的根本任务联系起来，认为"'课程育人'是课程领域对新时代'以立德树人铸就教育之魂'的诠释"[2]，并从课程功能、课程价值的角度，强调课程育人重在课程教学活动中贯彻党和国家的意志，培养德才兼备的社会主义合格建设者和可靠接班人[3]。特指意义上的课程育人凸显了德育与智育、思想政治教育与知识体系教育的关系，特别强调了课程育人对于高校人才培养质量提升的关键作用和价值。

从课程育人本身来看，"课程是国家意志与社会主流价值的体现，它要回答'培养什么人、怎样培养人、为谁培养人'这一根本问题，是完成'培养社会主义建设者和接班人'这一根本任务的有力抓手和坚实载体"[4]。从学校的角度看，育人则重在强调"为党育人、为国育才"，培养担当民族复兴大任的时代新人。从教师的角度看，课程育人就是要充分发挥每一位教师、每一门课程、每一堂课的育人功能，努力践行"四有"好老师的标准，自觉承担起新时代教育的新使命。从学生的角度看，课程育人就是要让学生通过课程学习努力成长为兼具思想政治素质和专业素质的全面发展的人，成为能够为党和国家做出一定贡献的人才。因此，本书所探讨的课程育人主要是指新时代高校贯彻落实立德树人根本任务这一时代背景以及《高校思想政治工作质量提升工程实施纲要》这一文本背景下的课程育人，必须充分体现社会政治本质及教育教学本质。其内涵可界定为：在充分发挥高校日常思想政治教育主阵地和社会实践主平台作用的同时，将高校思想政治工作落实到各门课程的教学环节中，用好高校思想政治理论课教学这个主渠道，从而构建"全课程育人"的高校思想政治教育大格局。

三、高校课程育人的现实困境

自党的十八大以来，课程育人体系建设取得了显著成效，但由于课程育人始终存在的智育与德育、知识理论灌输与价值引领之间的不平衡，未能充分实现知

1　宋时春.论课程育人的三种逻辑与当代选择［J］.教育科学研究，2021（12）：56.
2　高树仁，郑佳，曹茂甲.课程育人的历史逻辑、本质属性与教育进路［J］.中国大学教学，2022（Z1）：107.
3　张成诗.论课程育人中思想政治育人与知识育人的关系［J］.中国青年政治学院学报，2007（03）：105.
4　胡守敏，李森.论课程育人生长点的困境与变革［J］.课程·教材·教法，2020（07）：4.

识价值、能力价值以及精神价值的有机统一，因而还存在着诸多困境。

一是课程育人的科学理念还未完全树立，这导致各高校、各学院、各专业课程以及教师的育人意识不强。"长期以来，知识导向的惯性模式根深蒂固，限制了我国课程与教学育人功能的发挥。"[1]部分教师未真正承担起育人的责任，他们认为对学生进行思想政治教育是思政课教师、综合素质课程教师的专职工作，而他们的职责只是帮助学生构建专业课程的知识体系，因而忽视了通过专业课程教学帮助学生树立科学的价值体系。而且，部分高校思政课教师在课程教学过程中偏重相关知识理论的灌输，对学生成长成才的真实需求了解得不够深入，在协同化育人、一体化育人方面还缺乏科学认识。

二是课程育人的机制还有待完善。目前，虽然中央已经印发了统筹推进课程育人的相关文件，但具体落实到各高校、各学院，还需要通过建立适应各个学科、学校、学院具体情况的机制，支撑推动课程育人的保障机制还不够健全，譬如大部分高校未完全构建协同育人机制[2]。

三是课程育人的实施路径有待优化，主要体现在课程体系还不够完善，育人导向还不够明显、课堂教学的育人实效有待增强、教师的育人能力还有待提高。课程育人的具体实施主要包括育人目标的设定及内容的创新、育人渠道的把控以及育人主体能力的提升这几个方面。目前对于育人目标的设定，中央文件和教学大纲都有明确的规定，但"高校、中小学课程目标有机衔接不够"[3]、教师对课程目标的转化不够，无法真正满足学生成长成才的现实需求，部分学科内容存在着交叉重复的问题，课程教材的系统性不够，无法切实激发学生的学习兴趣。此外，课程育人主要应该发挥课堂教学这一主渠道，但总体而言，课堂教学重知识灌输而轻价值引领，课堂育人效果有待提升，各课程教师也还存在着育人意识不强和育人能力不足的问题。

四是课程育人的科学评价体系尚未完全建立。课程育人评价的根本标准应是立德树人根本任务实现的程度，构建科学的评价体系不仅是检验课程育人效果的

1　高树仁，郑佳，曹茇甲. 课程育人的历史逻辑、本盾属性与教育进路［J］. 中国大学教学，2022（Z1）：110.
2　肖香龙. 思政课与其他课程须建立协同育人机制［J］. 中国高等教育，2017（23）：14.
3　中华人民共和国教育部. 教育部关于全面深化课程改革落实立德树人根本任务的意见：教基二〔2014〕4 号［EB/OL］.（2014-04-08）［2022-06-22］. http://www.moe.gov.cn/srcsite/A26/jcj_kcjcgh/201404/t20140408_167226.html.

重要方式，而且也是推动课程育人取得实际效果的重要保障，但目前对于课程育人的成效及实效的追踪、分析和把控还不够科学和完善，容易影响课程育人工作的持续有效开展。

第二节　高校课程育人理念创新

统筹推进课程育人，提升高校思想政治工作质量，更好地贯彻落实立德树人的根本目标，首先就要解决各大高校、各个学院、各个专业、各门课程、各科教师的育人理念的问题。唯有实现了理念的革新，树立了强烈的育人意识，才能真正调动各方面的积极性，解决课程育人的制度保障、实践发展、效果评价等问题。为了更好地贯彻落实立德树人的根本任务，各高校、各学院、各专业、各科教师应该树立育人为本的理念、协同化育人的理念、一体化育人的理念，推动实现"三全育人"的工作格局。

一、牢固树立课程以育人为本的理念

2010 年，胡锦涛同志在全国教育工作会议上强调，"全党全国要积极行动起来，坚持育人为本"[1]，旨在将育人为本的理念贯穿到教育全过程中去，其中包括课程设计、课程教学等关键环节。2012 年，党的十八大报告把立德树人作为教育的根本任务，此后，育人的根本要求进一步明确，即要坚持德育为先、以人为本。2019 年，中共中央、国务院印发《中国教育现代化 2035》，其中"指导思想"部分强调要"以凝聚人心、完善人格、开发人力、培育人才、造福人民为工作目标，培养德智体美劳全面发展的社会主义建设者和接班人"[2]，这进一步明确了育人为本理念的实践目标，即要为党和国家培养合格的社会主义建设者和可靠的接班人。由此可见，育人为本的理念不仅是对高等教育本质的把握，明确了高等学校的基本职能，而且还是对教育本质的科学认识，凸显了受教育者的主体地位，同时还体现了对教育活动目标的把握，彰显了对全面发展目标的根本追求。育人始终是教育的本质，高等教育也应以育人为根本价值追求，这不仅明确了高等学校教育活动的目标，更是明晰了高等学校课程育人的目标。"课程育

1　胡锦涛.在全国教育工作会议上的讲话［M］.北京：人民出版社，2010：7.

2　中共中央、国务院印发《中国教育现代化 2035》［EB/OL］.（2019-02-23）［2022-06-22］.http：//www.gov.cn/xinwen/2019-02/23/content_ 5367987.htm.

人是高等教育教学的重要环节，其在导向上必须始终与高校教育教学、思想政治工作的导向保持高度一致，并在具体实施中将育人导向落实到每一个环节、每一个要素。"[1] 育人为本教育理念落实到课程实施方面，就是要求课程设计、课程教学都要坚持以学生为本，体现学生生理、学业、心理、观念等层面的现实需求[2]。具体而言，也就是要求在课程计划的拟定、课程标准的制定、课程教材的编写、课堂教学的开展等方面坚持育人为本的理念，坚持以实现"育人"目标为导向，学校和教师不仅要明确党和国家育人的目标要求，即要明白"培养什么样的人"，要善于结合学生成长成才的现实需求将育人目标转化为针对每门课程、每一堂课、每一位学生的具体育人目标，而且还要明确怎么通过课程教学实现育人，即要掌握科学的课程育人方式和方法。

二、牢固树立各类课程协同育人理念

"课程育人是一项复杂的系统工程，需要全员参与、全方位推动、全要素协同。"[3] 2016 年，习近平总书记在全国高校思想政治工作会议上强调，"要用好课堂教学这个主渠道，思想政治理论课要坚持在改进中加强，提升思想政治教育亲和力和针对性，满足学生成长发展需求和期待，其他各门课都要守好一段渠、种好责任田，使各类课程与思想政治理论课同向同行，形成协同效应。"[4] 2020年，教育部印发的《高等学校课程思政建设指导纲要》也进一步强调要"解决好专业教育与思政教育'两张皮'问题"[5]。可见，协同育人理念是高校通过构建课程育人体系提升思想政治工作质量必须树立的科学理念。其主要包括"四个协同"：一是课程育人目标的协同。前面第一部分已经强调了育人为本理念的树立，正是由于教育的根本任务是立德树人，因而所有课程必须坚持育人为本的理念，以实现立德树人根本任务为目标，在解决"为谁培养人、培养什么人、怎样培养人"的问题上下功夫，以使课程教学回归育人本质，高校对人才的培养唯有"坚持把价值塑造和知识传授融合为一体"[6]，推动高校各专业课程朝着立德树人的

1　刘宏达，万美容．高校思想政治工作前沿问题研究［M］．北京：人民出版社，2019：141.

2　熊匡汉．教育以育人为本与学生个性发展［J］．中国高教研究，2006（6）：50.

3　杨晓慧．以"大思政"理念创新思政育人格局［J］．思想教育研究，2020（9）：6.

4　习近平在全国高校思想政治工作会议上强调 把思想政治工作贯穿教育教学全过程 开创我国高等教育事业发展新局面［N］．人民日报，2016-12-09（1）.

5　中华人民共和国教育部．教育部关于印发《高等学校课程思政建设指导纲要》的通知：教高〔2020〕3 号［EB/OL］．（2020-06-01）［2022-06-22］.http://www.moe.gov.cn/srcsite/A08/s7056/202006/t20200603_462437.html.

6　韩喜平，肖杨．课程思政与思政课程协同育人的"能"与"不能"［J］．思想理论教育导刊，2021（4）：131.

育人目标前进，才能同心协力提升高校人才培养的质量。二是课程育人主体的协同。课程育人功能的发挥关键在于育人主体之间协同配合，没有教师课程育人意识的增强、课程育人能力的提升以及对课程育人过程的推动实施和把控，育人为本理念的实践转化、立德树人根本任务的贯彻执行就无法真正落实。以往，课程育人的主体主要是思政课教师，如何"打破思政课教师'单兵作战'窘境，实现思政教育从专人到全员的转化"[1]是当前高校推动课程育人亟须解决的关键问题。树立协同化育人的理念对于拓展课程育人主体的覆盖范围，形成各课程教师协同育人合力具有重要作用。三是育人课程的协同。"思想政治理论课是落实立德树人根本任务的关键课程"[2]，虽然近年来党和国家对思政课建设高度重视，思政课育人成效也有所提升，但"高校思想政治工作尚未形成协同育人的良好格局，突出表现在单纯依靠政治理论课，对于其他课程的育人功能凸显不够"[3]。尽管从2014年开始上海就逐渐探索推进课程思政，而且2020年教育部也印发了《高等学校课程思政建设指导纲要》，但各课程协同育人、合力育人的格局尚未完全构建，"主渠道与主阵地的有机结合不够，思政课与专业课的协同育人不够"[4]。因此，高校应该充分发挥思政课与通识课、专业课等课程协同育人的功能，打破思政课单向度育人理念，实现各门课程在育人方面的有效衔接。四是课程育人资源的协同。课程育人资源的协同并不是要求各门课程千篇一律，而是要在尊重各课程教学内容差异化的基础上，挖掘各自独有的育人资源以共同助力实现育人目标。在育人方法上，也并不要求各门课程采用相同的教学模式和实践方法，而是要各放其彩，形成育人合力。

三、牢固树立课程一体化育人理念

一体化育人理念是与育人为本理念、协同育人理念相辅相成的。当下，思政课一体化建设已然成为理论研究及实践教学的热点、难点问题。对于高校思想政治工作质量提升而言，同样也需要树立一体化育人的理念，通过实现育人体系一体化、

1　高锡文.基于协同育人的高校课程思政工作模式研究——以上海高校改革实践为例［J］.学校党建与思想教育，2017（24）：18.

2　习近平主持召开学校思想政治理论课教师座谈会强调 用新时代中国特色社会主义思想铸魂育人 贯彻党的教育方针落实立德树人根本任务［N］.人民日报，2019-03-19（1）.

3　高锡文.基于协同育人的高校课程思政工作模式研究——以上海高校改革实践为例［J］.学校党建与思想教育，2017（24）：12.

4　杨晓慧.以"大思政"理念创新思政育人格局［J］.思想教育研究，2020（9）：6.

课程内容设计一体化、课程育人队伍一体化，进而提升高校课程育人的实效性。

一是要推动实现育人体系一体化。对于课程育人而言，要想真正提高课程育人的实效性，就要协同联动科研、网络、文化等各方面的育人资源，主动为推动构建一体化育人体系服务，推动受教育者德、智、体、美、劳全面发展，在各领域、各方面不断强化课程育人的实际效果，提升课程育人成效。二是要推动课程内容设计一体化。当前，各学段的各类课程在育人内容上存在着明显的交叉、重复现象，这导致高校学生对于重复性的育人内容、始终如一地"硬灌输"的育人方法等存在着先天的"排斥心理"，这主要是因为课程设计依然存在着各学段课程目标层次不清晰、课程内容排列逻辑不清楚、课程结构构建不合理、课程体系衔接不流畅等问题。因而，课程育人要真正落实立德树人的根本任务，也需要在课程内容设计一体化方面下功夫，唯有实现"低—中—高"学段课程内容的贯通[1]，遵循思想政治工作规律、教书育人规律以及各学段学生成长成才规律，紧密结合教育梯次原则循序渐进发挥课程育人的功能，才能在循序渐进的基础上螺旋上升，不断增强课程育人的学理性、说服力、引导力、感染力以及系统性。三是要推动课程育人队伍一体化。当前，课程育人一体化建设还存在着各学段、各专业课程教师互动性不足的问题。高校教师与中小学教师缺乏沟通交流与合作，一般情况下都是"单兵作战""各自为政"，即使有一定合作，合作方式也比较单一、交流内容比较浅显，一体化育人的专业教师队伍尚未完全形成，各个学段课程教师的职责、目标、导向均不同，在课程育人方面缺乏交流平台。

第三节　高校课程育人机制建设

本章第二节内容解决了发挥高校课程育人功能的理念问题，但还存在着如何保障课程育人工作顺利推进的问题。因而"发挥各门课程的育人功能，更要及时建立健全有利于各门课程和所有课程的教师都认真践履育人职责的制度和机制"[2]，为高校持续推进课程育人工作提供基础保障。

一、构建高校各类课程协同育人机制

统筹推进课程育人是提升高校思想政治工作质量的首要环节，因而仅靠思政

1　杨小微.立德树人 纲举目张：学校课程一体化设计与运作［J］.中小学德育，2018（6）：5.
2　沈壮海.思想政治教育的文化视野［M］.北京：人民出版社，2005：278.

课发挥育人功能很难达到良好的育人效果，高校必须从整体上对课程育人工作进行把握，不仅要树立各类课程协同育人的理念，还要充分发挥所有课程的育人功能，深入挖掘各类课程的育人资源，"构建高校课程体系合力育人的协同机制"[1]，以机制建设保障高校课程协同育人理念的具体落实。

第一，要建立常态化的课程育人交流、合作与资源共享机制。首先，搭建学科间的教育教学平台，促进思政课教师与专业课教师在育人方面互相交流，并在课程育人教学设计、课程育人过程开展、课程育人效果评估等方面开展合作，以更好地发挥各类课程育人功能，提升课程育人效果。"如专业课程可以聘请思政课教师对课程育人教学设计进行'思政'元素的把关、讨论"[2]，各课程教师可以就如何将"思政"元素融入专业课程进行探讨、交流与合作。与此同时，思政课教师在面对各类专业课程学生时，可以在备课之前加强与专业课程教师的沟通与交流，以系统了解各类专业课程学生不同的成长成才需求，提升思政课育人的针对性及实效性。其次，在育人资源方面，高校可以探索建立专门的育人资源共享平台，因为"各类课程中所蕴含的思想政治教育资源不是为了各类课程所独享，而是可以互相借鉴运用，实现资源的共享和最大化利用"[3]。因而，高校要鼓励各类课程积极挖掘育人资源，将蕴含着强烈家国情怀、体现中国精神等方面的课程资源进行整理加工并上传到专门的网络平台进行共享，为各类课程教师开展课程育人工作提供丰富资源。

第二，要建立科学有效的课程育人监督保障机制。既要发挥思政课立德树人的主渠道作用，又要保证各类课程充分发挥育人功能，与思政课同向同行，就需要建立专门的领导体制及工作机制，以对各类课程开展育人工作进行有效监督，从而保障各类课程能够始终牢记育人目标，切实贯彻落实育人理念。对于课程育人工作而言，如何评价实施效果，如何进行监督和管理，这是实践中的难题，对这一现实问题的解决首先就要聚焦于监督保障机制的建设，以在各类课程协同育人格局尚未形成之前，能够为课程育人工作的顺利开展提供推动力。比如，高校可以成立专门的课程育人工作领导小组办公室，专门负责和谋划课程育人经费投

1　石丽艳.关于构建高校课程思政协同育人机制的思考［J］.学校党建与思想教育，2018（10）：42.

2　肖香龙.思政课与其他课程须建立协同育人机制［J］.中国高等教育，2017（23）：15.

3　陈淑丽.协同育人视域下高校课程思政建设的现实困境与应对机制［J］.教学与研究，2021（3）：94.

入、政策制定等工作，并主要负责监督各类课程育人工作的开展、育人效果的评估等，通过政策支持、整体谋划、逐步推进、过程监督、效果评估等为课程育人工作的开展提供有力保障。

二、构建高校教师思想政治素质评价机制

对于课程建设而言，最重要的是要正确把握课程的政治方向。高校的任何课程都不可能是价值无涉的，高校的所有课程都要坚定正确的政治方向，这就要求各课程教师具备较高的思想政治素质。正如列宁所言："在任何学校里，最重要的是课程的思想政治方向。这个方向由什么来决定呢？完全而且只能是由教学人员来决定。"[1] 2021 年底，中共教育部党组印发了《关于完善高校教师思想政治和师德师风建设工作体制机制的指导意见》，要求"完善教师思想政治和师德师风建设工作体制机制，落实师德师风第一标准，着力建设政治素质过硬、业务能力精湛、育人水平高超的高素质教师队伍"[2]。因此，高校推进课程育人工作必须建立高校教师思想政治素质评价机制，将坚定正确的政治方向、良好的师德师风、潜移默化的价值引导、形式多样的思想熏染、言行一致的教态和教风作为高校教师思想政治素质评价的重要标准，以全面提升高校教师的思想政治素质、师德素养、业务能力，为课程育人工作的开展提供基础和保障。

首先，推动高校师德师风建设，严格师德师风考核评价。2018 年，习近平总书记在北京大学师生座谈会上指出："评价教师队伍素质的第一标准应该是师德师风。师德师风建设应该是每一所学校常抓不懈的工作，既要有严格制度规定，也要有日常教育督导。"[3] 这一重要论述为高校推动课程育人工作、加强高校教师队伍思想政治素质评价机制建设指明了方向。高校教师队伍是高校推动课程育人工作的主力军，承担着课程教学与育人工作开展的主要任务，必须把师德师风建设放在首位，加快解决师德师风考核方面存在的关键问题。高校师德师风建设及考核评价要紧紧围绕立德树人的根本任务，以"四有好老师""四个引路人""四个相统一"为价值目标，以教师职业行为准则、师德失范行为的处理为内容，对

1　中共中央马克思恩格斯列宁斯大林著作编译局 . 列宁全集：第 45 卷［M］. 北京：人民出版社，2017：242.

2　中共教育部党组 . 中共教育部党组关于完善高校教师思想政治和师德师风建设工作体制机制的指导意见：教党〔2021〕79 号［EB/OL］.（2021-12-07）［2022-06-22］. http：//www.moe.gov.cn/jyb_xwfb/gzdt_gzdt/s5987/202112/t20211231_591670.html.

3　习近平 . 在北京大学师生座谈会上的讲话［M］. 北京：人民出版社，2018：9.

高校教师在工作及生活中的行为举止进行综合评价，要在考核程序优化、评价指标完善、考核结果分析等方面加大工作力度，并及时反馈考核中存在的问题，帮助高校教师提高认识并加强整改[1]。

其次，提升高校教师队伍综合能力水平，严格思想政治素质考核评价。高校教师要充分发挥课程育人功能、提升育人能力、改进育人方法，就必须具备高超的综合能力水平，而良好过硬的思想政治素质又是业务能力精湛、育人水平高超的前提，因而必须严格高校教师思想政治素质考核评价。其中主要包括高尚的政治理想、坚定的政治信念、鲜明的政治态度以及坚定的政治立场，这对高校教师实现立德树人根本任务具有关键作用。[2]严格高校教师思想政治素质考核评价要坚持以问题为导向，聚焦当前高校思想政治素质存在的主要问题，构建体系完整的高校思想政治素质考核评价指标体系，进而为高校思想政治素质考核评价工作的具体落实提供理论参考。

三、构建高校课程育人激励机制

推行奖惩分明的课程育人激励机制，能够激发高校教师推动课程育人工作的积极性、主动性，进而不断自觉增强育人意识、主动提升育人能力、不断探索育人方法，能够主动为提升高校课程育人质量和高校思想政治工作质量贡献力量。因而，必须围绕高校教师课程育人能力提升完善奖惩激励机制。要依据《关于加强新时代高校教师队伍建设改革的指导意见》《教育部关于全面深化课程改革落实立德树人根本任务的意见》等文件精神，建立多样化的课程育人激励机制，提升高校教师的育人意识。

首先，要强化对高校教师课程育人能力的考核奖励。要对高校课堂教学育人目标设定情况、课程育人教案设计情况、课程育人资源的挖掘情况、课堂教学过程中育人工作的具体开展情况以及每学年、每阶段、每门课程育人的成效等进行评定，并将其与教师的年终考核、绩效收入、职称晋升等挂钩，并对课程育人工作表现突出的教师予以适当奖励，以激发高校教师树立育人意识。

其次，要突出对高校教师课程育人方法创新的考核激励。在引导高校教师树立

1　周宏武，余宙．做好新时代高校师德师风考核的策略探析［J］．中国高等教育，2022（2）：15-17.

2　靳国庆，李人杰，王凯．新时代高校教师思想政治素质考核评价指标体系的构建［J］．中国高等教育，2019（17）：17.

强烈的育人意识、主动提升育人能力的基础上，还要突出鼓励教师增强创新育人方法的意识和能力，以推动科学有效、具有普遍意义的课程育人模式的创新和发展。要对积极推动落实育人为本理念、开展课程育人工作、积极探索课程育人科学方法创新的教师予以适当物质奖励和情感激励，并充分发挥其模范带头作用，如可以设立课程育人方法创新奖，开展典型育人教师、典型育人课程的评比和奖励[1]，并组织高校教师对典型育人课程进行观摩和学习、交流和研讨[2]，以通过营造良好育人氛围的内生激励手段进一步增强一体化育人和协同化育人理念的贯彻执行。[3]

第四节　高校课程育人路径优化

树立科学的育人理念并推动高校课程育人机制建设为贯彻落实课程育人目标、创新发展课程育人内容、拓宽课程育人渠道、推动课程育人主体队伍建设提供了可靠的思想保障和机制保障。《高校思想政治工作质量提升工程实施纲要》明确强调要将课程育人落实到课程建设、课堂教学、教师队伍建设等各个具体环节中，因而课程育人实施路径优化也要从课程体系建设、课堂教学设计、教师队伍建设三个方面入手。

一、建立"一体两翼"的课程体系

"课程虽然是高校教育教学中最微观的要素，却是最根本的问题。课程是人才培养的核心要素与载体，只有把课程建设好，才能真正为人才培养提供最根本、最坚实的保障。"[4]"多年来，高校教育教学改革没有特别重视课程建设，出现了重教学轻课程、以教学改革代替课程改革的现象。似乎只要改变高校教师教学的方式方法，就能解决大学生课堂学习兴趣不高与效果不佳的问题。"[5]但无论多么科学的教学方法、多么先进的教育理念、多么前沿的教学内容，没有好的课程建设，也无法真正作用于学生，真正体现在学生的学习效果上。高校课程育人功能的发挥，必须大力推动高校思想政治教育课程体系建设。

从课程观和课程目标维度来看，高校思想政治教育课程体系建设就要坚持以

1　史巍.论以"课程思政"实现协同育人的关键点位及有效落实［J］.学术论坛，2018（4）：168-173.
2　林志芳.完善高校思政课实践教学激励机制［N］.中国社会科学报，2021-12-23（A09）.
3　周双喜，冯俊文.以人为本构建科学有效的高校教师激励机制［J］.中国成人教育，2012（1）：56-58.
4　刘世清.高校书记校长要高度重视课程创新［N］.中国教育报，2022-04-14（2）.
5　刘世清.高校书记校长要高度重视课程创新［N］.中国教育报，2022-04-14（2）.

能力为主体、以知识和素质为两翼，推动实现育人目标的全面性。发挥高校课程育人的功能并不否定对学生学科专业能力的培养，高校课程教学的主要目标仍是提升学生的专业能力，但对专业能力的理解要更加全面、丰富，专业能力不再仅仅依靠知识的传授和讲解就能实现，而是要将知识传授与综合素质培养相结合，在传授知识的同时对学生进行价值引领，"用社会主义核心价值观引领知识教育"[1]，以培养学生成长为高素质的专业人才。与此同时，随着社会发展对综合型、复合型人才需求的不断增长，高校课程对学生专业能力的提升也不能再仅仅限于某一个专业，而是要鼓励学生打破学科界限、开阔视野，进行跨学科学习与交流，进而提升学生在多门学科领域中的专业能力。

从课程结构维度，高校思想政治教育课程体系建设就要坚持以思政课为主体，以通识课、专业教育课为两翼，推动实现育人课程的多元化。思政课是发挥高校课程育人功能的关键课程，高校要高度重视思政课建设和发展，在完善和发展好"四门"专业思政课的基础上，推动彰显红色基因、学校历史传统和学科特色优势的"思政选修课"，着力构建螺旋上升、层次分明、条理清晰的"必修+选修"思政课课程体系，提升思政课育人质量。在现代多元化的社会中，通识教育旨在为受教育者提供通行于不同人群之间的知识和价值观[2]。通识课是高校课程育人功能发挥的重要课程，高校要推进通识课的建设和发展，致力于赋予通识课程以中华优秀传统文化的内涵，使之既能体现时代性，又能保持民族性[3]，有助于突出课程的"文化育人"价值。专业教育课具有丰富的育人资源，也是高校发挥课程育人功能的重要课程。高校要推动专业课程建设，引导各专业课程树立科学的育人理念、充分挖掘育人资源，以在专业课程教学中实现提升学生专业能力与帮助学生树立科学价值观念的双重效应，以更好地强化思政课与通识课的育人效果。如"在教育部的指导下，上海坚持育人与育才相统一，全面推动课程思政建设……牢牢抓住课程教学核心环节，启动全面修订人才培养方案工作……将课程思政要求和价值引领元素融入到教育教学全过程的全链条之中"[4]。

从课程内容维度来看，高校思想政治教育课程体系建设就要坚持以教材内容

1　郭广银.中国特色社会主义创新发展的探索与研究［M］.北京：人民出版社，2018：312.

2　哈佛委员会.哈佛通识教育红皮书：中译本［M］.李曼丽，译.北京：北京大学出版社，2010：45.

3　陈华栋.课程思政：从理念到实践［M］.上海：上海交通大学出版社，2020：147.

4　王平.把握关键环节 促进提质升级［N］.中国教育报，2020-12-21（10）.

为主体，以教师科研内容、学生成长成才所需求的内容为两翼，推动实现育人内容的创新发展。"课程建设不仅要关注学科知识体系，更要关注学科所蕴含的思想和价值观。……这就需要在秉承学科教学体系不变的宗旨下，增加更多学科育人内容，充分研究立德树人的政策方向，选择更多结合学科内容的育人案例，突出学科育人价值，培养学生学科学习的情感、态度和价值观。"[1] 因而，高校课程建设要在坚持以教材内容为核心的基础上，结合自身科研内容、科研经历以及学生成长成才的现实需求，为学生提供更加丰富的育人内容。而且，在课程内容上，还要体现"两性一度"的高质量要求，即高阶性、创新性和挑战度，要让学生跳起来才能够得着，要保持一定的挑战度、创新性和高阶性，进而更好地"把握课程内容的学术性与育人目标的价值性的统一"[2]。

二、发挥课堂教学"主渠道"作用

课堂教学是高校思想政治工作的主渠道，也是高校课程育人功能发挥的主要实现形式。首先，要充分发挥好思政课这一"立德树人"关键课程课堂教学的育人功能。当前，我国思政课建设虽然已经取得了显著的成绩和效果，思政课课堂教学成效和实效性相比之前有所提升，但在思政课育人功能发挥上依旧还存在着诸多问题。2019年，习近平总书记在高校思政课教师座谈会上明确指出了课堂教学中存在的问题，即"有的地方和学校对思政课重要性认识还不够到位；课堂教学效果还需要提升，教学研究力度需要加大、思路需要拓展"[3]。具体而言，思政课课堂教学主要存在着教学吸引力和感染力不够、针对性和实效性还不够强、理论深度不够、观点不准确、形式重于内容、系统性完整性有待加强，对学生关注的问题缺乏有说服力的解答、教育引导不够鲜明等实际问题。

针对当前思政课课堂教学存在的以上几个主要问题，高校要高度重视思政课建设，积极探索构建贯穿科学思维的思政课教学模式，要在树立科学育人理念的基础上，推动教学目标、要素、过程的相互耦合[4]。思政课课堂教学设计要充分考虑学生的现实需求，推动教学目标、教材内容向学生学习思考目标、教学内容的有效转化。思政课课堂教学要把握好教学重点和难点，在突出教学内容的同时，

1 吴颖惠. 构建以"育人"为核心的课程体系［N］. 中国教师报，2019-03-06（14）.
2 高国希，叶方兴. 高校课程体系合力育人的理论逻辑［J］. 中国高等教育，2017（23）：10.
3 习近平. 思政课是落实立德树人根本任务的关键课程［M］. 北京：人民出版社，2020：7.
4 王永友. 思想政治理论课贯穿科学思维教学模式的实践考量［J］. 思想政治教育研究，2018（1）：81.

更加注重对学生学习动力的激发、对学生思维方式的培养、对学生思考方法的训练、对学生思考思路的引导，在"教"学生掌握理论知识的同时，帮助学生养成良好的思维习惯，提升学生的思考能力，增强学生利用相关理论认识、分析、解决问题的能力，最终实现学生"真心喜爱、终身受用、毕生难忘"的价值目标，提升思政课的育人实效。其次，要充分发挥通识课、专业课课堂教学的育人功能。习近平总书记在高校思政课教师座谈会上还明确指出了其他课程育人功能发挥上存在的主要问题，即"各类课程同思政课建设的协同效应还有待增强，教师的教书育人意识和能力还有待提高"[1]。思政课是高校思想政治工作开展、课程育人能力发挥、实现立德树人根本任务的关键课程，但仅靠思政课"单兵作战"，高校育人的实效性以及育人目标的实现则会受到一定的影响。一方面，仅靠思政课开展课程育人工作无法使思政课上的育人内容在其他课程上得以反复印证，容易使学生一开始就对思政课产生厌恶、反感的情绪，单纯认为思政课是"理论宣传"课，无法真正达到良好的育人效果。另一方面，如果通识课程、专业课课堂教学不注重强调育人资源的挖掘、育人功能的发挥，而只强调专业知识的讲授，则不利于学生形成健全的人格、树立科学的价值观念，不利于高校实现"为党育人、为国育才"的目标。因此，高校在推动思政课课堂教学模式探索、充分发挥思政课课堂教学育人功能的同时，也要推动其他课程与思政课在实现育人目标上同向同行，深入挖掘各类课程独具特色的育人资源，使各类课程在传授专业知识的同时坚持以育人为导向，进而推动实现育人与育才的有机统一。

三、发挥教师队伍"主力军"作用

教师是立教之本、兴教之源。高校教师是高校课程育人功能发挥的"主力军"，"高等教育质量在很大程度上取决于高校教师队伍的整体素质和水平"[2]。2021年教育部等六部门发布了《关于加强新时代高校教师队伍建设改革的指导意见》[3]，明确把提升高校教师的思想政治素质、育德育人能力和水平作为新时代高校教师队伍建设的主要目标任务，要求高校设立以教书育人为导向的奖励，

1　习近平.思政课是落实立德树人根本任务的关键课程［M］.北京：人民出版社，2020：7-8.
2　李子江，李子兵.国外高校教师队伍建设的经验与特色［J］.大学教育科学，2006（1）：59.
3　中华人民共和国教育部.教育部等六部门关于加强新时代高校教师队伍建设改革的指导意见：教师〔2020〕10号［EB/OL］.（2020-01-04）［2022-06-22］.http://www.moe.gov.cn/srcsite/A10/s7151/202101/t20210108_509152.html.

激励教师潜心育人。《高等学校课程思政建设指导纲要》也明确要求"推动广大教师进一步强化育人意识，找准育人角度，提升育人能力"[1]。2019 年，习近平总书记在高校思政课教师座谈会上指出："教师选配和培养工作还存在短板，队伍结构还要优化，整体素质还要提升。"[2] 2022 年 4 月 25 日，习近平总书记在中国人民大学考察时指出："对教师来说，想把学生培养成什么样的人，自己首先就应该成为什么样的人。培养社会主义建设者和接班人，迫切需要我们的教师既精通专业知识、做好'经师'，又涵养德行、成为'人师'，努力做精于'传道授业解惑'的'经师'和'人师'的统一者。"[3] 这进一步明确了对高校教师思想政治素质、育人意识、育人能力等方面的要求。

第一，要引导高校教师队伍坚守政治底线，提升思想政治素质。习近平总书记强调："高校教师要坚持教育者先受教育，努力成为先进思想文化的传播者、党执政的坚定支持者，更好担起学生健康成长指导者和引路人的责任。"[4] 对于高校教师而言，扎实的学识、精湛的业务能力固然重要，这是教师的立身之本，但"培养什么人"是教育的首要问题，"育有德之人，需有德之师"[5]，高校要坚持师德师风"第一标准"，引导高校教师在教书育人的过程中坚守政治底线，始终牢记为党育人、为国育才的使命，增强"四个意识"、坚定"四个自信"、做到"两个维护"。要不断提升高校教师思想政治素质，强化"四史"学习教育，要求高校教师始终以"四有"好老师为标准，坚守政治底线，做到"政治立场不能偏、政治信念不能动、政治观点不能错、政治纪律不能松"。[6]

第二，要引导高校教师坚持育人导向。习近平总书记在多次讲话中先后以"大先生""筑梦人""系扣人""引路人"等称谓说明教师的育人使命。"师者，所以传道授业解惑也。"由此可见，教师的职责有三，即"传道""授业""解

1　中华人民共和国教育部.教育部关于印发《高等学校课程思政建设指导纲要》的通知：教高〔2020〕3 号［EB/OL］.（2020-06-01）［2022-06-22］.http://www.moe.gov.cn/srcsite/A08/s7056/202006/t20200603_462437.html.

2　习近平.思政课是落实立德树人根本任务的关键课程［M］.北京：人民出版社，2020：7.

3　习近平在中国人民大学考察时强调 坚持党的领导传承红色基因扎根中国大地 走出一条建设中国特色世界一流大学新路［N］.人民日报，2022-04-25（1）.

4　习近平在全国高校思想政治工作会议上强调 把思想政治工作贯穿教育教学全过程 开创我国高等教育事业发展新局面［N］.人民日报，2016-12-09（1）.

5　李世珍，郝婉儿.习近平新时代高校教师队伍建设重要论述研究［J］.北京交通大学学报（社会科学版），2021（2）：145.

6　王永友，胡义.思想政治理论课教师树人之本：政治底线、理论底子、能力底气［J］.思想理论教育导刊，2019（8）：65.

惑"，但部分教师在开展课程教学的过程中以"授业"为主，"解惑"为辅，而对于"传道"则未予以高度重视。如何引导高校教师从教书匠转变为"大先生""引路人"是当前高校教师队伍建设的主要任务，因此，高校要引导教师坚持以育人为导向、始终把教书育人作为自己的核心使命。

第三，要提升高校教师队伍的育人能力。高校教师的育人能力是影响高校课程育人效果的关键因素，提升高校教师队伍的育人能力要着重从三个方面入手。首先，高校教师的理论功底要深厚。扎实的学识是教师的立身之本，高校各类课程育人功能的发挥都需要教师首先具备深厚的理论功底和精湛的业务能力，唯有如此，才能更好地挖掘各类课程的育人资源。其次，高校教师要把握好课程特点。对课程特点的把握既是"授业"的基本要求，也是育人的关键环节，课程育人对象多元化、课程育人资源多样化，各类课程都具有不同的专业特点。在这种差异化明显的情况下，各类课程在育人工作开展的过程中无法具备完全相同的育人方法，这就需要各课程教师把握自身课程特点，发挥课程优势，探索适合自身课程的育人方法和模式。再次，高校教师的知识结构要完善、视野要开阔。信息网络技术的发展为大学生获取信息、增长知识提供了诸多平台，这既给教师传授专业知识带来了挑战，也给教师进行课程育人增加了难度。大学生在受到各种价值观念、思想观点、社会思潮等的影响时，其判断能力、鉴别能力、思考能力等都会在一定程度上受到影响，在课程学习的过程中就有可能会向教师提出诸多问题，为了能够科学地回应学生的疑问，就需要高校教师不断完善自身知识结构，在自身学科领域做到"专业"的同时，还要对其他学科知识有所涉猎，要不断拓展自身视野，为更好地帮助、引导学生提升科学思维能力打下坚实的基础。

第五节　高校课程育人评价体系构建

2019年，习近平总书记在高校思政课教师座谈会上明确指出了思政课评价方面存在的主要问题，总书记强调："体制机制还有待完善，评价和支持体系有待健全，大中小学思政课一体化建设需要深化"[1]，这表明我国高校思政课育人评价体系还有待进一步构建和完善。《高校思想政治工作质量提升工程实施纲要》

1　习近平.思政课是落实立德树人根本任务的关键课程［M］.北京：人民出版社，2020：7.

强调要"将课程育人作为教师思想政治工作的重要环节，作为教学督导和教师绩效考核的重要方面"，"在教师教学评价、职务评聘、评优奖励中，把思想政治表现和育人功能发挥作为首要指标"[1]。实际上，国外高校也十分重视人才培养理念、课程设置的科学性，它们主张通过建立专门的机构来开展课程的过程管理和课程的质量监督工作，对于教师的学术能力、课程理念等都要进行严格评估。可见，要推进我国高校课程育人工作取得实效，就必须推动构建科学完善的课程育人评价体系，在把握课程育人评价的核心要素、遵循课程育人评价的基本原则、构建学校课程育人评价体系方面下功夫。

一、高校课程育人评价的核心要素

高校课程育人评价是基于立德树人的根本任务以及高校课程育人的主要目标，并且根据高校教育评估的一般原则和方法，对高校思政课及各类课程教学的育人结果与课程育人目标之间达成程度的一种价值判断，即对高校课程育人的成效与实效的科学把握。实施课程育人管理，离不开科学有效的评价，这既是对一个阶段内课程育人各项工作进行总结，也为下一个阶段加强和改进课程育人工作提供决策依据。[2]可以说，课程育人评价是课程育人管理的必要环节，起着重要的促进作用。[3]高校课程育人评价的核心要素主要包括三个方面。

一是学生评价，即对课程育人对象——大学生的综合能力、知识体系、思想政治素质等各方面的评价。高校统筹推进课程育人要坚持育人为本的理念，这一理念体现在具体实践中就是要坚持以学生为本。对于课程育人评价而言，学生永远是第一位的，因为教育教学的有效性，必须体现在学生的成长发展上。各类课程的育人效果好不好，首先要看学生的综合能力、知识体系、思想政治素质有没有显著提升，能不能成为合格的社会主义建设者及可靠的接班人。对大学生进行评价首先要树立科学的成才观念，即课程育人评价要坚持以德为先，注重"创新德智体美劳过程性评价方法，完善综合素质评价体系"，并且"引导学生坚定理想信念、厚植爱国情怀、增强综合素质等"[4]，要注重强化大学生德育评价，引

1　中共教育部党组.中共教育部党组关于印发《高校思想政治工作质量提升工程实施纲要》的通知：教党〔2017〕62号〔EB/OL〕.（2017-12-05）〔2022-06-22〕.http：//www.moe.gov.cn/srcsite/A12/s7060/201712/t20171206_320698.html.

2　刘献君.抓住四个关键问题 加强大学本科课程建设〔J〕.中国高等教育，2013（17）：43.

3　刘宏达，万美容.高校思想政治工作前沿问题研究〔M〕.北京：人民出版社，2019：150.

4　中共中央国务院.深化新时代教育评价改革总体方案〔M〕.北京：人民出版社，2020：11.

导大学生增强"四个意识"、坚定"四个自信"、做到"两个维护"。

二是教师评价，即对课程育人主体——高校教师育人意识、育人能力、育人方法等方面的评价。统筹推进课程育人关键在教师，教师是否具有育人意识、是否具备育人能力、是否掌握科学的育人方法直接关系着高校课程育人工作能否顺利推进，因而高校课程育人工作必须把对教师的育人意识、育人能力、育人方法等方面的评价融入到教师教学评价、职务评聘、评优奖励中去，并将其作为高校优秀教师评选、各类"人才"选拔等的重要指标。教书育人是教师的天职，推进高校课程育人评价，还要鼓励高校教师将科研工作的开展与育人工作相结合，以教师对科研工作育人资源的挖掘及其育人功能的发挥和利用为标准，严格落实教授上课制度，把课程育人、教学能力作为教师综合考核的重要指标。

三是课程育人过程评价，即对育人课程的目标系统、内容结构的育人导向的评价。课程教学过程的开展是推进课程育人工作不可缺少的主要环节，因而高校课程育人评价也要特别注重高校课程育人目标的系统性及协同性、内容结构的可续性及价值导向性等方面的评价。具体而言，课程育人目标的系统及协调性主要包括横向及纵向两个维度。从横向来看，主要涉及思政课及其他各类课程在育人目标上是否具有差异化、层次性、协同性，是否能够满足不同专业学生的成长成才需求；从纵向维度看，课程育人目标的系统性及阶段性主要涉及高校课程育人目标与中小学课程育人目标是否具有跃升性，是否能够进行有效衔接，是否能构成一个科学、完整的育人目标系统的问题。课程内容结构的持续性即价值导向性主要强调的是高校本硕博育人内容是否能够自成体系，能否保证不同学科课程均具备强烈育人导向的问题。

二、高校课程育人评价的基本遵循

课程育人评价是一个系统工程，它既是课程育人功能的发挥，也是课程育人目标的检验和印证，同时也是课程育人价值的反思和引领[1]。但在具体实施过程中，主要体现在学生评价、教师评价及过程评价三个方面，学生评价着重强调思想政治素质能力与专业知识能力指标体系权重的科学性；教师评价着重强调教师的育人能力与教学能力指标体系权重的科学性；课程育人过程评价着重强调课程

1　张瑞，覃千钟．课程思政教学评价：内涵、阻力及化解［J］．教育理论与实践，2021（36）：49-50.

标准与育人标准的一致性以及课程标准与学生的成长成才要求之间的匹配程度。基于此，高校课程育人评价要重点把握和统筹好"三对关系"。

第一，学生评价要统筹好思想政治素质与专业知识能力之间的关系。课程育人对学生成长效果的评价主要包括学生思想政治素质及专业知识能力等方面，但这些方面又很难去衡量，难以通过单纯的课程考试看出成效，而且对于高校课程教学而言，以往过分注重对高校学生专业知识能力的培养，而在一定程度上忽视了学生思想政治素质的提升。当下推进高校课程育人，要解决的主要矛盾仍旧是学生思想政治素质的提升与专业知识能力的培养之间失衡的问题，因而课程育人评价就要统筹思想政治素质与专业知识能力之间的关系，"坚持思想政治素质是人才培养的首要评价因素"[1]，将学生思想政治素质作为课程育人评价的第一要素。具体而言，就是要看各类课程在引导高校学生解决"为什么学习、学习什么内容、如何学习好"等关键问题上是否发挥作用，看各类课程是否能够在思想引领、方法引领方面发挥作用，是否能够引导学生树立正确的价值观，提升独立学习和思考、独立鉴别和判断、独立研究和创新等各方面的综合能力。

第二，教师评价要统筹好教师育人能力与科研教学能力之间的关系。在以往高校教师的各类考核评价过程中，教师的科研能力、教学能力往往备受重视，尤其是教授授课制度实施以来，高校更加注重对教师教学能力的评价。统筹推进高校课程育人，就必须把高校教师的育人能力作为重要评价指标纳入到各类评价体系当中。因而科研能力评价与教学能力评价之间、育人能力评价与科研教学能力评价之间的矛盾仍旧是高校课程评价要解决的关键问题。高校教师的育人能力与科研教学能力是相辅相成、相互促进的关系，一方面，教师的育人能力的提升、育人方法的改进必须以较强的科研教学能力为基础，教师唯有首先具备基本的科研教学能力，能够满足学生对专业知识能力提升的基本要求，才能有进一步挖掘课程育人资源的能力，才能为育人能力的提升、育人方法的改进奠定坚实的基础。另一方面，教师育人能力的提升有助于反哺科研教学能力。教师能够在挖掘育人资源、推进课程育人的过程中提升其作为教师的成就感和幸福感，进而有助于激发教师在此过程中主动将教师作为自身的事业而不仅仅是谋生的手段和一门

1　刘宏达，万美容.高校思想政治工作前沿问题研究［M］.北京：人民出版社，2019：150.

职业，推动教师积极主动提升个人科研教学能力。

第三，课程育人过程评价要统筹课程标准与育人标准和学生成长成才需求之间的关系。高校各类课程都必须制定符合自身的课程标准，这一课程标准既要以国家、各省（自治区、直辖市）制定的标准为指导，同时又要符合自身学校发展的定位、专业建设等各方面的实际情况；既要致力于将中央、国家、省级标准具体化、细化为学校标准，又要体现自身学校建设的优势和特点。由此，定期对学校课程标准进行评价和更新就是必不可少的。对于学校课程标准的评价，关键在于要始终以育人的核心指标和基本要求为基础，统筹好学校课程标准与育人标准之间的关系，既要以共同育人目标为准则，又要体现自身课程差异性，"既要注重同一课程在时间上的可持续性，又要注重不同课程之间的相对平衡性"[1]。此外，对于学校课程标准的实施而言，在将课程标准落实到课程教学的过程中，要统筹好课程标准与学生成长成才需求之间的关系。既不能把国家、省级的目标要求等同于学生的成才需求，也不能把学校课程标准的要求等同于课堂的教学需求，同样不能把教师的个人要求等同于学生的实际需求[2]，而是要对各层级的育人要求进行科学有效的转化。

三、高校课程育人评价体系的构建

对课程育人的过程和效果进行评价是大力推动以实现立德树人根本任务为目标的课程教学改革、发挥各类课程教师育人主体作用的有力抓手，是课程育人工作实施与管理的"牛鼻子"。课程育人工作开展的情况如何，课程育人效果如何，接下来的工作应该往什么方向努力等问题的解决，都要依靠高校课程育人评价体系的构建，唯有构建完善的课程育人评价体系，才能为当前课程育人工作的成效提供评价指南。

第一，课程育人评价的主体要多元。以往高校对教师课堂教学效果的评价、科研成果的评价等方面比较重视，在考核评价的过程中，这些方面的评价相比于育人效果的评价可操作性更强，因而只需要对教学工作量、教学成果奖、科研项目数量、科研获奖等方面进行量化即可，只需要学校设立相关的评价标准，评价

1　刘宏达，万美容.高校思想政治工作前沿问题研究［M］.北京：人民出版社，2019：151.
2　王永友，史君，孟鹏斐.研究生思想政治理论课教学价值理念重构［J］.思想理论教育，2016（1）：68-69.

主体比较单一。但是，"育人工作往往成为一个'软'任务、考核上的'软指标'"[1]，无法直接对其进行量化考核，因而就需要综合考虑多元主体的主观评价，进而对课程育人效果进行综合评价。具体而言，高校课程育人评价要坚持自评与他评相结合，既要凸显育人对象——学生对于课程育人效果的评价，要将学生对各类课程育人效果的评价作为主要参考指标。同时，高校还要通过设立专门的课程育人评价工作小组，统筹课程育人评价工作。此外，高校还可以聘请第三方评价机构，通过第三方评价机构的专业评价，综合了解课程育人的实际效果。

第二，课程育人评价的内容要丰富。高校课程育人评价要兼顾过程与结果评价，不能只重结果而忽视过程。首先，要着重对课程育人目标的正确性、适当性、具体性等进行评价，以明确当前课程育人目标与学生成长成才需求的匹配度。其次，要分析各类课程对育人资源的挖掘和利用是否充分、到位，以保证课程育人资源的丰富性。再次，要看各类课程在育人方面是否做到了有机融合、协同发展，以推动各类课程形成育人合力。同时，要看各类课程教师在育人的过程中，育人方法是否具有创新性和有效性，以不断推动对科学育人模式的探究。最后，要看各类课程育人工作的开展是否具有时效性和实效性，以在保证课程育人效率的同时，提升育人的实际效果。[2]总之，课程育人评价的内容是多方面的，对课程育人推进过程中的诸多要素都要进行全方位的评价，以保证课程育人效果评价的科学性和有效性。

第三，课程育人评价的方式要多样。以往课程评价注重量化和结果性评价，这种评价方式对注重知识传授的课堂教学有一定的效果，但对于课程育人评价而言，这种评价方式过于单一且无法科学准确地把握课程育人的成效及实效。在课程育人评价过程中，要采取多样化的课程评价方式，对教师的育人能力、课程育人过程的科学性、课程育人对象的改变等多个方面进行评价，要由偏向量化转向综合量化评价与主观效度评价，综合过程性评价与结果性评价等多种评价方式，以从多方面、多角度对课程育人的实际效果进行评价。

1　刘清生.新时代高校教师"课程思政"能力的理性审视［J］.江苏高教，2018（12）：92.

2　成桂英，王继平.教师"课程思政"绩效考核的原则和关注点［J］.思想理论教育，2019（1）：79-83.

本章小结

本章第一节从历史、理论及实践三个维度对课程育人的演进历程、本质内涵及现实困境进行了论述。课程育人在本质上凸显了德育与智育、知识传授与思想政治教育的关系问题，对课程育人的理解要从学校、教师、学生三个维度切入，对于学校而言，课程育人重在要求学校培养担当民族复兴大任的时代新人；对于教师而言，课程育人重在要求教师践行"四有好老师"标准，自觉承担起新时代教育使命；对于学生而言，课程育人重在强调学生通过课程学习成长为兼具思想政治素质和专业素质的全面发展的人。当前，高校课程育人建设在育人理念、机制建设、实施路径、评价体系方面还存在着诸多问题，因而本章着重解决高校统筹推进课程育人的指导理念、机制建设、实施路径、评价体系的问题，以在树立育人为本、协同化育人、一体化育人等理念的基础上，通过构建高校各类课程协同育人机制、高校教师思想政治素质评价机制、高校课程育人激励机制，为解决高校课程育人工作顺利开展的问题提供了基础保障；通过课程体系建设、课堂教学环节的开展、教师队伍建设等实施路径，为高校统筹推进课程育人解决好了育人内容、育人渠道、育人主体等方面的问题；通过厘清课程育人评价的核心要素、明确课程育人评价的基本原则、构建学校课程育人评价体系等方式，为解决高校课程育人效果如何衡量的问题提供了借鉴与参考。因此，本章在解决高校统筹推进课程育人应该树立什么样的科学理念、应该推动建设哪些机制、应该如何具体实施、应该怎样进行效果评价等问题上进行了系统探究，对于构建高校课程育人体系具有一定的意义和价值，能够为提升高校思想政治工作质量提供参考。

第二章 / 高校思想政治工作科研育人创新与发展 /

习近平总书记在全国教育大会上强调"坚持把立德树人作为根本任务"[1]，国以德兴，人以德立，育人的根本在于立德。学校的根本任务在于立德树人，因此要把立德树人作为教育的中心环节。要把立德树人融入到高校建设与管理的所有领域、所有方面、所有环节，做到以立德为根本，以树人为中心。科研育人是新发展阶段我国建设一流大学、世界一流学科的基本要求和重要特征，是培养德智体美劳全面发展的社会主义建设者和接班人的应然之举，是高校实现内涵式发展的必然选择。科研就是进行科学研究，就是要探究未知领域做出创新发现贡献全新知识；而育人更多关注学生品德、人格和素养的涵育。科研育人是适应时代发展要求的育人方式，是指高校教师及科研工作者通过科研工作对学生产生有益帮助和积极影响，是一种有责任、有计划、有目标的教育引导行为，是培养大学生综合素养和创新意识的有效方式。科研育人是一种教育行为，能够促进高等院校实现全员育人；科研育人是一种历史责任，能够强化高校教师的育人意识；科研育人是一种目标导向，能够激励大学生的科技创新意识[2]。进入新时代以来，伴随高校思想政治工作的高质量发展，高校科研育人工作创造了不少新业绩，取得了一些新进展，当然我们也不能忽视当前科研育人工作中存在的不足，如：科研育人理念相对滞后、科研育人机制有待完善、科研育人实践经验尚需总结。面向建成社会主义现代化强国的国家战略愿景，总结高校科研育人实践经验，促进高校科研育人工作创新发展，对坚持社会主义办学方向和高校立德树人根本任务，推动新时代高等教育变革，推进"三全育人"综合改革，培养自觉担当民族复兴重任的时代新人具有一定的理论价值和实践价值。

---

1 习近平在全国教育大会上强调 坚持中国特色社会主义教育发展道路 培养德智体美劳全面发展的社会主义建设者和接班人［N］.人民日报，2018-09-11（1）.

2 吕媛媛.新时代高校思想政治工作质量提升实际操作研究［M］.北京：九州出版社，2021：69.

第一节　高校科研育人的内涵、特征与现实困境

一、高校科研育人的内涵

科研育人是顺应时代发展要求，加速高校内涵式发展，贯彻立德树人根本任务的必然选择。2015 年，中共中央办公厅、国务院办公厅共同印发《关于进一步加强和改进高校宣传思想政治工作的意见》，首次提出了包括科研育人在内的"五育人"机制，强调科研活动的根本目的是促进大学生的全面发展，科学研究内蕴的育人功能被进一步彰显。2017 年，教育部发布《高校思想政治工作质量提升工程实施纲要》，明确指出了要以社会主义核心价值观为引领，以全面提升人才培养能力为抓手，充分挖掘包括科研在内的十种类型工作的育人价值，建立起"十大育人"体系。高校科研育人要求教师结合科研活动对学生进行思想政治教育，遵循教育规律和人的发展规律，构建科研育人质量提升体系，挖掘科研育人素材，发挥科研育人功能，引导师生坚持正确的政治方向、价值取向和学术导向，培养师生至诚报国的家国情怀、开拓创新的科学精神、追求卓越的进取意识和一丝不苟的科研作风。2018 年，教育部办公厅发布了《关于开展"三全育人"综合改革试点工作的通知》，在全国高等院校中选树以"十大育人"体系为依托，推进"三全育人"综合改革的典型，进一步构建理论教育与价值引领和能力培养相协调、全方位、一体化的育人体系，进一步凸显了科研育人在人才培养中的重要价值。

人才是创新驱动的核心资源，是创新驱动的关键要素。创新驱动实质上是人才驱动。而创新型人才就是具有爱国情怀、创新品格、科学精神和人文精神的时代新人。科研就是培育具有爱国情怀、创新品格、科学精神和人文精神的时代新人的主要载体。科研何以育人？首先要回答科研与育人两者之间的关系。科研活动是人类独有的一种认识和实践活动，学习和从事科研活动的主体可以在潜移默化中提升自身的思想品德。人的思想品德的形成和发展是一个非常复杂的过程，受内外部多种因素的影响，其中最主要的影响因素是人的实践活动。[1] 科学研究的过程是艰辛的，人在参与科研实践活动的过程中，科研行为与思想品质相互作用，砥砺出严谨求实、追求卓越的科学精神、创新品格。也就是说，科研具有育

1　阮一帆，徐欢.高校科研育人探析［J］.思想理论教育导刊，2019（8）：152-155.

人的功能，是高校培育具有爱国情怀、创新精神、科学精神和人文精神的时代新人的主要手段。

高校科研育人在不同学科视域下的内涵有所区别。从教育学或高等教育学的范畴理解，高校科研育人是指教师指导学生参加研究课题的相关活动，通过科学研究方法和科研能力的培养，提升学生以科研能力为核心的综合素养，与课程教学育人等方面相辅相成，共同实现高校全面育人的最终目标。从人的全面发展的角度来看，育人应是全面的，不仅包括思想道德水平的提高，还应包括知识技能的学习与掌握，二者并重，但以前者为前提和基础。[1]从思想政治教育学的角度看，高校科研育人更多强调的是如何在指导大学生参与科研活动的过程中，培养和提高大学生的思想道德素质，培养大学生树立坚定的理想信念和科学的价值导向。

综上，高校科研育人是指教师通过科研活动这一途径，围绕立德树人根本任务，以科研为载体培养学生的科研能力、锻造学生的科学精神、砥砺学生的科研道德、训练学生的科研方法、坚定学生的科研理想的综合德育过程，是一种有组织、有计划、有目标的教育引导活动，是培养学生科学素养、创新意识，特别是培育家国情怀、社会主义核心价值观和品德修养的有效方式，是新时代高校实施"三全育人"的重要组成部分，是高校与其他科研院所育人方式相区别的主要标志。

二、高校科研育人的特征

科研育人的基本内涵决定了科研育人的本质特征。当前，党和国家大力支持在科学研究等多项工作中推进全员、全程、全方位育人工作改革。科研育人肩负着推进高校思想政治教育改革、创新、发展的光荣使命，承担着落实立德树人的根本任务的重大责任。深刻把握科研育人的本质特征，是做好科研育人工作的关键。

（一）整体性

科研育人是新时代高校在党的领导下探索出的全新育人方式。坚定不移坚持党对高校工作的全面领导，积极营造"大思政"育人格局，完整准确地把党的领导贯穿于人才培养、科学研究、社会服务、文化传承及国际交往中，在"尊重差异、包容多样"的基础上推动科研育人融入全体学生、融入学生入学到毕业的全时空、融入学生工作的各环节[2]。通过全局性的科研育人教育，把科研价值转化

---

1 任旭东，马国建.新时代高校科研育人理论与实践［M］.镇江：江苏大学出版社，2021：69.

2 任旭东，马国建.新时代高校科研育人理论与实践［M］.镇江：江苏大学出版社，2021：34.

为人才培养价值。同时，党和国家应在全社会大力弘扬科学精神和科学家精神，彰显科学的理性价值，我们要教育引导学生坚持对科学理论真理性的坚守，在创新实践中开展前瞻性思考，积极响应伟大复兴的时代召唤，主动担当强国有我的历史责任，使学生的问题意识、批判精神、家国情怀都得以不断培养，素质和能力不断提升，视野和胸襟不断扩展，让学生实现全面的、和谐的、多元的发展。

（二）系统性

高校科研育人工作开展需要多主体、多环节、多要素汇聚合力，有目标、有条理、有计划地实施。科研育人是开展马克思主义科学真理教育的重要渠道，保障渠道畅通无阻、有序稳定运行，是构建"三全育人"工作机制的基本要求；科研育人是发挥思想价值引领的主要阵地，循序渐进做到因事而化、因时而进、因势而新，是构建"三全育人"工作机制的内在要求；一体化整体推进团队育人、平台育人、科教协同育人和产学研合作育人，做到系统协同、凝心聚力、同行同向，是构建"三全育人"工作机制的本质要求[1]。科研育人的对象是学生，让学生充分经历科研学习过程是时下科研育人工作的面向之一。高校应积极支持、引导、启发学生参加科研实践活动，培养学生理论联系实际的学风和无惧世俗权威、勇攀科学高峰、探求未知真理的品格，提升学生敏于发现问题、勤于提出问题、专于分析问题、长于解决问题等多方面涉及创新思维与科研能力的核心素质，增强学生"我要钻研""我要发展""我要担责"的主体意识和能力。总之，通过科研活动培养和增强学生的自主意识和科研能力，培养出有责任担当、有家国情怀、有世界眼光的全面发展的时代新人。

（三）协同性

中共中央办公厅、国务院办公厅发布的《关于深化教育体制机制改革的意见》指出，协同育人需要加强制度建设，创新体制机制。依据时代发展要求和民族复兴目标培养高质量人才是高校的根本任务，是大学的基本职能。科研育人体现了科技与教育相结合、教学与科研相融合的人才培养方式。科研育人是一项艰巨性、复杂性和长期性的工作，需要多个部门从多个方面同时同向发力。思政课程与科研育人协同，依据教育发展规律和学生成长规律，做好课程内部和科研育人的衔

1　任旭东，马国建. 新时代高校科研育人理论与实践［M］. 镇江：江苏大学出版社，2021：35.

接工作，强基固本、提质增效。学校党政各部门及学校所有的教学科研管理和服务单位多方协同、汇聚力量，加强校内外协作。将校外企业优质资源引进来，用真实的案例详实的资料充实学生的头脑，启发学生；让校内师生走出去，参加各级各类科技竞赛和团队实践活动，增长见识，开阔视野，构建学校、社会、企业"三位一体"的协同育人体系[1]。

（四）发展性

科研育人工作是一个动态调整的交互系统，针对育人对象不同阶段的特征，进行动态性调整，并依据其发展的历史情况、当下状态和未来预期，进行合理性、前瞻性设计，推动思想政治教育、专业课教学与社会教育在更深层次上实现融合与统一。随着内外部环境的不断调整，育人机制系统本身也需要不断优化和升级，以保障立德树人根本任务的最终实现[2]。科研育人是一个不断促进人的全面发展的实践过程。在这一过程中，学生在教师和科研人员的指导下，全心全意投入研究工作，探索未知领域。科研工作者不仅要关注学生的科研道德、科学精神、科研方法、科学伦理的培养，而且要关注学生待人接物方式的培养，使学生确立科学的世界观、人生观和价值观，塑造符合社会发展要求的道德品质和人格。可见，在科研育人实践中高校和教师应把知识教育、素养教育、理想信念和价值取向教育共同融入科研活动之中。在这一活动中，高校和教师既要准确及时回应学生现实层面的诉求，又要积极引导学生构建充实的精神家园，关注学生的全面发展，把学生培养成德智体美劳全面发展、能够自觉担当民族复兴重任的时代新人。

三、高校科研育人的现实困境

2017年，教育部发布《高校思想政治工作质量提升工程实施纲要》，为新时代科研育人实施实践提供了政策依据和行动指南，在该文件的推动下科研育人一跃成为当代高等教育人才培养的热点议题和前沿要素。在科研育人方面，高校明确了科研育人在大学生思想政治工作中的重要地位，深化了对实施科研育人重大意义的认识，坚定了在新时代推动科研育人创新发展的决心。当前，随着政策支持相继落地、体制机制日趋完善，科研育人体系初步构建，科研育人工作在探索中前进，取得了一定的成绩。但是，在肯定成绩的同时也要正视实践中存在的

1　任旭东，马国建.新时代高校科研育人理论与实践［M］.镇江：江苏大学出版社，2021：35.
2　任旭东，马国建.新时代高校科研育人理论与实践［M］.镇江：江苏大学出版社，2021：35.

不足。一是科研育人理念有待进一步更新。随着大学间竞争的加剧，高校普遍存在科研取向的价值观念。在高校理念和制度的共同制约下，教师对科研活动育人价值的认识难免出现偏差，出现了教育与科研分离、科研与育人分离等现象。为此，高校和教师需要树立"以生为本""科教协同""多元融合"的理念，坚守"育人"初心，促进学生全面发展。二是科研育人机制有待进一步完善。我国本科院校中教学型高校居多，不少高校存在科研育人意识淡薄或"科教分离"的情况，尚未形成与科研育人配套的体制机制，存在着诸如科研评价机制、科研激励机制、科研保障机制等机制不健全，科教协同育人机制与产学研协同育人机制仍在探索阶段、尚未成熟定型等问题[1]。当前，在教师评定职称的指标设计、成果认定、绩效考核等方面，功利性的评价方式仍是主导，更加聚焦教师的核心论文、立项课题、专利申请、成果转化数量等可量化的显性内容，制度设计中鲜有明确的指标来评价教师科研活动的育人成效，这严重制约了教师开展科研育人的积极性，与此同时，大学生主动参与科研的比率不高。总体而言，高校科研育人的评价、激励和保障机制等不完善仍是普遍现象。三是科研育人实践有待进一步发展。目前，高校高水平科研团队能够吸纳的学生数量有限，团队育人覆盖面不够广泛。科研平台育人仍存在建设经费有限、管理体制不够健全、领军人才队伍有限的困境。科教结合协同育人面临育人长效机制不健全、育人模式创新不够、科研与教学内容脱节、协同育人师资不足等挑战。产学研协同育人方面存在校企信息沟通机制尚未建立、企业主动开展科研育人的积极性不强、协同育人支撑体系不完善等问题。

第二节　高校科研育人理念创新

董泽芳和邹泽沛认为，常春藤大学之所以能持续培养出大批创新人才，主要原因之一就在于牢固确立了科研育人理念[2]。以国际高水平大学联盟旗舰著称的美国常春藤高校，无论是在学生培养，还是在学术研究上成绩都可圈可点，其全过程、无门槛、交叉性的科研育人培养理念对我国建设一流大学、一流学科，实

1　龙达峰，黄近秋，孙俊丽.新建地方本科高校工科专业科研育人探索与实践［J］.惠州学院学报，2021（6）：116-119.

2　董泽芳，邹泽沛.常春藤大学一流本科人才培养模式的特点与启示［J］.高等教育研究，2019（10）：103-109.

现一流人才培养具有重要的借鉴意义。进入新时代，随着我国"双一流"建设工作和思想政治工作的深入推进，发挥科研育人在创新型人才培养中的育人功能已成为我国高等教育界的共识。不过，王志新等人通过抽样调查发现，大部分教师认为科研活动对于人才培养具有重要作用，但是仍有 27% 的受调查教师表示自己尚未深入思考过科研育人的内在价值，甚至有部分教师认为科研育人并非自己的分内之事[1]。刘在洲等通过调查发现，仅有 4.2% 的受调查教师认为其所在高校把科研育人纳入教师综合考核，但有 56.4% 教师认为其所在学校对教师的考核更多关注科研成果[2]。这说明，在对科研育人理念的认识上，目前高校与教师均存在一定的认知偏差，出现了高校"重育人轻落实"和教师"有意识无动力"的现象。因此，积极转变高校治理理念和教师育人理念，成为打通高校科研育人工作"最后一公里"的症结所在，也是当前高校科研育人理念创新的突破口。

一、坚持"以生为本"育人理念

眭依凡认为当今高等学校治理过程中普遍存在忽视"以生为本、以师为尊"的办学基础、治校逻辑的通病[3]。因此，高校要寻求内涵式发展，落实立德树人根本任务，当务之急是坚持"以生为本"育人理念。"以生为本"理念的着眼点就是在科研育人中关注学生自身发展的内在需求，以激发学生的能动性、自主性、创造性为出发点构建科研育人培养体系。为此，需要高校和教师转变人才培养模式、提升学生综合素质、营造良好校园环境。

（一）转变人才培养模式

在高校治理和教师科研育人实践中，要规范性调整影响学生创新精神和创新能力发展的育人观念、育人模式、育人方法，继承性沿用建构主义的以教师为中心、以课堂为中心、以教材为中心的"三中心"育人模式，渗透性贯彻以学生为中心的理念，使科学研究全过程成为吸引学生参与、引导学生思考、鼓励学生质疑、启发学生创新的过程。在此基础上引导学生树立正确研究兴趣和价值导向，坚持追求自由思想、独立人格、尽责人生的理念。在科研实践过程中，要把学生

1　王志新，周步昆，张根华，等.新时代高校科研育人影响因素与路径探索——以 J 省 3 所高校教师抽样调查问卷为例［J］.中国高校科技，2021（12）：62-66.

2　刘在洲，谢晨霞，刘香菊，等.大学科研育人现状、问题与对策——基于 H 省 4 所高校的调查［J］.高等教育研究，2019（6）：79-85.

3　眭依凡.论大学的善治［J］.江苏高教，2014（6）：15-26.

的思想道德素质、科学文化素质、学科专业素质和身心平衡健康等多方面素质的发展与学生知识的迁移、能力的提升结合起来，使之成为一个多元共生的有机整体。此外，在人才培养模式上，要突破学校单一主体育人模式，构建校地、院所、校企协同育人模式，形成强强联合局面，实现优势资源整合，不断推进科教结合实践，推动人才培养模式变革。

（二）提升学生综合素养

学生综合素养的提升是通过自己的探索和体验取得的。因此，高校要把"以生为本"理念落实到学生实际能力的提高上，并在培养方案的设计与调整中予以充分体现。尊重学生主体地位，一方面高校要在创设科研条件、赋予试错权利、保障探索时间、给予练习机会、营造宽容氛围、畅通沟通渠道、健全激励机制等方面有所作为，调整落实以"育人"为核心的科研育人培养方案设计。另一方面培养方案的内容设置应综合考虑学生爱国情怀、科研素养、创新能力三个维度的均衡发展。爱国情怀、科研素养、创新能力是科研育人工作中不可或缺的元素，科研育人工作要着重培养学生具备赤诚爱国、投身科研的宏伟情怀，要引导学生掌握科学研究方法、科研理论知识、养成必备的科研素养，要指导学生提升勇于创新、服务社会、解决实际问题的能力。通过爱国情怀、科研素养、创新能力的综合提升让学生在获取科研基础理论知识、掌握科研规范的同时，调动其从事科学研究的内生性动力、增强其对科研伦理的坚守、深化其对科学精神的理解，最终使其树立正确的科研价值观。

（三）营造良好文化环境

良好的校园文化环境的营造要始终牢牢把握培养学生科研价值观这一核心育人目标。创设良好的育人环境是开展大学生科研育人活动的必要条件。良好的文化环境对学生具有规范、导向、激励和推动作用。育人环境包括场馆楼舍、硬件配备、文化底蕴、师德风尚、科研成果等方面，高校和教师要特别注意科研育人的氛围营造和文化环境建设，善用育人显性资源，巧用育人隐性资源，搭建科研育人综合平台，汇聚软硬件互补、教科研协同育人合力。创设良好的育人环境，应具体抓好以下几个方面的工作：一是要加大对科研育人政策、措施和全国科研育人模范典型的宣传，如"时代楷模"黄大年的先进事迹，营造科研育人氛围。二是要开展科研育人先进个人和先进集体评比活动，如"黄大年式教师团队"选树活动，树立身边的典型，发挥科研育人榜样的示范作用，营造崇师德、正师风的良好风气。三是要开展科研育人的各种主题活动，通过专题讲座、广播、征文比赛等形式，借助微信、微博等网络渠道开展科研育人活动。四是要重视科研育人团队建设，形成团队中教师与学生定期交流制度，在其双向互动中，让学生受到教师科研精神的熏陶，培养学生的合作意识和拼搏精神，构建积极向上的科研育人环境。五是要构建重视科研育人的校园文化，传承学校的优良传统。各个高校在自身的发展历程中，都形成了特定的校园文化，在构建科研育人文化的同时，要将科研育人与其自身的校园文化相结合，发掘优秀的文化传统，弘扬大学精神，将传承与创新相结合，走出自己的科研育人之路。

二、坚持"科教协同"育人理念

"科教协同"即教学与科研同向同行，共同发挥育人功能。"科教协同"本质上是要寻求教学学术性与科研育人性的结合点，教学过程是知识传授、学习和研究方法教育、学生创新能力培养的过程；研究过程是新知识发现、科学素养养成和学生实践能力培养的过程，两者相互配合，共同为学生成长成才服务。

（一）以教学助推科研

科研育人把高校两个核心职能即"教学"与"科研"贯穿于人才培养的活动中。从科研育人的角度看，现代教学不再是传统意义上的知识灌输，不再是我说你听、我写你记的单向传输过程，而是自由灵魂间的碰撞与交流。独立思想交流外在表现为，在教学过程中教学方法的普及，学生自主学习能力的提升，获取知识途径的丰富改进；更深入思考，就是充分发挥科研在教学中的纽带、中介作用，从课堂互动启发科学思维，到课后完成探究性选题，激发学生的探究欲望成为贯穿始终的主线，让学生在动态研究进程中加深对课本静态知识的理解，培养学生的创新思维和实践能力。科教协同作为一种新的理念，主张科教融合、寓教于研、以研促教、研教同步，打破了以往高校教学与科研各自为政的落后传统，把教育与创新凝聚为一流人才培养的强大力量，是一种综合性的育人方式。

（二）以科研反哺教学

科研反哺教学可以通过合理配置高校中的教学资源和科研资源来实现，开发潜在的、激活已有的教学资源存量，多措并举，持续增加优质教学资源的增量，突破科研资源向教学资源转化的壁垒。从教师角度看，倡导教师把自己的科研成果巧妙融入课堂教学内容中，将教师在科研课题推进过程中所收获的正反面经验作为课堂教学实际案例，教师现身说法总结失败经验推广成功经验，这样就把培养学生的科研方法、创新能力与专业教学统一起来。合理利用科研项目资金，通过课程教学发掘选拔对现有研究课题感兴趣的学生，邀请学生参与课题研究并给予一定的资金奖励，增加学生的科研经验，激发学生的科研热情。支持不同导师组的学生破除门第之见，参与到授课教师的科研项目中，开阔学生的研究视野，提升学生的协作意识，同时有限的科研资源经由课堂教学渠道实现了再分配。[1]通过科研资源持续向教学资源的转化，实现教学与科研环节的精品资源的双向互动，最大程度促进优质教学资源的不断增长。因此，高校应重视科学研究对提升人才培养质量的促进作用，重视科研成果向教学成果的转化，形成科研与教学良性互动，共同推动办学水平不断提高。

（三）推动教学与科研协同发展

教学与科研两者相互促进、协同发展。一方面，科学研究获取的新成果给教学方面相对滞后的知识做了有益的补充，重新建构了以往的认知体系。科研成果运用于教学，对提升教学效果具有独特意义。从学生方面来看，学生通过参与科学研究活动，培养科学精神与科研伦理，掌握规范、科学的研究方法，树立正确的人生观、价值观和世界观；从教学方面来看，在教材的编写与修订中，可以及时吸纳最新的科学研究成果，优化教材内容，有助于打造精品教材。另一方面，教学实践有助于推进科学研究实践。专业领域最新知识的获取有助于教师开展科学研究，从而掌握学科前沿理论和最新的教学方法。教师在讲课过程中，与学生交流互动而碰撞出的观念和思维的火花，能够为师生推进科研进程带来意外的灵感，激发科研创造力和想象力。总之，科研的作用与功能必须通过教学活动才能更好地发挥，在科研育人的工作中，只有坚持深度教学与互动教学，坚持以高水平的科研保障高质量的人才培养，努力把科研探索与教学改革结合起来，才能最大限度地实现科教协同育人的作用。

三、坚持"多元融合"育人理念

"多元融合"指多种异质事物相融结合形成一个整体的过程。坚持"多元融合"

1　黄建洪，张洋阳.研究生人才培养的"教学—科研"一体化模式研究［J］.研究生教育研究，2018（6）：30-34.

育人理念要求高校和教师在科研育人中以尊重学生个体差异为前提，以结合社会发展需求为基础，以兼顾科学精神与人文精神为支撑，把个人气质禀赋与社会发展需要相结合，实现科研育人整体目标。

（一）"多元融合"理念以尊重学生个体差异为前提

当前，以"数媒土著"自称的"Z世代"群体（1995—2009年出生）是大学生中的主导力量，相较于"Y世代"群体（1980—1994年出生）[1]，"Z世代"个性更为鲜明，更加关注自我成长和自我实现。同时，培养具有鲜明个性的时代新人，既是教育现代化和竞争国际化的时代之需，也是个人全生命周期不断发展与完善的主体之需。唯物史观认为，教育必须让每个个体的个性得到充分自由的发展。这里强调的个性，是尊重社会共识、遵守公序良俗基础上的一种和谐、健康的个性，而非不可一世、唯利是图的极端利己主义。个性鲜明、自尊自立的当代青年群体气质就是其内蕴的综合素质的外化形象，促进学生健全人格、健康个性的养成是科研育人功能的应有之义。因此，教师在面对个性气质、知识结构、学科专业多元的学生时，在遵守普遍性的教育规律和培养模式的基础上，因人而异、具体施策制定差异化的培养方案已然成为必然选择。

（二）"多元融合"理念以结合社会发展需求为基础

科研育人落脚点在"育人"，即让学生"成人"并"成才"。一方面高校和教师在科研育人服务中应主动顺应时代发展潮流，对接国家战略需求，把握经济社会发展需要，结合学校学科专业特色，发挥教师研究专长，寻求"时代之需""社会之需"及"教育之需"的最佳结合点，在共同需求"交集"中设计综合性培养方案，培养学生在从事研发工作的同时，形成技术、成果、国家战略为一体的战略思维。另一方面高校和教师要精准把握当代学生的真实诉求，将科学素养培养和专业技能培养纳入统一的科研育人体系，在具体实施过程中需要打通科研和教学的壁垒、学校和社会的壁垒，着重激发学生内在的科研志趣，将学生的个体需求与社会需求结合起来，注重学生科研能力的培养，把学生个人理想与国家理想相结合，实现学生个体价值和社会价值的统一。

（三）"多元融合"理念以兼顾科学精神与人文精神为保障

科研育人是理性的系统性活动，一方面必须平衡"工具理性"与"价值理性"

---

1 敖成兵.Z世代消费理念的多元特质、现实成因及亚文化意义［J］.中国青年研究，2021（6）：100-106.

二者间的张力，把学生思想素质、心理素质、文化修养、社会认知、责任意识、专业素养、业务能力、创新能力等具体要素纳入统一框架进行综合性培养方案设计，统筹兼顾人文精神和科学精神培养的关系，使二者互联互通、互促互进。另一方面高校要在正确把握知识、能力和素养三者辩证关系的基础上，坚持以科学知识体系为基础，以专业技能体系为支撑，以科学素养为核心三位一体协调发展的人才观。知识是外显的，能力和素养是内隐的，尽管三者在呈现形式上有所差别，但在人才培养过程中三者是密切联系的有机整体。知识是系统化的认识，是基础。能力是以一定的知识为基础，经过规范化的培养和训练而掌握的本领，是关键。素养是主体把从外界获得的知识与技能内化于身心，经过历练升华而成的稳定的品质和修养，是内核。换言之，知识是能力和素养的载体。没有相当程度的知识储备，很难形成较强的能力和较高的素养。能力与素养是知识的外在效用，能力与素养的提升助益知识的高效积累。因此，在科学研究等育人环节中，协调科学精神与人文精神，要把学生思想道德素质、科学文化素质、专业技能素质和身心平衡发展等多方面素质的提升与学生知识的传授、能力的培养相结合，形成科研育人整体效应。

第三节　高校科研育人机制建设

机制原指机器的构造和工作原理，借指事物内部各部分的构造、功能、特性及其相互联系和相互作用。机制是使制度发挥功能的具体运行方式，制度制约着机制，机制从属于制度。为有序推进科研育人工作，必须建立健全科研育人体制机制。其一要构建完备的评价机制，从科研成效评价上保障科研育人作用的发挥。其二要建立完善的激励机制，充分调动师生参与科研育人的积极性。其三要落实保障机制，为科研育人提供物质、政策、制度等支持，促进科研育人有效、持久地开展。其四要推进科教协同育人机制，综合提升学生的知识、能力和素质，促进学生全面发展。其五要保障产学研协同育人机制畅通运行，凝聚高校、科研院所、企业育人合力，形成科研育人共同体。

一、完善评价机制

构建完备的评价机制是激发科研育人主体动力，有效开展科研育人活动，科学评估科研育人成效的重要支撑。规范化管理、制度化考核是提升高校科研育人实效的必然要求，是高校科研育人工作走深走实的有力保障。为此，需要构建一套多元化的评价方式，围绕教师的思想道德素养、科研理想、科研动机、科学精神、科研诚信、科研作风等指标体系开展全方位的评价。一是加强教师政治引领，完善师德考核办法。加大师德考核力度，将师德考核贯穿科研育人全过程。严把教师政治导向，引导教师队伍增强理论认同、政治认同、情感认同，坚定政治方向，保持政治定力。二是重视实际业绩贡献，优化教师考核内容。把教师考核的内容从"统一考核"向"分类考核"转变，从"重成果数量"向"重成果质量"转变，尊重教师发展客观规律，通过采用教师自评、他评相结合的评价方法，通过量化评比的方式提升教师开展科研育人的主动性，重视科研育人的实际贡献度，加大创新创业、社会实践、服务地方等内容在考核评价体系中的比重。三是健全教师评价体系，改革考核评价方式。进一步健全教师考核分类评价体系，把考核方式从"单一维度"向"多向维度"转变，从"统一尺度"向"统分结合"转变，提取借鉴关键绩效考核法、360度绩效考核方法、标杆超越法等战略导向型绩效考核方法的关键指标，采用教师自评、学生评价、院系评价、督导评价等多种形式相结合的育人质量综合评价机制。四是坚持价值引领，重视价值评价。科研育人价值评价，强调科研育人理念始终与社会主义核心价值观保持一致。重视科研育人价值评价，要关注师生对科研的创新思维的把握度，创新创业教育、科教结合与产学研协同是科研育人重要的实施途径。因此，科研育人需要培养师生的科学精神和创造意识，通过落实科研团队育人、科研平台育人、科教结合协同育人、产学研协同育人等实践，引导师生积极参加科技创新团队、参与科研创新训练，以此来更好地把握科学前沿发展趋势、培养师生协同攻关奋勇争先的团队精神。

二、构建激励机制

激励机制发挥着激发高校教师开展科研育人积极性，调动学生投入科学研究的主动性的能动作用。创新知识的增长是科学研究的主要动力，创新知识的价值实现是提升科研育人积极性的物质保障。激励方式主要分为精神激励和物质激励两种，如发放奖金、福利、津贴属于物质激励，评先评优、表彰典型属于精神激励。不同的激励方式不仅可以满足不同主体物质层面上的需求，而且可以满足其精神层面上的需求，使其实现自我价值，从而获得尊重和满足感。首先，制定相应的政策法规推动科研育人活动的开展，对于要求教师承担的科研育人任务，可以通过划定刚性绩效指标和职称评定倾斜相结合的方式开展，如把教师在吸纳和指导学生参加各类国家级、省部级课题、应用开发课题和全国性的科技创新大赛计入教师工作量，提升教师开展科研育人在绩效考核中的赋分权重，调动教师投身科研育人的积极性；对于学生参与科研活动，可以采用学分折算的管理制度和评优评奖的引导政策相结合的形式推进，如学生参加"挑战杯"大学生学术科技和创业计划竞赛、"互联网+"大学生创新创业大赛等即可获得相应学分奖励，对于在上述科技活动中获得一定名次的学生同时给予物质和精神奖励，调动学生参与科技创新活动的主动性。其次，学生科研育人的开展需要经济手段的支撑，必要的奖金、津贴、福利等物质奖励，能够提高教师和科研人员等参与者的积极性，提高活动效率。再次，在科研育人过程中需要维护好不同参与主体的根本利益，提高其参与的主动性，完善利益保障机制和考评办法是育人活动顺利推进的重要保障。对于在育人过程中，相关方的权利、责任和利益分配问题，可以采用制度化的方式予以明确，保障各方公平维护自身利益。

三、健全保障机制

科研育人保障机制是指为确保科研育人工作过程中行动方向与目标结果一致而采取的支持措施。一是强化政策支持。近年来，国家先后颁布了一系列与科研育人创新发展相关的政策文件。这些政策文件的出台，无论是对国家战略发展，还是对高校与科研机构建设都具有指导意义，对科研育人工作更是起到了重大的引领和推动作用，提供了长效的制度保障。例如：教育部发布的《高校思想政治工作质量提升工程实施纲要》明确要求发挥科研育人功能，优化科研环节和程序，完善科研评价标准，改进学术评价方法，促成成果转化应用，保障科研育人顺利推进。一方面，强调要完善科研育人的实施环节，为科研育人的有序开展提供更多更优质的保障和服务，并逐步健全评价体系，对科研育人工作进行规范的评价；另一方面，强调发挥科研育人对学生的导向作用，要做到坚持正确的政治方向，树立科学的价值导向，形成求实的学术取向。总之，为了切实把科研育人工作开展起来并落到实处，需要以国家战略需求为导向，由学校党委牵头组建科研育人领导小组制定各项具体的计划，包括各类人才计划和科技合作计划，以计划为导向，以共同开展科学研究和人才培养为目标，以机制探索和创新为重点。同时，还要制定在实施与推进过程中的各项责任、措施、监管、考核、激励等相关实施细则，确保高等学校与科研院所之间的合作能够有效、持久地开展。二是完善经费保障制度。建立合理的资源配置机制，调整资源供给模式，划分经费投入责任，增加高等学校的保障性经费，增加高等学校的专项教育经费，稳固高等学校作为科研育人创新发展主力军的地位。同时，还要通过科教资源共享等渠道，吸引社会各界增加对科教结合协同育人的投入，多渠道筹集经费。另外，科研育人领导小组要发挥协调与咨询的作用，研究制定国家财政科技与教育支出中科教结合协同育人的专项经费比例和引导性经费项目，全面规划与保障科研育人创新发展的资金来源，满足科研需求。[1]三是优化师资育人队伍。科研育人师资可以从科研队伍中挖掘，也可以从高等院校的教师队伍中挖掘。这两支队伍是建设社会主义科技强国的骨干力量，他们对科研创新、科研育人都承担着重要的责任。科研队伍人才的选拔分别通过科研院所和高等学校来实现。因此，要充分利用科研院所的人力资源，鼓励科研院所中富有教学经验的科研人员到高等院校讲学；此外，加大高薪引进科技人才力度，尤其是高水平海外科技人才。

四、建立科教协同育人机制

科教协同育人机制是通过协同发挥科研院所优势与高校育人专长，实现学科知识技能与社会发展实际需求相契合，切实提升人才培养水平，达到科研育人目标的。一是加强领导统筹推进科研育人工作。科教协同育人机制覆盖了学生培养、师资交流、实验室开放等诸多内容，参与主体涉及高等院校、科研院所、科研人员、教师和学生，是一个涉及面广、影响力大的系统工程。需要国家立足一流人才培养大局，系统谋划、整体推进、完善政策。要加强总结评估，及时提炼带有共性的、规律性的案例，变成可推广的有益经验，充分发挥科教协同育人对推进教学改革、加强教学建设、提升人才培养质量的引领、示范和辐射作用。二是要创新人才培养体制机制。科教协同育人涉及科教两大系统，超越了现有体制机制和以往的人才培养方式，是一场探索性很强的改革。要以推进"三全育人"综合改革为契机，打破体制机制壁垒，建立高校与科研院所协同育人的长效机制。首先要建立培养目标协同机制。要主动对接国家发展战略，适应经济社会发展要求，共同制定人才培养方案，努力培养能够适应和引领未来发展、具有国际竞争力的

---

1 邓军等.高校思想政治工作质量提升理论与实践：科研育人卷［M］.桂林：广西师范大学出版社，2019：34.

人才。其次要建立教师队伍协同机制。要拓展选拔方式和途径，实行高校和科研院所人员的实质性互聘，调动名师大家和一线科研人员参与人才培养的积极性。再次要建立资源共享机制。高校和科研院所要共同构筑创新人才培养和科学研究的合作平台，向学生适时开放实验室、研究基地和研究项目，让学生真正参与科研活动并发挥自身作用，为培养学生创新思维、提高学生实践创新能力提供条件。高校内部也要整合各个院系、专业的教学和科研资源，共同支撑人才培养工作。最后要建立管理协同机制。要在学生遴选、学籍学位、奖励资助等重要环节加强沟通配合，进行协同管理。[1]三是要切实营造科教协同育人的良好氛围。实施科教协同育人是一项具有开创意义的工作，肩负着培养担当民族复兴大任时代新人的重任，使命光荣、责任重大。高校和科研院所要树立开放合作、深度融合的观念，团结协作，开拓创新，推动教育与科研的密切结合、深度互动。科研人员和教师要增强培养人才的使命感，主动走上讲台、走向学生、走进实验室，精心指导学生开展科研实践，以高超的学术造诣和崇高的人格魅力教育引导学生。学生要以黄大年等优秀科学家为榜样，树立科学精神，追求学术理想，坚定科研信念。充分利用高校和科研院所提供的优质平台和宝贵机遇，刻苦学习，全面发展，努力成长为社会主义现代化建设的栋梁之材。

五、探索产学研协同育人机制

产学研协同育人机制是指高校、企业、科研院所三大主体以创新发展为目标，在政府、行业、中介组织等相关主体的保障下，打破体制机制障碍，汇聚整合各自优势资源和要素，充分释放创新要素活力，实现互利共赢的合作机制。目前，产学研协同育人机制还存在育人责任划分割裂化、育人教育形式单一、对技能教育工作重视不足、育人教育缺乏连续性、保障机制不完善等问题。为此，在科研育人综合改革中要坚持产学研协同全员育人、产学研协同全程育人、产学研协同全方位育人。一是坚持产学研协同全员育人。产学研协同全员育人要求充分发挥产学研协同中所有教职员工和企业员工的力量，发挥所有参与者的作用，全员参与、落实责任，加强教师和员工队伍的育人意识。产学研协同全员育人要形成覆盖学校、企业和学生的系统育人机制。学校、企业与学生三方互动、相互影响、

1　本书编写组.科教结合协同育人行动计划进展报告（2012—2013年）［M］.北京：高等教育出版社，2014：4-5.

相互浸染，学校与企业都承担着相应的育人职责，学生的成长发展也会影响着学校和企业的发展。因此，在育人实践中不仅要教授学生系统的专业知识，引导学生选择正确的人生方向，还要着重培养学生的自学能力和实践能力，潜移默化做好职业道德教育，让学生在正确的人生道路上奋发前行。二是坚持产学研协同全程育人。产学研协同全程育人强调产学研项目协同过程中教育工作的连贯性和延续性，贯穿教学科研全过程，融入学生学习全过程。从学生初入校门到毕业，特别是在实习实训期间，学校全时段、全方位让学生接触社会、认识社会，在实践中培养劳动观念和热爱劳动人民的真情实感。职业能力教育和职业道德教育是全程育人的重要组成部分。因此，每位科任教师都有着向学生传达职业道德理念的教学义务。企业作为高校学生的实习单位，在学生实习期间，也有帮助学生树立良好的职业道德的责任。通过产学研协同全程育人，学生可以在学校学习期间、企业实习期间不断接受职业道德教育。随着时间的推移，学生不断深化对职业道德的认识，最终将职业道德牢记于心，成为具有良好职业素养的优秀劳动者。三是坚持产学研协同全方位育人。产学研协同全方位育人要求将育人工作贯穿学生学习、生活和思想，要突出内容的丰富性和形式的多样性，全面、系统地建设育人体系。在产学研协同全方位育人实践中要充分利用各种载体，依托实习、实训等，将育人目标寓于其中。在全方位育人中，职业道德教育既是教师的义务，也是所有企业职员的任务。教师要对学生灌输有关职业道德的理念。学校可以通过各种活动激励学生培养良好的道德品质。在全方位育人中，职业道德教育不只体现在学校教学中，也体现在学生的日常生活之中。经过生活的磨炼，培养学生诚实守信的品德，增强学生的责任心，帮助学生养成踏实自律的良好生活习惯，形成完整的职业道德教育。通过全程育人，学生从生活、学习、活动中加深对职业道德内涵的理解，提升自身职业道德水平，为今后在工作中严格遵守行业企业的制度规范打下坚实基础。

第四节　高校科研育人典型案例分析

一、科研团队育人案例

广西师范大学中华优秀传统文化传承发展教师团队，是教育部公布的首批"全国高校黄大年式教师团队"。该团队依托广西师范大学中国语言文学学科，全面贯彻党的教育方针，落实立德树人根本任务，以桂学研究和桂学人才培养为特色，以中华优秀传统文化传承发展为核心，致力于古代文学与文化研究、桂学理论与文献研究、抗战桂林文化城文学研究、壮侗瑶等少数民族语言与文学研究、民族地区公共文化服务体系建设研究，为祖国边疆少数民族地区高等教育事业做出贡献。该团队现有教授 17 人、博士 19 人，现有汉语言文学国家文科（中文）基地国家级教学团队 1 个，广西特聘专家创新团队 5 个，广西高校卓越学者高水平创新团队 1 个，自治区级教学团队 2 个。一是注重发挥团队带头人和党员教师在思想价值方面的先锋模范作用。该团队将思想政治表现作为团队建设和发展的底线要求，将支部建设与团队建设结合起来，加强思想政治学习，注重发挥团队带头人和党员教师在思想价值方面的先锋模范作用。在选题设计、课题申报、进修项目申请等活动中特设意识形态评议环节，保证一切活动不越底线。在此基础上，结合传统文化研究的典范人物、典型事件，推荐成员学习著名学者的"学记""传记""回忆文章""纪录片"等，并组织集中讨论，加强对团队成员在学者气质和人格方面的熏陶和培养，着力开阔团队成员的学术眼界和提升人生境界。二是健全科研成果推广应用机制，大力弘扬优秀传统文化，提升科研创新能力和社会服务能力。健全科研成果推广机制，保证中华优秀传统文化的传承发展落到实处，始终是该团队坚持的工作方向。在推广机制的保障上，一是该团队坚持传统文化进课堂，把本科生、硕士生、博士生的课程教学与中华优秀传统文化的传承发展结合起来，如课程教学占最大比重的古代文学，从诗词曲赋，到小说戏剧，无不是传统文化的载本，使古代文学教学不只是作品思想性、艺术性的分析，更是中华优秀传统文化的传承。二是该团队建立了中华优秀传统文化的传承发展必须走向社会的运行机制，在各教育实习点举办中华优秀传统文化的传承发展活动，到各县市开展有关中华优秀传统文化的讲座，组织各种类型的学术会议，突出中华优秀传统文化，让"中华优秀传统文化的传承发展"走出学校，走向社会，服务于社会文化建设。三是团队建立各种类型的学生社团，利用学生社团来开展中华优秀传统文化的传承发展活动。正是因为有这样一些机制，让团队的中华优秀传统文化的传承发展活动得以有条不紊地开展。四是始终把培养创新意识作为科研育人的主要任务。该团队探索在知识的教学中培养学生的创造意识、创新意识，其做法有以下三点：首先团队教师以自己科研的创新经验与成果给学生做出示范，把自己最新的创新成果作为授课内容，既传播了最新成果，又对学生有所启发；其次在作业与考试中，鼓励学生发表与教材不同的、与老师讲授不同的新见解，并以此为荣；再次加强撰写论文的训练，鼓励学生发表自己的新见解、新观点。[1]

二、科研平台育人案例

西南大学淡水鱼类资源与生殖发育教育部重点实验室（以下简称"实验室"）是学校具有代表性的高水平科研平台之一。长期以来，实验室始终坚持立德树人的使命，瞄准"三全育人"总体目标，建立了多维度、立体式研究生人才培养体系。实验室不断探索科研育人和实践育人，依托教育部重点实验室和国家重大科学研究计划项目、国家杰出青年基金项目、国家自然科学基金重点项目、973前期项目的积淀，经过十余年的探索与发展，构建了多维度科研育人模式，取得了令人振奋的实践成效。优异成绩的取得得益于坚持以立德树人为根本任务的教学科研理念以及坚持言传身教、项目依托、团队培养等多维度一体化科研的育人举措。一是坚持立德树人根本任务，探索"三全育人"长效机制。在学校和学院党委的正确领导下，实验室教职工团队始终贯彻落实"三全育人"工作的总体目标，以习近平新时代中国特色社会主义思想为指导，紧紧围绕立德树人根本任务，以全面提高人才培养能力为关键，强化基础、突出重点、建立规范、落实责任，打造高水平的支持体系，扎实推进"科研育人"带动"三全育人"整体建设，为科研人才成长提供了肥沃的土壤。在研究生的学习和科研能力培养过程中，始终将思想道德教育、文化知识教育、社会实践教育等融入人才培养各环节，把思想政治工作和思想价值引领贯穿教育教学全过程，形成"三全育人"长效机制。经过探索和实践，初步建立了较完善的育人体系。二是多维度推进科研育人工作，全面落实"三全育人"总目标。其一，以身作则、言传身教，全面提升学生综合素质。研究生导师以立德树人为使命，始终坚持言传身教，在育人过程中树立家国情怀、注重科研创新、培养实践能力、重视国际交流，全面提升学生素质。目前实验室已与国内外10余家科研院所和高等院校的相关研究机构建立了合作关系，在科学研究与人才培养方面开展合作，成效显著。其二，以国家战略为依托，厚植家国情怀。一个人能否成才、成功，三项因素不可或缺：基本素质和技能、施

1　邓军等. 高校思想政治工作质量提升理论与实践：科研育人卷［M］. 桂林：广西师范大学出版社，2019：116-121.

展平台和个人努力、对国家和民族的强烈情怀。在国字头项目上，实验室导师组团队带领研究生苦心钻研、敢为人先，把爱国之情、报国之志融入祖国改革发展的伟大事业之中，融入人民创造历史的伟大奋斗之中，大力弘扬习近平总书记提出的奋斗精神，即"幸福都是奋斗出来的"。导师带头诠释好有大眼界、大境界、大胸怀和大格局的育人角色，并言传身教地将对祖国和人民的深情大爱，对祖国富强、人民幸福的理想追求，以及对国家、民族和人民的责任感和使命感，传递、辐射到更多学子。导师的一言一行，潜移默化地熏陶学生，润物细无声地感染学生。其三，以方向学术梯队建设为抓手，培养研究生团队协作精神。营造浓厚的学术氛围，对于激发研究生对科学研究的兴趣和研究生的顺利成长是至关重要的。实验室导师团队带领研究生建立学术梯队，实行"方向小组"模式。按照研究方向，由青年教师、博士生、硕士生共同研讨科研工作，形成鼓励创新、勇于创新的理念和氛围，营造良好的创新学术环境。在科研、教学方面悉心指导，在实验经费、实习实训、调研参观等方面给予全力支持，充分发挥"传帮带"的作用，同时形成互助、互爱的良好氛围，带领研究生跟踪和进军学科前沿，不断加大研究生参与高水平课题研究的难度，培养研究生的合作精神和创造能力。

三、科教结合协同育人案例

中国科学技术大学与中科院充分发挥各自研究型大学和科研院所的比较优势，即中国科学技术大学在学科和人才方面具有综合优势，中科院在平台、项目、团队等方面优势明显。二者密切合作，综合考虑国家和社会需求，推进科教协同育人，双方育人合作围绕培养学生专业知识、科学精神、实践能力、综合素养等维度进行。一是定期开展专家讲座。学校定期邀请中科院院士专家来校讲学，让学生零距离感受业界翘楚的人格魅力。专家讲座是学生获取前沿专业知识的最有效途径。扎实而广博的基础知识和丰富的专业知识是学生从事科学研究的前提条件。基础知识对于个人发展是至关重要的，它为学生的成长发展奠定了坚实的基础，为各类新知识的学习提供了方法论前提。丰富的专业知识是学生进入科研领域所必需的，它能使学生熟悉相关专业背景，尽快适应科研节奏。二是加强科学精神培育。学校通过设置专门设计的探究性课程、研讨班课程和各种学生科研项目，使学生学习和掌握科学研究的方法，培养学生的科学精神和实践能力。科学研究本身的复杂性和挑战性需要学生具有鲜明的问题意识、敏锐的洞察力和坚韧不拔的科学精神。不确定性是科研工作的基本特征，在科研工作中遇到各类新问题在所难免，学生只有具备敏锐的洞察力才能及时发现问题，调动知识分析和解决问题。如今，很多大学毕业生在科研进度受阻后不是想办法解决，而是采取逃避的方式，因此在科研工作中屡屡受挫，自信心受到严重打击。而当学生具备坚韧不拔、勇于面对和承担责任的精神时，就不会畏缩不前，而是主动攻坚克难，积极寻找解决问题的办法，由此在工作中就会得到不断的发展与提高。因此，科研育人工作不仅要培养学生的问题意识、创新思维、敏锐的观察力，还要使其具有团队意识、协同能力和坚韧不拔的科学精神，使他们在进入科研工作后，尽快适应环境并不断得到提升。三是鼓励学生参与科学研究。生命学院"贝时璋班"实行小班制和导师制，每班在原有班主任的基础上，配备学业班主任，并选派有丰富经验的教授作为学生的学业导师，具体指导学生选课和参加相应的科研活动，进行个性化培养。同时，通过导师的言传身教，着力培养学生的社会责任感和良好的道德品质，将素质教育贯穿人才培养的全过程。学生的积极参与为科学研究注入大量新鲜血液，学生通过亲身参与科研工作可以提升其操作和协调能力，丰富其实践经验和动手能力。如果在科研育人工作中注重培养学生的创新实践能力，让学生参与到科研活动中，培养其科研能力和实践能力，那么学生就会更具有竞争力。学生掌握扎实的理论知识更易于接受新事物，学习新技巧，能够更高效地开展实践操作，更容易成长为当前社会所需的高素质人才。四是持续进行理想信念教育。学校坚持"长常结合"，大力弘扬"红专并进，理实交融"校训精神，把理想信念和爱国情怀教育贯穿学生学习成长全过程，定期开展坚定的科研理想和信念教育，为个人成长成才提供了强大的精神动力。只有在坚定的科研信念支撑下才能培养扎实的个人素质和专业素质。只有具备了扎实的个人素质和专业能力，且信念坚定，大学生才能在各类竞争中立于不败之地，我国科技创新事业的发展才能永葆生机活力。

四、产学研协同育人案例

江苏大学与江苏银环精密钢管股份有限公司（以下简称"银环集团"）协同推进产学研合作，联合培养人才。通过多年产学研紧密合作，聚焦国家战略需求，建成可持续发展的高性能精密钢管研发平台，将研究生培养和科技创新有机结合，既有效培养了研究生的工程研发能力，又提升了企业的创新能力和技术水平。形成的特色与过程经验如下：一是建立并优化了实现共同发展的产学研合作机制。针对国家重大战略需求和企业目标，双方每年举行定期或不定期的联席会议，年初会议对照国家战略导向和企业的工作计划，确定本年度的研发重点研发项目和研发经费投入，同时确定联合培养研究生的人员及培养方案；年终会议总结全年工作，包括合作项目的进展、新产品的研发、研究生的培养等情况；年度中期将研究生培养计划制订、开题和中期工作研讨、项目阶段性研究进展相结合，举行研讨会，讨论项目研发中的技术关键、研究生选题的合理性及论文进展中存在的问题。通过项目的开展与研究生培养方案的有效实施，形成适合双方发展的产学研合作机制。二是通过研究生联合培养实现人才综合素质的全面提升。在联合培养中，把论文研究工作与国家重大项目相结合，使学生对国家重大战略及其在国际竞争中的重要地位有充分的认识，培养他们在从事技术研发的同时，形成技术、产品、企业、国家战略为一体的战略思维；在具体研发工作中，形成研发重点、研发内容、研发方案、研发目标为一体的完整思路，同时考虑与上下游相关联的创新要素。以超临界火电机组传热管为例，这是学校所承担的 863 重大项目的主要研发内容，通过该项目的实施，既突破了该产品的关键技术瓶颈，实现了我国在高端装备用管材料、制造技术和设备等方面的自主创新，打破了国外的技术和产品封锁，同时也有效培养了研究生的工程技术能力、水平和综合素质。三是构建了研究生工程认识、专业知识、实践技能、创新能力的全素质链培养模式。企业导师定期举办技术讲座，讲授行业背景和行业发展前景、当前产品主要应用领域、产品生产设备和工艺，并通过让研究生到企业挂职实习，了解产品"原材料—热加工—冷加工—热处理—产品检验"的制造过程，熟悉产品制造的具体生产设备，完成研究生对本领域的工程认识；研究生通过学校导师和企业导师的课堂讲授，结合基地最新研究成果，联系基地的具体实践，将理论知识运用到工程实践中，形成自己的专业知识；根据研究生的选题和研究内容，进一步理解产品生产过程，掌握生产工艺参数，熟练操作相关试验设备和生产设备，提升实践技能；研究生参与国家、省部级项目，结合自己的研究内容，制订试验实施计划，提出研究的关键问题，拟订解决关键问题的方式方法，培养发现问题、解决问题的能力，形成完整的研发思路，最终提高研究生创新能力。在此过程中，根据社会对人才的需求，建设双师队伍，组建研究团队，依托钢管研发平台，针对国家战略需求，突破关键技术壁垒，最终培养出具有工程认识、专业知识、实践技能、创新能力的复合型人才，同时也增强了企业的竞争力。另外，通过研发团队的组建和研究生培养的导师合作制，构建了一支产学研合作的研发和导师团队，双方在合作中实现了优势互补、共同提高，在提升研究生知识水平和创新能力的同时，强化了学生的团队意识和合作精神。[1]

本章小结

为全面落实"三全育人"总体目标，拓宽立德树人的实施路径，推进新时代高校科研育人工作创新发展，高校科研育人工作要推动科研育人理念创新，坚持"以生为本""科教协同""多元融合"的育人理念。要建立健全科研育人机制，构建完备的评价机制，建立完善的激励机制，落实保障机制，推进科教融合育人机制，保障产学研协同育人机制畅通运行。与此同时，要在科研团队育人、科研平台育人、科教结合协同育人和产学研协同育人丰富实践中积累有益经验。当然，高校科研育人实践也不能完全囿于当前育人工作中获得的既有经验，要推动科研育人不断走深走实，在实践中凝练创新理论，在创新理论的指导下推进教育改革，不断创新教育观念、育人理念，不断探索人才培养体制机制变革，不断完善人才培养模式，为党育人，为国育才，实现思想政治工作高质量发展。

1　任旭东，马国建．新时代高校科研育人理论与实践［M］．镇江：江苏大学出版社，2021：72-74.

第三章 / 高校思想政治工作实践育人创新与发展

20世纪80年代初期，清华大学、北京大学提出"振兴中华，从我做起，从现在做起""团结起来，振兴中华"的口号，号召全国大学生积极投身于社会主义建设事业，将思想付诸实践，这一活动由校内到校外，并逐步扩展到全国高校"学雷锋，送温暖"的高校实践育人萌芽期；80年代中期，服务于改革开放发展的"受教育、长才干、做贡献"的高校实践育人进入推广期；80年代末到世纪相交的2004年，为贯彻落实《中共中央关于改进和加强高等学校思想政治工作的决定》重要文件精神，全国高校将大学生社会实践纳入到高等教育教学计划，高校实践育人进入持续深化发展期；2005年至今，在党和国家主要领导人的高度重视和关心下，高校在贯彻落实中央各项重大、专项文件中关于实践育人的工作要求和部署方面已经形成了普遍共识，将实践育人纳入高校育人工作的重要内容。此时，实践育人的理念、内容和形式不断优化，并持续发展。经过40余年的发展，高校实践育人经历了从初期发展到深化发展的深刻变革，大学生社会参与面越来越广，从专业相关领域扩展到紧密联系国家大政方针，从普适性强的大众化实践项目到满足个体差异需求的小众化实践项目；参与方式从依靠组织号召到学生团队自发，实践意识和行为的自觉；从国内实践项目扩展到国际性实践项目，总之，新时期的高校实践育人迎来了蓬勃发展的阶段，并逐渐向纵深领域发展。

2020年4月，教育部八部门联合印发《关于加快构建高校思想政治工作体系的意见》，强调要健全立德树人体制机制，加快构建目标明确、内容完善、标准健全、运行科学、保障有力、成效显著的高校思想政治工作体系。[1]实践育人随着时代发展不断向更深更广迈进，将进一步提升实践育人的实效性，推动高等教育内涵式发展。

---

[1] 中华人民共和国教育部等.教育部等八部门关于加快构建高校思想政治工作体系的意见：教思政〔2020〕1号[EB/OL].（2020-05-11）[2022-06-22].http://www.moe.gov.cn/srcsite/A12/moe_1407/s253/202005/t20200511_452697.html.

第一节　高校实践育人概述

一、高校实践育人的理论来源

实践是认识的来源，实践的观念是马克思主义哲学的首要和基本观念。人的全面发展理论是马克思主义哲学的基本观念，促进人的全面发展是教育的根本目的，是教育的本质属性，是教育学理论的核心观念。参与社会活动是人的社会化的重要实现途径。实践育人体现了协同育人的思想，是全员全过程全方位育人的深度融合，体现系统的全面性、协调性和持续性，是系统论的重要观念。在中国几千年历史文化传统中，实践的概念也由来已久，往哲先贤将实践与做人、做事、做学问紧密联系，强调了实践于修身与治国的重要性。

（一）马克思主义经典作家关于实践的思想

马克思在《关于费尔巴哈的提纲》中指出："社会生活在本质上是实践的。凡是把理论引向神秘主义的神秘东西，都能在人的实践中以及对这个实践的理解中得到合理的解决。"[1] 马克思主义哲学认为实践是人与人、人与自然之间关系的有意识的感性活动，是主观见之于客观的重要作用，对客观世界起到了改造的作用。[2] 实践论是马克思主义哲学首要的基本观点，马克思主义哲学不仅把实践的观点引入到了认识论中，更重要的是发现了实践在社会历史中的基础地位。实践是马克思主义哲学的基本范畴之一，是标志人们主体与客体相互作用的哲学范畴。实践是主体在一定目的支配下进行的，是人的自觉的有意识的活动，具有自觉能动性；实践是主观见之于客观的活动，是以一定客体为对象的客观物质性活动，具有直接现实性；实践是社会的实践，是社会历史性的活动，具有社会历史性。[3] 马克思主义实践观作为人类发展进程中的重要思想，不断指导着人类发展，推动着人类社会不断向前发展。高校实践育人的提出就是以马克思主义哲学指导高等教育的理论和工作创新，即通过强调教育主体的实践性、客观性，突出教育主体在实践活动中的主体性和能动性，引导其发挥互动性、创新性、协同性等，不断促进高校实践育人的实效性。

1　中共中央马克思恩格斯列宁斯大林著作编译局.马克思恩格斯选集：第一卷［M］.北京：人民出版社，2012：167.

2　文大稷，秦在东.实践的观点是马克思主义哲学的理论基石——再读马克思《关于费尔巴哈的提纲》［J］.社会主义研究，2010（3）：7-10.

3　徐光春.马克思主义大辞典［M］.武汉：长江出版传媒崇文书局，2017：791.

（二）中华优秀传统文化关于实践与实践育人的思想

实践在中国古代哲学史上常常被看作是知与行的统一。关于知行关系的阐释是一个源远流长的古老而鲜活的话题，历代先贤和学者对其含义和知与行的关系做了深刻诠释。

春秋战国时期，先秦儒家学者强调认知与践行的统一。《论语》有云："子以四教：文、行、忠、信。"（《论语述而》）教育的基本目的是培养志道和弘道的志士和君子。孔子认为对人评价应该"听其言而观其行"（《论语公冶长》），强调做人做事知行统一的重要性。先秦时期的荀子曰："不闻不若闻之，闻之不若见之，见之不若知之，知之不若行之。学至于行而止矣，行之，明也。"（《荀子儒效》）他强调实践在认识事物中的重要作用。《大学》指出："大学之道，在明明德，在亲民，在止于至善"，强调大学之道在于显明人们自身本有的光明的性德，在于亲近民众的实践，使人恢复本来就有的光明德性与圆满的本性，培育品德与行为有机统一、具有完整人格的人。《中庸》指出："博学之，审问之，慎思之，明辨之，笃行之"，即求学之道在于广泛地多方面学习，详细地问，慎重地思考，明确地分辨，踏踏实实地行。明清时期，明代哲学家王阳明在贵州修文"龙场悟道"，提出"知行合一"学说，主张心与理、知与行相统一。"知是行的主意，行是知的功夫，知是行之始，行是知之成"，"知"是指良知，内心的觉知，对事物的认识，良知是本能，应该遵从本能去做事，强调的是道德层面的恻隐之心，如果没有道德上的行为，就说明没有道德上的认知。如果一个人内心的良知得以彰显，就可以成为圣人，如果大众都可以做到，那么人人都可以做尧舜。"行"是指人的实际行为和实践活动，二者结合是人的本能且密不可分，强调人应该本能地去实践，强调了良知与实践的关系。人的外在行为是受内在意识支配，由衷向善（"知"）的人，才有外在自发的善行，所以说知行合一。王阳明的"知行合一"是中国古代哲学中认识论和实践论的命题。明末清初思想家王夫之指出："知之尽，则实践之始而已""力行然后知之真""行可兼知，知不可兼行"（《船山遗书》）。王夫之对知行的理解，继承并发扬了先辈的实践思想。他说："知行始终不相离，存心亦有知行，致知亦有知行。"（《读四书大全说中庸》）他认为知行始终不可分割，相互渗透相互作用，二者相互作用才能取得更大的效果。

（三）中国共产党人关于实践与实践育人的思想

毛泽东在《实践论》中阐述了知与行、实践与认识的辩证关系。他说："从感性认识发展到理性认识，又从理性认识而能动地指导革命实践、改造主观世界和客观世界。实践、认识、再实践、再认识，这种形式，循环往复以至无穷，而实践和认识之每一循环的内容，都比较地进到了高一级的程度。这就是辩证唯物论的全部认识论，这就是辩证唯物论的知行统一观。"[1]毛泽东系统阐述了实践是认识的源泉和基础，突出了社会实践在认识中的决定性作用，实现了关于实践认识论的又一次升华。

十一届三中全会以来，以邓小平为主的中国共产党人，打破"两个凡是"，提出"实践是检验真理的唯一标准"，坚持和强调解放思想，实事求是，实行改革开放，开创了中国特色社会主义新时期，创立了邓小平理论。1978年4月，邓小平在全国教育工作上的讲话中指出："为了培养社会主义建设需要的合格的人才，我们必须认真研究在新的条件下，如何更好地贯彻教育与生产劳动相结合的方针。"为此，邓小平要求"各级各类学校对学生参加什么样的劳动，怎样下厂下乡，花多少时间，怎样同教学密切结合，都要有恰当的安排。更重要的是整个教育事业必须同国民经济发展的要求相适应。不然，学生学的和将来要从事的职业不相适应，学非所用，用非所学，岂不是从根本上破坏了教育与生产劳动相结合的方针？那又怎么可能调动学生学习和劳动的积极性，怎么可能满足新的历史时期向教育工作提出的巨大要求？"[2]这一时期，在推动教育改革方面，1983年邓小平提出教育要"面向现代化，面向世界，面向未来"，对高校人才培养理念和实践改革起到了极大的推动作用。

十三届四中全会以来，以江泽民为主要代表的中国共产党人，积累和总结党和国家建设的宝贵经验，形成了"三个代表"重要思想，是马克思主义实践观的中国化理论成果。在教育方面，江泽民在继承邓小平关于大学生思想政治教育原则的基础上，根据国家和社会发展要求，结合大学生时代特点，提出了一些新的教育理念和原则。如对大学生提出了"五点希望"，即希望大学生成为"理想远大、热爱祖国的人""成为追求真理、勇于创新的人""成为德才兼备、全面发

1　毛泽东.毛泽东选集：第一卷［M］.北京：人民出版社，1991：296-297.

2　邓小平.邓小平文选：第二卷［M］.北京：人民出版社，1994：107.

展的人""成为视野开阔、胸怀宽广的人""成为知行统一、脚踏实地的人"[1]，强调了"认知只有赋之实践，才有彻底的意义。"[2] 1990 年 3 月 23 日，江泽民在与北京大学部分学生的座谈会上指出："大学生的任务是学习，大量时间是读书，但要争取多参加社会实践。大学生要学会从小事做起，严格要求自己。只有严格要求，积极投身社会实践活动，才能为成才打下坚实的基础。"[3] 这些重要论述为高校实践育人提供了重要的指导思想。

胡锦涛在领导全面推进中国特色社会主义事业的进程中，立足全面建设小康社会和实现中华民族伟大复兴的全局高度，进一步丰富和发展了邓小平、江泽民思想政治工作理论。2005 年 1 月，他在全国加强和改进大学生思想政治教育工作上强调："培养什么人、如何培养人，是我国社会主义教育事业发展中必须解决好的根本问题"[4]，"正确认识和切实解决好这个问题，事关党和国家的长治久安，事关中华民族的前途命运。"[5] 这一重大命题深刻揭示了社会主义教育事业尤其是大学生思想政治教育的根本目标。党的十六大以来，胡锦涛十分重视实践育人的作用。他指出："投身实践是青年成长的必由之路""社会实践始终是青年一代锻炼成长的大课堂。""要引导大学生走入社会这个思想政治教育的大课堂，探索和建立与专业学习、服务社会、勤工勤学、择业就业、创业相结合的社会实践新机制，到基层去，到工农群众中去，在自觉广泛的社会实践中熏陶思想情感、充实精神生活、提高精神境界、增长知识才干。"[6] 这些论断在前人的实践观的基础上，对高校实践育人作出了新的概括。

党的十八大以来，习近平总书记继承和发展了马克思主义、毛泽东思想、邓小平理论、"三个代表"重要思想和科学发展观。他高度重视青年学生的成长成才，多次指出青年学生应坚定马克思主义理想信念，立德修身，积极参与社会实践，勇于实践，做到"勤学、修德、明辨、笃实"，争做新时代中国特色社会主义合格接班人。2013 年 5 月，习近平总书记在与各界优秀青年座谈时强调："学

1　江泽民．江泽民文选：第二卷［M］．北京：人民出版社，2006：332．

2　中共中央宣传部．毛泽东邓小平江泽民论青少年和青少年工作［M］．北京：中央文献出版社、中国青年出版社，2003：372．

3　江泽民．江泽民文选：第二卷［M］．北京：人民出版社，2006：589．

4　中共中央文献研究室．十六大以来重要文献选编：下［M］．北京：中央文献出版社，2008：632．

5　中共中央文献研究室．十六大以来重要文献选编：下［M］．北京：中央文献出版社，2008：640．

6　中共中央文献研究室．十六大以来重要文献选编：下［M］．北京：中央文献出版社，2008：641-642．

习是成长进步的阶梯，实践是提高本领的途径……要坚持学以致用，深入基层、深入群众，在改革开放和社会主义现代化建设的大熔炉中，在社会的大学校里，掌握真才实学，增益其所不能，努力成为可堪大用、能担重任的栋梁之材。"[1] 2016年12月，习近平总书记在全国高校思想政治工作会议上指出立德树人是高校之根本，并指出："社会是个大课堂，青年要成长为国家栋梁之材，既要读万卷书，又要行万里路。社会实践、社会活动以及校内各类学生社团活动是学生的第二课堂，对拓展学生眼界和能力、充实学生社会体验和丰富学生生活十分有益。高校学生支教、送知识下乡、志愿者行动等活动，都展现了学生的风貌和服务社会、报效国家的情怀。许多学生正是在这样的社会实践和社会活动中树立了对人民的感情、对社会的责任、对国家的忠诚。"[2] 2018年9月，习近平总书记在全国教育大会上再次强调：要把立德树人融入思想道德教育、文化知识教育、社会实践教育各个环节，要求教育事业要积极以此为目标不断推进改革和发展。这些论述将青年的成长成才与实践紧密联系起来，为高校实践育人指明了方向、提出了要求。

二、高校实践育人的内涵、特征与分类

实践育人是以马克思主义实践观为指导，落实党的教育方针的必然要求，也是提高人才培养质量的必然要求。新时代以来，高校实践育人进行了持续深入的理论和实践探索，积极引导大学生把理论学习与实践体悟相统一、实现自我价值与家国梦想相共鸣，使大学生增强了服务祖国和人民的社会责任感，涵养了不懈奋斗、矢志探索的创新精神，提升了解决实际问题的实践能力，努力成长为担当中华民族伟大复兴大任的时代新人。

（一）高校实践育人的内涵

实践育人既是大学生思想政治教育的途径，也是高校人才培养的重要内容，中外古今形成和积累了丰富的有关实践的理论基础和有效经验。实践育人作为我国高校育人体系的重要范式，具有丰富而深刻的科学内涵。高校实践育人旨在引导大学生在实践中受教育、长才干、做贡献，树立正确的世界观、人生观和价值观，努力成长成为中国特色社会主义事业的合格建设者和可靠接班人。从政策理

1　习近平.习近平谈治国理政：第一卷［M］.北京：外文出版社，2017：51.
2　习近平在全国高校思想政治工作会议上强调 把思想政治工作贯穿教育教学全过程 开创我国高等教育事业发展新局面［N］.人民日报，2016-12-09（1）.

论层面来看，实践育人是通过对受教育者观念和行动上的内化与外化马克思主义实践观的过程。从客观实践来看，实践育人既是一种必要与有效的育人方式，也是一种系统化的育人理念。一方面，教育成效是否得以实现，课堂教学是核心，实践教育是必经之路；另一方面，从一般系统论而言，高校实践育人不仅仅是一个个体的、局部的教育环节，还是高校、政府、社会、家庭等多维多层次力量和资源共筑的有机整体。它们积极树立实践育人的理念共识，加强各方领导与机制建设，不断创新实践育人的形式和丰富其内涵。实践育人从个体层面来看，是通过个体参与现实活动的方式，充分调动个体的内在动力和主观能动性、实现个体素质全面提升的育人方式。

综上所述，高校实践育人是指高等学校以马克思主义实践观为指导，以服务国家人才培养需要、提高育人质量为目的，以实践理念为内在属性，根据受教育者成长成才基本规律，通过相关载体，协同各方资源，科学调控与评价，多维度培养和提升受教育者高尚的道德情操、鲜明的理想信念、强烈的社会责任感、坚毅的意志品格、创新精神和实践能力水平等的育人过程。高校实践育人是高校人才培养和教育教学的重要抓手，它反映了一种教育新思维、新观念，完善了大学教育教学方式，并不断催生出与之匹配的实践育人新模式、新机制。

（二）高校实践育人的特征

高校实践育人隶属于高校育人体系，其育人目标、方式、途径、载体等要素与其他育人内容有着本质的区别，具有时代性、实践性、开放性、社会性、协同性、功能性等特征。时代性是指实践育人目标、内容、方式等方面因时代的发展变化而变化，它总是与时代的主题、国家和社会的发展要求相适应，并服务于这个要求。实践性是指实践育人的核心是实践，即行为的开始、持续与结束持续性地作用于他物的过程。简言之，实践即思维的外化、动手、操作，能动地探索和改造客观世界的社会性的活动。开放性是指在实践育人动态的过程中，教育主体需要以开放、包容的思维不断吸纳外在环境中与实践育人相关的新思想、新理念、新方法等，结合已有的实践育人的思想、理念、方法等进行优化排列、组合、交织等，并集合各方力量形成育人合力。社会性是指实践育人就是人与社会不断互动，进而丰富和完善自身的活动。同时，实践育人的社会性也与人的本质属性一脉相承。协同性是指高校实践育人重在强调多方的参与和协作，必须将参与方的实践行为与感悟予以内化，通过各参与方之间相互沟通、学习、对话，使各参与方由最初的被动参与向主动合作转变。功能性是指实践育人的目标与结果指向。实践育人的功能体现在他服务于落实立德树人根本任务，服务于高等教育质量提升工程，服务于大学生成长成才。

（三）高校实践育人的主要类型

高校实践育人内容丰富，形式多样，是一项系统性的育人工程。高校实践育人也随着时代的发展，不断在丰富和拓展其类型。为全面落实《国家中长期教育改革和发展规划纲要（2010—2020 年）》，深入贯彻胡锦涛总书记等中央领导同志一系列重要指示精神，2012 年 1 月颁布的《教育部等部门关于进一步加强高校实践育人工作的若干意见》中指出：实践教学、军事训练、社会实践活动是实践育人的主要形式。其中社会调查、生产劳动、志愿服务、公益活动、科技发明和勤工助学等社会实践活动是实践育人的有效载体。我们按照实践育人的基本形态可以分为传统型实践育人与网络实践育人两大类。其中，传统型实践育人可以根据其功能性划分为：主题活动型、公益服务型、能力拓展型。

主题活动型实践是高校在实践育人过程中，以特定的主题为中心，通过灌输和影响其蕴含的思想性、引领性理念而开展的实践教育活动。这类活动以明确的理想信念教育与引领为目标，往往是以科学的理论和思想理念，帮助大学生树立正确的世界观、人生观、价值观，完善个人品德等。主题活动型实践育人活动具体形式有：理想信念教育活动、重大主题教育活动、革命精神教育活动、时事热点教育活动等。

公益服务型实践是高校为培养大学生担当民族复兴大任意识，强化社会责任意识、规则意识、奉献意识，让大学生积极参与共建共治共享的社会治理实践而开展的志愿服务类实践教育活动。公益服务型实践主要形式有：青年志愿者对接帮扶计划、大学生文化科技卫生"三下乡"活动、大学生志愿服务西部计划、大型活动及救灾避险任务中的志愿服务活动、围绕社会公益事业开展的志愿服务活动等。

能力拓展型实践是高校通过教学与日常教育综合培养大学生实践创新能力的教育活动。能力拓展型实践遵循大学生主体成长规律和学习规律，帮助大学生巩固专业知识、培养大学生科学探索精神和创新精神，形成良好的实践意识和动手能力，强化劳动意识与职业体验。能力拓展型实践主要形式有：教学训练类实践、创新创业与竞赛类项目、职业体验类活动等。

以上类型实践育人项目可谓传统型育人项目，新时代以来，网络信息化已经发展到前所未有的高度。习近平总书记强调我们要有"阵地意识"。互联网就是当前十分重要的思想政治工作阵地，这个阵地我们不去占领，人家就会去占领。大学生的思维方式、情感交互方式、价值观念日益网络化，网络已经迅速成为其生活、学习、情感等方面紧密相连的场域。大学生敏捷地通过掌握互联网技术，广泛获取海量信息，不断扩展视野与知识面，其思维更加活跃，交往的范围也更加广泛，其思维方式、行为习惯、价值观念等也随之发生着潜移默化的改变。面对网络信息化带来的深刻挑战与机遇，高校传统的实践育人模式越发难以满足新形势下大学生的个性化、差异化需求，催生着网络实践育人的发展和深化。高校应站在信息时代的前沿，将实践育人的形式、内容、理念进行与时俱进的发展和改革，充分与网络信息的虚拟性、开放性、交互性和隐蔽性特点全面对接与融合，开发大学生喜闻乐见的实践育人新模式。总之，对网络实践育人的理论与实践的研究是当前和未来高校思想政治教育工作的重要内容和前沿问题。

第二节　高校实践育人制度建设

对于高校实践育人制度整体布局而言，高校应该从宏观做出统筹规划和总体布局，明确工作的指导思想、设计工作目标任务，规划工作的核心内容，厘定工作的基本格局。具体而言，高校通过制定实践育人的具体配套制度、明确相关主体的责任与义务，积极推进实践育人规范化管理制度的建立，即优化课程制度、推进协同建设、完善教师队伍建设发展制度、推进常规管理制度和监督制度规范化，建立健全系统、全面、科学的制度体系。

一、优化实践育人课程的制度

课程是高等学校教育的核心内容，是学科建设与发展的塔基，优化现有的实践育人课程是保证实践育人科学性、长效性的根本途径。当下高校开展的实践育人课程主要有专业课、专业基础课程的实践教学，公共课、选修课的实践环节，第二课程社会实践活动的配套实践课程，以及相关主题性的实践育人辅助性、短期性实践课程。

　　优化实践育人课程建设，需要联合高校各部门、校内外各方力量充分发挥各自优势统筹，致力于实践课程内涵、类型、结构、目标、实施、评价的建设、开发与优化。一是要设立校级实践育人课程管理部门和开发机构、评审委员会等管理与学术机构，制定具体明确的职责要求、操作规程。二是由校级统一的管理部门设定校本化实践育人课程的根本目标，协调各方资源和力量，利用教育学、管理学等理论开发通识性实践课程，如大学生创新创业训练计划的分阶段培育课程；组织相关师资力量进行专业课、专业基础课、公共课实践教育等教学改革。突出学校育人特色与优势，打造学校实践育人的品牌课程，使实践育人课程能更适应当下大学生的实际需求和社会发展形势。

　　二、推进高校协同实践育人的制度

　　20世纪70年代系统科学逐渐形成和发展起来，德国斯图加特大学教授、著名物理学家赫尔曼·哈肯（Hermann Haken）创立了协同理论。协同理论认为任何复杂系统，当在外来能量的作用下或物质的聚集态达到某种临界值时，子系统之间就会产生协同作用。这种协同作用能使系统在临界点发生质变产生协同效应，使系统从无序变为有序。

　　有学者表明可以从协同理论视角研究高校实践育人机制，他们认为高校实践育人是一个复杂而开放的系统，其中高校、社会、家庭、学生等主体构成该系统的要素，各要素需要协调配合才能有效、科学地运转。高校实践育人可借鉴协同理论的"支配原理""协同效应""自组织原理"等原理，以"实现学生全面发展"为目标，积极构建实践育人机制，集合各方资源和力量，共创共建"高校实践育人共同体"，健全实践育人工作体系。其次，"高校实践育人共同体"还要不断向校外扩展，争取达成与社会、家庭、个体于一体的"四位一体"的"横向共同体"；除此之外，从高校育人质量工程的角度来看，积极构建课程育人、科研育人、实践育人、文化育人、网络育人、心理育人、管理育人、服务育人、资助育人、组织育人等协同配合"纵向共同体"，在各育人领域中谋求工作与研究的交集，共探共商共解实践育人的交叉问题、共同问题。除此之外，要将"学生全面发展"作为高校实践育人效果评价的核心指标，将学生成长成才规律和学生思想品德形成发展规律贯穿于高校实践育人的系统运转，不断提升高校实践育人系统的自组织性，以应对客观环境的变化。同时，可以将学分制引入实践育人效果评价体系，可以将社会、家庭及学生个体等三个系统的反馈纳入评价体系。[1]

三、完善高校实践育人教师队伍建设和发展制度

高校教师是实践育人的重要主体，是高校实践育人工作的组织者、实施者和指导者，是高校实践育人长效机制建设发展的重要力量。他们在实践育人过程中激发学生参与实践的兴趣、传授理论知识、培养学生坚毅品格、提升学生创新创业实践能力等，最终帮助学生树立正确的世界观、人生观、价值观。在高校实践育人的体系中，研究和优化高校教师队伍建设对于系统的长效性、科学性有着至关重要的作用。一方面，高校要切实做好实践育人教师队伍的选拔、管理、应用、培养，另一方面，从事实践育人的教师要自觉、自发探索和总结实践育人规律，认真学习相关政策，勇于育人实践，主动扮演好连接高校与社会实践育人的有效媒介，努力成长成觉悟高、业务精、能力强的育人行家里手、行业专家。

高校实践育人覆盖主阵地、主渠道，依托多样化载体实现育人目的。首先，持续完善专职教师队伍实践育人制度。实践育人的教学实习环节、创新创业环节等都离不开专业教师的指导和引领。其主要特点就是专业教师结合自身专业、教学方法等技能对学生进行实践教育。目前，高校对专职教师开展实践育人作为教学环节进行考查和评价，但缺乏对专职教师实践育人的能力和素养进行系统性、持续性培训和培养。这就导致了专职教师实践育人的内在主动性和外在继发性因人而异，实践育人的认知、方法、实效存在着较大差别。其次，要持续完善和优化高校思想政治工作队伍建设育人制度，即激发高校辅导员、党政干部和共青团干部、心理咨询教师等人员积极参与、主导实践育人的制度。实践育人的内容除了存在于教学实习等环节，还大量存在于大学生日常思想政治工作领域。充分发挥思想政治工作队伍的实践育人效能，是贯彻落实全员、全方位、全过程育人的重要内容。总而言之，优化高校实践育人教师队伍建设的制度应从指导思想、工作原则、目标要求、岗位职责、职称晋升、绩效考核、能力培养、职称级别、进修深造、绩优清单、负面清单、持续性、常态的实践育人能力培训计划等方面建立切实可行的高校教师实践育人队伍建设和发展制度。

1　芦爱疆.基于协同理论的高校实践育人创新发展探究［J］.中国轻工教育，2019（1）：5.

四、推进高校实践育人管理制度规范化

首先，要完善日常管理制度。如将实践育人的相关活动和内容进行宏观界定和量化，将各种形式的实践活动纳入学校整体教学与管理计划，制定行之有效的配套规范和文件，科学规划活动的组织管理与参与践行的有序流程、审核制度、宣传尺度、评优细则等。

其次，要健全监督制度。高校要健全监督制度以确保实践育人过程质量与方向。高校要根据实践育人的项目化、经常化管理方式，对实践育人项目开展过程前中后进程规范化监督。比如在项目实施过程中，对实施进度、沟通与信息反馈机制、主体效能发挥成效、规则意识与合规程度等进行过程检查。在项目结束后，对项目的总结交流、层级与层面评价、总结汇报、成果展示等方面进行制度化管理与建设。

高校要从学校整体一盘棋的宏观视角认清实践育人的重要性、必要性、紧迫性，从贯彻和落实党和国家大政方针出发，总体把握实践育人本质内涵，结合本地、本校实际情况制定规范化、透明化、明确化的管理制度体系，并不断以系统科学的理论，以开放的立场对制度的延续性、实时性、实用性进行调整和优化，不断增强和维护高校实践育人的实效性。

第三节　高校实践育人评价体系构建

随着高校实践育人研究与实践的不断深入，高校实践育人日趋完善，育人成效明显，推动着高校思想政治工作整体运行，并直接推动了社会发展与进步。推动高校实践育人质量不断提升，实现其高质量发展并发挥应有成效，就必须构建行之有效的评价体系。

一、高校教师实践育人能力的要求

高校教师实践育人能力的要求主要指高校教师在实践育人过程中应具备和实现的基本要求，即以师德规范为先、理论联系实际、过程与结果并重、独立与协商并存、守正与创新交融等相关要求。具体如表 3.1 所示。

表 3.1 高校教师实践育人能力的要求

基本原则	主要含义	教师应具备的能力要求
理想信念为基准	政治素质过硬，要以为人民服务、为中国特色社会主义服务、为改革开放和社会主义现代化建设服务，为党和人民需要培养社会主义事业建设者和接班人为己任	1. 学习、掌握和传播马克思主义实践观； 2. 学习、掌握和传播马克思主义中国化关于实践的理论要义
师德为先	坚持师德行为规范和实践育人的基本伦理要求，公平公正对待学生，行使教师权利和义务	1. 忠诚和热爱育人事业，主动学习和践行教师职业道德； 2. 尊重和公平对待学生，有关爱和宽容学生的仁爱之心
注重理论联系实际	具有扎实的学识、过硬的教学能力和科学的教学方法	1. 具备实践育人项目中应具备的专业知识和通识理论； 2. 不断探索、提升优化教学能力，创新施教、因材施教
合理认识过程与结果	强调实践育人过程的重要性，即体现教育的本质是在过程中体验和感悟，在育人中实现授之以渔	1. 有效指导学生，帮助学生纠正认识和行为； 2. 提升实践能力、激发其创新思维和能力的形成
坚持独立与协同并存	既要保持实践育人、内容、方法的鲜明特色，又以开放协同的思维兼容多元力量	1. 传承实践育人精髓，探索和创新实践育人的新内涵、新方法； 2. 具备协同、整合多方力量、应急处置等开展实践育人的能力
守正与创新交融	既要坚守传统实践育人内容，又要遵循教育对象的成长规律开拓实践育人的新领域	1. 将传统的实践育人项目往深、实、精发展； 2. 根据学生个性、时代发展形势开拓新的育人内涵和形式，积极开拓网络实践育人新阵地
发展与培育并蓄	坚持个人成长与组织培育双线提升，并提供职业晋升通道	1. 落实政治理论学习、培训轮训、实践锻炼等制度； 2. 建立完善相关教师管理岗位、职称等级晋升制度
负面清单	意识形态与安全稳定	1. 师德师风失范； 2. 未能妥善处理民族、宗教等意识形态问题； 3. 缺乏网络管理与应急管理； 4. 出现重大安全事故

二、高校实践育人成效的评价维度

高校实践育人成效是指高校开展实践育人的成绩、效果。高校实践育人成效评价维度主要从运行情况、培养效果、社会认可以及负面清单四个维度来考察实践育人的综合效应。具体如表 3.2 所示。

表 3.2　高校实践育人成效的评价维度

运行维度	主要含义	应具备的成效
运行情况	思想引领、常规管理与改革创新、保障有力	1. 在学生中开展党的方针、政策的宣讲与解读； 2. 实践育人管理有针对、有重点、有序开展； 3. 学校实践育人条件保障到位，配有专门队伍和经费
培养效果	学生参与实践活动的获得感与满足感	1. 学生参与实践项目能力素养增值自评与他评； 2. 学生参与实践项目情感满足感； 3. 学生对实践项目管理的满意度
社会认可	服务国家战略和地方发展	1. 引导学生参加服务国家战略和地方发展的领域开展与大学生认知与能力契合的实践育人项目； 2. 实践中对接单位、社会声誉、校友反馈
负面清单	意识形态与安全稳定	1. 能妥善处理民族、宗教等意识形态问题； 2. 具有网络管理与应急管理能力； 3. 避免出现重大安全事故

第四节　高校实践育人典型案例分析

高校实践育人工作发展至今已经形成或正在形成的工作模式已渐然成型，不同学者基于不同视角对实践育人模式进行了划分和阐释，如按工作方式、以实践育人的目的、载体、方法的差异等对实践育人工作模式进行划分。还有的学者提出构建以社会实践为中心环节的"双合双循环"大学生实践育人模式，即以国家人才培养目标与大学生成长内在要求相结合、大学生专业知识能力素养与社会实际要求相切合的"双合"为目标，以社会实践为中心环节，校内层面实施由多环节构成的教育循环。总而言之，形式多样的工作模式的直接目的都是完善大学生的培养方式，多维度、多角度提升大学生综合素质和实践创新能力。本节着重以贵州大学实践育人工作模式为例进行分析。

贵州大学通过"强化党建引领，塑造人格涵养，夯实理论基础""建强课堂阵地，紧扣学科创新前沿""助推行业发展，强化实践育人""激发'实战'内生动力"等育人举措，坚持"以理想信念教育为核心、以爱国主义教育为重点、以基本道德规范为基础、以大学生全面发展为目标"这一思想政治教育不变的主线和永恒的主题，紧紧围绕"培养什么人、怎样培养人、为谁培养人"这一根本目标进行顶层设计、教学改革、层层落实，不断探索和创新符合校情、省情的实践育人发展新道路，主要体现在重视创新创业教育、加强实践教学改革与管理、激发教师实践育人主体积极性等方面。

第一，重视大学生创新创业教育，充分发挥学科交叉融合优势。近年来，贵州大学积极参与和承办各类大学生科技创新赛事，有效激活了学校创新创业竞赛氛围，触发学校形成长效"创新创业"竞赛育人机制，推动学校"双一流"建设和高质量发展，取得明显成效。在第十七届"挑战杯"竞赛中，贵州大学以此为契机，按照"以赛促学、以赛促研、以赛促教、以赛促建"的理念，形成长效育人机制，着力培养学生的科研兴趣、科研能力和科学家精神，大力推进创新创业教育高质量发展。到目前为止，在建设创新创业平台方面，贵州大学已建设了 2个国家级大学生创新创业平台、6 个省级大学生创新创业平台、7 个校级大学生创新创业平台。同时，学校大力实施大学生创新创业训练计划项目和校级 SRT（Student Research Training，大学生研究训练）项目，2021 年共立项大学生创业创新项目国家级 48 项、省级 123 项、校级 108 项，SRT 项目立项 365 项。在全国普通高校学科竞赛排行榜中，贵州大学排名从 2017 年的 200 多名提升到 2020年的第 100 名。经第十七届"挑战杯"全国大学生课外学术科技作品竞赛全国组委会表决，贵州大学成为第十八届"挑战杯"竞赛承办高校。这场被誉为当代大学生科技创新领域的"奥林匹克"盛会，将于 2023 年亮相贵州。其次，贵州大学还充分利用大学科技园的人才、技术、资本等创新资源，开展专题讲座、培训与活动，通过专家指导、企业诊断、案例分析、实习观摩等形式，加速学校创新资源集成、科技成果转化、科技创业孵化、创新人才培养和开放协同发展，大学生创新创业的"溢出效应"正在日益显现。

第二，加强实践教学改革与管理。贵州大学针对实践教学存在的短板，将创新创业教育纳入人才培养与教学方案，把创新创业教育贯穿到整个人才培养过程。在专业培养方案中增加了"创新、创业及实践课程"模块不少于 3 学分，第二课堂不少于 6 个学分等内容。

第三，充分激发教师实践育人主体积极性。贵州大学从职称评定、岗位绩效、师风师德建设等方面广泛调动教师参与实践育人的立德树人事业，充分发挥专业教师、辅导员、教学管理等教学与管理团队积极性，加强师生互动、指导与合作，在全校范围内营造了师生共同创新与研讨的良好氛围。

贵州大学从思想体系、课堂教学、科研理论、实践教学等多层面、全方位培养学生，涌现出许多具有贵州特色的高校实践育人新模式和典型案例。

一、助力乡村振兴的实践育人工作模式

（一）实施"博士村长"实践育人计划助力乡村振兴[1]

贵州大学深入学习贯彻习近平总书记关于扶贫工作的重要论述，发挥学校优势，2017年11月启动实施"博士村长"计划，组建启动以农、林、食品等专业博士研究生为主、硕士研究生和本科生为辅的"博士村长"实践队，在产业扶贫、科技服务、人才支持等方面积极行动。通过鼓励和带领学生深度参与和实施"大地论文工程""博士村长""专家小院"、绿色农药创制等科研创新实践，鼓励学生积极创新，提升学生的创新能力、组织能力、实践能力以及创业能力，贵州大学涌现了一批优秀的创新型拔尖人才代表。

截至目前，参与计划的"博士村长"达到200余人，共组织90余支实践队伍深入25个贫困乡村开展服务活动500余次，积极服务脱贫攻坚和乡村振兴。贵州大学"博士村长"实践育人计划坚定了学生理想信念，厚植家国情怀，仅为脱贫攻坚和乡村振兴提供了人才支持与智力服务，并且探索出了生产劳动与社会实践相结合的实践育人新模式。贵州大学"博士村长"计划是教学实效、社会效应、助力乡村振兴等集一体的实践育人典型案例，主要有以下做法：

第一，红色文化融入"博士村长"实践育人计划。"博士村长"计划作为贵州大学落实"立德树人"的一项具体举措，始终把对学生政治信仰、思想素质、道德品格的教育放在首位，在生产劳动与社会实践中坚定学生的马克思主义信仰、增强学生的爱国主义精神、塑造学生的知行合一品格。"博士村长"计划实践基地多为红色革命文化丰富之地，学生通过瞻仰红色遗迹、聆听红色遗址曾经的革命斗争故事，重温红色岁月，深刻理解红色政权来之不易、新中国来之不易、中国特色社会主义来之不易，更加积极更加主动地赓续传承红色基因。这种社会调

1　张伟，陈艳波."博士村长"计划实践育人模式［N］.贵州日报，2021-10-20（8）.

查和体验式的了解省情、民情，让学生坚定了对党忠诚，热爱社会主义，并坚定了学生为祖国和人民贡献自身力量的决心；强化学生以自己的实际行动服务贵州经济和社会发展的主动性和积极性。

第二，科研育人与实践育人共建育人体系。贵州大学"博士村长"计划立足贵州需充分发挥自身多学科综合优势，利用自身人才、科技服务等方面资源，以科研创新助力贵州脱贫攻坚，科技知识的普及与科研创新是解决贫困问题、带动农民致富的重要手段。"博士村长"计划通过组织学生深入田间地头，切身感受基层百姓的生产实际和生活所需，全面了解社会经济发展的问题，灵活应用所学知识与技能解决生产实践问题，引导学生将专业实验、课程论文、毕业设计等与贵州需求相结合，使学生的科学研究真正做到"顶天"又"立地"。"博士村长"计划通过一批又一批"科研先锋"的言传身教和模范引领，其中有学校资深专家教授，也有青年教师及其他们带领的科研团队，让学生感悟到科学技术在推动地方经济发展和社会进步中的巨大贡献，增强了学生对科学报国的感性认识，坚定了学生为国家和人民奋力拼搏的信心和决心，培养了学生在科研道路中的拼搏精神和创新精神。发挥团队优势助力产业升级。结合地方产业发展需求，"博士村长"积极服务地方产业升级，帮助提高新技术运用能力。一是发挥技术优势服务农业发展。针对贵州稻田综合产值低、农民种粮积极性不高等问题，植物保护学科团队从稻田综合产值、水稻病虫草害控制、农药化肥零增长等环节进行深入研究，探索出适合贵州山地稻区的稻蛙复合种养产业模式，并制定技术规范，使稻米品质显著提升，价格高于当地平均市场价 2 倍以上，稻蛙两项产值合计达每亩 1 万元。目前，已在全省 20 余个县进行示范推广。二是发挥智力优势做好宣传引导。贵州大学设立乡村振兴学院，建立帮扶县乡"新时代'三农'实践所"，举办"脱贫攻坚 科教助力"论坛，促进"政、产、学、研、用"协同发力，服务贵州乡村人才振兴，"点对点"为脱贫攻坚和乡村振兴提供智力支持，着力培养一大批"爱'三农'、有技术、会经营、留得住"的乡土人才。深入宣讲乡村振兴战略重大机遇和优惠政策，充分了解当地的风土人情、历史沿革、发展变化，与农户"攀亲戚""结对子"，用当地群众听得懂、记得住、可复述的语言开展宣传，让群众充分了解党的各项好政策，增强内生动力，聚力脱贫攻坚、乡村振兴。

第三，投身生产实践，弘扬劳动精神。贵州大学"博士村长"计划将劳动教育纳入高质量人才培养全过程，始终围绕树立学生劳动观念、丰富学生劳动知识、提升学生劳动技能、端正学生劳动态度和养成学生劳动习惯，在生产劳动实践中锤炼学生意志品质，增强学生团结协作意识，提升学生综合素养。"博士村长"计划通过组织学生参与当地村民的春耕秋收、养猪养牛，学生充当当地中小微企业的跑腿员、联络员、服务员，使学生切身体验劳动的光荣、劳动的崇高、劳动的伟大、劳动的美丽，使学生发自内心地崇尚劳动、尊重劳动、热爱劳动。

（二）"乡村＋高校＋校友互助"实践育人工作模式

2013 年 11 月，习近平在湖南湘西考察时首次做出"实事求是、因地制宜、分类指导、精准扶贫"的重要指示。2014 年 1 月，党中央在规划制定的精准扶贫重要战略中强调：坚决打好脱贫攻坚战，扶贫工作"贵在精准、重在精准，成败之举在精准"。2020 年底，国务院扶贫办确定的全国 832 个贫困县全部脱贫摘帽，全国脱贫攻坚目标任务已完成，区域性整体贫困得到解决，我国完成了消除绝对贫困的艰巨任务。

2019 年 7 月，贵州大学经济学院经济与贸易系本科生支部党员实践服务队前往贵州省黔东南苗族侗族自治州凯里市鸭塘街道高泉村，开展了涵盖贫困户走访、典型人物挖掘、普通话推广、献策金秋助学活动等扶贫与社会实践活动，形成了"乡村＋高校＋校友互助"的社会实践工作模式（以下简称模式）。具体做法有：

第一，深思熟虑，选定目标帮扶单位。2019 年 3—6 月，选定校友工作的少数民族贫困村作为目标单位。

第二，走访农户，发掘脱贫典型人物。从群众中来，到群众中去。学生党员走访的农户中，对典型人物进行了深入访谈。如在高泉村脱贫攻坚的过程中，涌现出勤劳致富，靠双手脱贫的典范：赵小鱼。这位患有先天小儿麻痹症的励志典型，身残志坚、不倚"贫"卖"贫"，不过分依赖国家的帮助，靠自己的双手和勤劳的汗水，通过种植果树林、大力开展稻田养鱼等为自己和其他村民换来幸福的生活的事迹给学生党员深刻的现实教育。

第三，慰问老兵，弘扬抗美援朝精神。2020 年是伟大的抗美援朝胜利 70 周年，运用"沉浸式"教育方式加强青年学生"四史"教育正当其时。支部师生看望了年过八旬的中国共产党党员、抗美援朝军人潘文武。他激动地向师生们介绍了抗美援朝的战事及自身经历，展示战争期间写的家书、胜利后的回忆录、各类奖章、党费交纳记录、党员思想汇报等，并以军礼回敬师生。支部师生深受启发，更明确了新时代党员所肩负之责任和使命。

第四，推普解惑，助力乡村学生成长。高泉村99%的居民是土生土长的苗族人，多用苗语交流，普通话推广阻力较大。支部书记师生对村民展开普通话发音、表达，以及对推广普通话政策进行介绍和培训。师生们还充分发挥自己在语文、数学、外语、演讲与口才等方面的特长，与当地的中、小学生进行学业交流，为之答疑并介绍丰富多彩的大学生活，鼓励他们树立远大目标，努力学习，用知识改变命运。

第五，持续互动，建立长效帮扶机制。师生党员以问题为导向通过分组进行农户走访，将走访中发现的群众反映的涉及家庭收入结构、家庭成员劳动力现状、适龄儿童受教育情况、养老与医疗卫生保障等问题进行了整理，向高泉村领导做了及时反馈，并针对高泉村特色农业发展、农产品网络营销策略、村里计划的"金秋助学"活动建言献策，达成延续合作意向，如：组织大学生定点定期捐赠、邀请对象单位中、小学生参观大学校园等。

总体而言，这种工作模式最突出的特点是整合学校、乡村、校友三方面的资源为一体，在国家脱贫攻坚、乡村振兴、高校"立德树人"、高校服务社会三方面形成共建共赢、良性互动，具有创新性和实效性。主要实效体现在以下方面。

第一，深入基层群众，增强学生人民意识。习近平总书记关于教育的重要论述中强调：大学生党员作为我们党组织中的一个特殊群体，是优化党员队伍结构的新生力量，也是加强党的建设的重要力量，是国家实现百年复兴的中坚力量。通过模式的创新与实践，增强学生党员"从群众中来，到群众中去""全心全意为人民服务"的意识。

第二，加强内外联动，整合内外智库资源。立足学校自身特点和实际，加强校友资源开发，积极创建校友与高校的业务和情感上的互动，增强了校友对母校的认同感、获得感、归属感、反哺母校的效能感，进一步实现了高校人才培养、科学研究、社会服务、文化传承创新等职能。

第三，学习典型人物，弘扬榜样先进事迹。在走访中，学生直接与英雄的中国人民志愿军老兵潘文武、身残志坚、勤劳致富的赵小鱼交流，就是学习和弘扬敢于斗争、知难而进、坚韧向前的伟大的抗美援朝精神，就是考察中国共产党带领群众实现共同富裕的伟大实践过程。这是将"带入式""浸润式"的思想政治教育课开在了中国西南农村的田间地头。

第四，深挖校友资源，形成校社育人合力。一是充分发挥辅导员的作用。在"牵线搭桥"环节，支部书记（辅导员、班主任）起到关键性作用。该工作模式要求活动的"中心人物"不仅需具备一定年限的一线思想政治教育工作实践经验，还需要在学生中有较高的亲和力、认可度。二是多渠道拓展校友互动。高校各基层组织应专人专项负责校友资源库建设和维护，除充分利用 QQ 群、微信群联系交流以外，应结合专业、行业、地域、亲朋、在校生访谈（如职业生涯课程社会实践环节）等维度对校友资源进行归类、整理、维护。三是建立有效的校友工作激励机制，有效激励辅导员、班主任、专业教师、校友核心人物等加强校友资源积累。辅导员可以主动建立校友代际之间、同行业之间的互助联系，力所能及地帮助校友之间实现信息交互。四是做好校友服务工作。针对校友需求可以为校友参观校园、档案补缺、相关证明代办、自身学历提升咨询、子女升学考试咨询等提供服务，强化与校友的联系。学院校友专项工作者、辅导员、班主任、专业教师等要积极参加或主动创建校友互动交流，如同学聚会、优秀校友讲坛等，弥补校友在情感因素、专业契合度、时间和沟通成本、效果等方面的不足。

二、结合专业教学的实践育人工作模式

贵州大学旅游与文化产业学院积极搭建为探寻贵州非物质文化遗产魅力、进一步了解贵州省少数民俗文化的深度融合平台，激发学生专业兴趣，弘扬优秀传统文化和培养家国情怀。2020 年 12 月 4 日，贵州大学旅游与文化产业学院百余名师生在贵州五彩黔艺博物馆，开展学院首站"旅途问道大讲堂——行走的文化之旅"实践育人活动，现场进行了"贵州大学旅游与文化产业学院学生综合实践基地"授牌。贵州五彩黔艺博物馆作为一家非营利公益博物馆，馆藏丰富，注重文旅创新融合发展，多次走出国门积极传播贵州民族服饰文化，体现了贵州文化产业坚守者的初心和责任。学院与贵州五彩黔艺博物馆合作共建学生综合实践基地，是学院党建思政工作育人阵地的有效拓展，也是同学们开展专业实践活动的学习需要，这是学院在"党建＋专业＋育人"深度融合方面的又一具体举措。

"旅途问道大讲堂"是该学院开展"三全育人"和"文化滋养工程"重要平

台之一，同时也是积极整合优质资源，构建多维协作的育人体系，推动促进学院教育教学质量工程提升的有效助力。除此之外，该学院积极探索校内党建工作与业务工作的结合点，通过"党建微课堂、行走的课堂、教授午餐会"等深受学院师生喜爱的形式和载体，在"党建＋引领、党建＋课程、党建＋创新、党建＋实践"育人模式上下功夫，构建"三全育人"良好格局，与"旅途问道大讲堂"的校外实践育人平台共同构建育人工作体系。这种结合专业教学的实践育人模式坚定了青年学生的理想信念，厚植了其爱国主义情怀，让他们在行走间、田野里、日常生活中深刻感受、了解贵州独有的红色文化和多彩民族文化，积极传承和弘扬优秀传统文化，切实增强文化自信与民族自豪感，是省情教育、国情教育、专业教学与实践育人的有效结合。

三、高校辅导员实践育人工作平台创建案例

为深入贯彻党的十九大精神和全国高校思想政治工作会议精神，进一步加强高校辅导员队伍建设，切实推动学校辅导员队伍职业化、专业化、专家化建设，提升大学生思想政治教育工作水平，打造学生工作品牌和特2021年12月贵州大学"知行育人工作室"作为名辅导员工作室培育项目获批成立。该工作室围绕"高素质创新型人才培养"，积极构建实践育人体系，以"创新创业、志愿服务、社会实践"为关键载体，按照"全员、全过程、全方位"和"设计、实施、评价、改进"的思路，打造"空间、竞赛、项目、活动"多层次、多方位的创新创业新格局，构建"阵地、项目、赛会"专业化、精品化的志愿服务、社会实践新模式，建设涵盖"学科专家、思政教师、行业专家、创业专家、优秀校友"的职业化、专业化的实践育人导师队伍，真正形成育人合力，力争使工作室建设成为学校实践育人领域的"学习型、创新型、实践型、研究型、合作型"辅导员工作室，引领学生在实践中受教育、长才干、作贡献，成长为德智体美劳全面发展的社会主义建设者和接班人。工作室建设的主要举措有：

第一，优化整体设计。工作室加强"三全育人"理念学习，赴省内、重庆高校开展调研、访谈交流，面向学生进行问卷调查，既了解和学习其他高校经验，又掌握学生需求。同时，邀请专家、专业教师、思政课教师、优秀校友等进行研讨，进而在现有基础上优化整体设计。

第二，以"创新创业教育"为突破点，打造"空间、竞赛、项目、活动"多

层次、全方位的创新创业格局。首先，建设以"互联网+""挑战杯""创青春"为龙头的"国家级、市级、校级、院级"各级别的创新创业竞赛，通过"赛前动员、赛中指导、赛中答辩、赛后孵化"的四阶段实训，不断培育、孵化学生参赛，实现以赛促创、以赛促学。具体为：一是由团队教师设计、发布项目名称、项目运行模式等"招标"性质的项目指南，学生自行申报、组队。指导教师从解析项目、开设辅助书目清单、项目沙龙等进行过程性培养。二是由学生自主设计项目、组队，工作室选派团队师资、邀请校内外专家教师、优秀校友指导，完成项目人员接轨。三是由指导老师根据学生能力和兴趣开展个性化辅导、咨询、打磨，帮助学生赛前"催化"，赛后"孵化"。四是建设学生创新创业流动社区，建立与校科技园企业合作，由学生创新创业社团自主运营，为跨年级、跨专业、跨校区的学生创新创业提供创意交流、路演展示、专家辅导等服务。

第三，构建"教学、项目、赛会"的志愿服务、社会实践模式。首先，对思政课、专业课实习调研，根据学生自身兴趣与成长需要联系备选服务单位，自主选择实习实践类别和地点，如街道、金融企业、政府及事业单位、社会组织中进行调研和实习。不断加强"高校、政府、社会"的有效联动，为学生提供高质量的社会实践，提高学生参与广度和实践深度。其次，整合校团委、学院、社会组织等校内外资源，打造志愿服务、社会实践品牌项目。一是联合校团委，开展暑期"三下乡"社会实践、寒暑假"返家乡"社会实践和"青年红色筑梦之旅""寻访老党员"等活动，引领学生发挥专业技能优势，积极投身乡村振兴、生态文明、敬老爱老等。二是联合贵州省图书馆、贵州省语言文字委员会等，面向少数民族地区中小学生开展"悦读会""普通话推广"等活动。三是开展"寻访校友"活动，让学生走近、聆听、学习校友，传递母校情谊，传承贵州大学精神。最后，联合贵州省承办的重要会议、活动组织方，由工作室教师积极申请带队参与，组织和引导学生投身志愿者活动，在实践中培养志愿者精神，并建立健全志愿者的选拔、培训、管理和奖励机制。

第四，形成制度机制。结合探索实践情况，坚持目标导向、问题导向和结果导向，着力建立健全实践育人制度，形成实践育人的长效机制，做好广泛宣传，营造校园实践育人氛围。

第五，完成总结凝练。梳理总结工作室工作，进一步固化实践育人体系，撰写总结报告，形成特色案例。

本章小结

　　高校实践育人是高校思想政治工作创新的时代课题。按照 2012 年教育部、中宣部、共青团中央等部门颁布的《关于进一步加强高校实践育人工作的若干意见》，强化对高校实践育人工作重要性的认识。实践育人本身也是一项系统性、持续性、全员性的育人工程，高校要坚持理论与实践教育相结合，立足时代变化与学生个体差异，整合社会、学校等各类实践育人资源，强化育人项目管理，丰富实践内容，创新实践形式，拓展实践平台，完善实践育人支持机制，鼓励和引导广大青年学生在实践中增强本领，升华家国情怀。

第四章 / 高校思想政治工作文化育人创新与发展 /

党的十八大以来，习近平总书记高度重视文化自信，并在多个场合强调高校要以立德树人为根本任务，要更加注重以文育人。高校是培养人才的主战场，高校培养人的过程就是高校以文化人的过程，就是将中国特色社会主义先进文化贯彻落实到高校的文化育人体系之中，从而塑造和培育学生。推进高校思想政治工作因事而化、因时而进、因势而新，进一步创新和发展高校文化育人工作，有效提升高校文化育人质量，增强学生文化自信，推动实现文化强国目标，是新时代高校和思想政治教育者的共同使命和责任担当。

第一节 高校文化育人的内涵与目标

文化是人类长期实践的产物，其基本功能是培养或教化人。文化功能实现的过程，其实质就是文化育人过程。高校作为文化育人的主阵地，在文化育人过程中发挥着重要作用。对文化的理解多种多样，因此高校文化育人的内涵也不是单一的，具有用中国特色社会主义先进文化培育人、在文化主客体双向互动中育人、从培养正确价值观念层面育人三重内涵。文化育人的目标也具有层次性，分为培育社会主义道德的核心目标、促进学生全面发展的根本目标和培育学生社会主义文化自信的基础目标。

一、高校文化育人的内涵

最早对文化这一概念进行界定的是英国人类学家泰勒，他认为："所谓文化或文明，乃是包括知识、信仰、艺术、道德、法律、习惯以及其人类作为社会成员而获得的种种能力、习性在内的一种复合整体。"[1] 在汉语中，文化是指"文治教化，是对人心性的开启与修炼，重点是教化人心"[2]，属于精神文明的范畴。国内学者对于"文化"的概念众说纷纭，各有侧重，但总体从广义和狭义两个层

---

1 泰勒.原始文化［M］.连树声，译.上海：上海文艺出版社，1992：2.
2 涂成林、李江涛等.当代文化发展新趋势研究［M］.北京：中央编译出版社，2011：12.

面进行理解。广义的文化泛指人类实践活动所创造的一切物质和精神成果。狭义的文化主要指观念形态的精神文化。根据不同的划分标准，文化也呈现出不同类型。按文化的不同形态可分为物质文化、制度文化和精神文化，按社会历史发展可分为传统文化、现代文化和未来文化，按文化的先进性可分为先进文化和落后文化，等等。虽然文化类型各异，但文化内含教育、审美、娱乐等多种功能，能够满足人们精神和物质的双重需求。随着社会经济的发展，人们对文化的需求将会更加强烈，对文化的理解也将更加深入。

高校是文化育人的主阵地，大学教育本质上是学生接受文化教育的过程。目前学界一般从两个维度理解高校文化育人。一是从高校文化与育人的角度出发，把高校文化作为文化育人的内容，强调发挥高校物质文化和高校精神文化在培育学生中的积极作用。二是从高校与文化育人的角度出发，把高校作为文化育人的重要场域或者文化育人的主体，把学生作为文化育人的客体，文化育人则是高校的一项思想政治教育活动，而文化育人的内容不仅包括高校文化，更强调发挥中国特色社会主义文化的育人作用，使大学生传承中国特色的文化基因，筑牢中华优秀传统文化之"根"，培育革命文化之"魂"，增强社会主义先进文化自信。同时，社会主义核心价值观具有先进性和引领性特质，体现了社会主义时代精神，理应成为高校文化育人内容的重中之重。从高校与文化育人的关系角度出发，可以把高校文化育人理解为在高校场域中用中国特色社会主义先进文化培育学生。新时代高校文化育人要立足于新时代背景，把握新时代的新形势、新变化、新特点，利用新的方式方法，创新载体和内容进行以文化人的活动。由此，我们可以得出，新时代高校文化育人就是高校在把握新时代文化育人的新变化、新特点的基础上，遵循思想政治教育规律，通过人文教育和隐性教育的方式将新时代中国特色社会主义文化融入人才培养、教育教学的各个环节，潜移默化地影响大学生的思想观念和精神文化。

高校文化育人中的"文化"具有三重意蕴：一是将文化作为名词，指以什么样的文化育人，强调的是文化育人的内容；二是将文化作为动词，指以文化人的教化过程，凸显的是文化育人的过程；三是以文化人的指向问题，即文化育人要培育人的哪一方面。因此，理解高校文化育人的丰富内涵，就要准确理解"以什么样的文化育人""以怎样的过程育人""育人指向是什么"等问题，即深刻把握高校文化育人的内容、过程和指向。

第一，用中国特色社会主义文化育人。以什么样的文化育人？文化有先进和落后之分，用先进的文化育人，则会滋养人的精神世界，提升人的文化修养，用落后的文化育人，则会阻碍人的身心发展和成长成才。中华优秀传统文化源远流长、博大精深，是中华五千年民族思想的沉淀和积累，更是中国特色社会主义核心价值体系的思想基础，对于培养当代大学生的文化自信具有重要作用，与高校文化育人的目标高度契合。革命文化是中国革命事业的精神遗产和文化传承，其包含坚定的马克思主义信仰，独立自主、自力更生的品格，不畏艰险、自强不息的意志，为人民服务的思想以及爱国主义精神，这些都是大学生需要培养的优秀品质和精神气质。社会主义先进文化是中国社会现代转型的文化结晶，有助于促进社会主义文化大发展大繁荣，推动实现社会主义文化强国目标。这三种文化共同构成了中国特色社会主义文化，建构起了我们共同的精神文化家园。中国特色社会主义文化因其先进特质，成为了当代中国的主导文化，也是新时代高校文化育人的主要内容。因此，高校文化育人的第一重基本内涵就是用中国特色社会主义文化培育学生，使学生从文化中汲取精神养分，形塑道德品行，从而不断传承文化基因、提升文化修养。

第二，在文化主客体双向互动中育人。以怎样的过程进行文化育人？如上所述，文化由"文"和"化"两部分组成，既包括承载着一定思想政治教育价值的静态文化成果，又包括以文化人这一动态的过程。而以文化人的动态过程又包括两个方面，一是文化"化"人的过程，即用先进文化感化、教化人的过程，突显先进文化的外力作用；二是人向文而"化"的过程，即人在受到先进文化的感染、影响后，主动地内化并践行其中价值观的内容，是将文化内化于心、外化于行的过程，凸显了人的主观能动性。概括地说，文化育人的过程就是文化主体与文化客体双向互动的过程，其实质是把客观文化转化为主观精神的渐进过程，进而促进人的发展与完善。高校文化育人的过程就是将中国特色社会主义文化融入人才培养的全过程，使大学生逐渐将中国特色社会主义文化中蕴含的价值观念转化为个人的优秀品质和精神气质。文化育人过程还需重视发挥文化生活实践的作用，使人们在文化生活实践中真正实现知行统一。若离开文化生活实践，文化育人只能是纸上谈兵，难以真正实现育人的价值。

第三，从培养正确价值观念层面育人。文化育人不单纯是让人习得文化知识，更重要的是促进人形成正确的价值观念，指向的是人的精神文化。正确价值观念的形成，要经历知情意行四个阶段，即在形成对文化认知的基础上，增强对文化的情感认同，再将蕴含在文化中的价值观念内化于心，上升为个人的价值观念和理想信仰，最后将形成的价值观念和理想信仰外化于行，规范行为、指导实践。因此，高校文化育人的第三重基本内涵是指从培养正确价值观念层面育人。随着改革开放的持续深入和新媒体技术的发展，多元文化的迅速涌入导致我国社会领域出现多元价值观念的激烈碰撞，给大学生思想价值体系造成一定困惑。因此，加强大学生价值观教育是新时代高校思想政治教育和文化育人的应有之义。社会主义核心价值观形成于中华优秀传统文化，内涵国家、社会、公民三个层面的价值追求，具有引领价值取向、凝聚思想共识的先进性特质。高校文化育人要以培养学生的正确价值观念为导向，就要充分发挥社会主义核心价值观的引领作用，引导学生在文化浸润过程中树立正确的价值取向，从而自觉抵制错误思想价值观念的侵袭。

二、高校文化育人的目标

任何一种教育活动都有其追求的目标。文化育人作为一种思想政治教育活动，其目标与高校人才培养和思想政治教育的目标具有一致性。立德树人是高校教育的根本任务。文化育人是高校育人工作的重要一环，必然要以"立德树人"为目标导向。在中国大学，"立德"主要指培育社会主义道德，这是文化育人的核心目标；"树人"主要指培养全面发展的人，这是思想政治教育的根本目的，这也决定了高校文化育人的根本目标。文化是一个国家最重要的软实力，因此，培育学生社会主义文化自信理应成为文化育人的基础目标。

第一，培育社会主义道德。习近平总书记指出："要把立德树人的成效作为检验学校一切工作的根本标准，真正做到以文化人、以德育人。"[1]高校文化育人本质上是一项思想政治教育实践活动，以思想道德建设为核心内容。中国大学是社会主义大学，高校文化育人的核心目标则是培育大学生的社会主义道德。高尚品德的形成离不开先进文化的滋养。中国特色社会主义文化中蕴含着丰富的思

1　习近平.在北京大学师生座谈会上的讲话［M］.北京：人民出版社，2018：7.

想道德资源，是大学生形成社会主义道德的重要源泉。比如，中华优秀传统文化中推崇的舍己为人、以礼待人、推己及人等处世之德，革命文化中强调的坚定共产主义理想、为人民服务、革命利益优先等道德理想，社会主义先进文化主张培育有道德的"四有"公民。这些文化中蕴含的道德资源有助于大学生提升思想道德境界、培育健全心灵。道德境界的最高水平是具备健全的理想人格。理想人格是人们基于一定的社会历史条件，在遵从一定的社会道德准则下逐渐形成的高尚人格。我国文化育德的最高境界则是培育社会主义理想人格。社会主义理想人格的内涵随着社会的发展而不断拓展。在改革开放初期，邓小平根据中国特色社会主义现代化建设的需要，提出培养有共产主义远大理想，有社会主义道德情操，有科学文化知识，有良好法律素质和纪律观念的社会主义"四有"新人，这是社会主义理想人格的体现。随着社会主义现代化建设的不断推进，社会主义理想人格的内涵在"四有"的基础上不断向价值观念、劳动审美、身心素质拓展，新时代更加强调培养德智体美劳全面发展的时代新人，而不管社会主义理想人格的内涵如何拓展，在人的综合素质中，培育社会主义道德的要求始终居于首位。

第二，促进学生全面发展。"立德树人"一方面强调立德为先，另一方面强调树人为本。因此，高校文化育人除了要实现立德的目标之外，还要着力实现树人的目标。高校应培养什么样的人才？这需要高校立足国家发展大局来思考，即培养担当中华民族伟大复兴的社会主义建设者和接班人。而促进大学生全面发展，是担当这一时代重任的前提条件。因此，高校文化育人的第二重目标是促进学生全面发展。人的全面发展包括个人意志的自由、自我需要的满足、个性的充分发展、社会关系的高度发展等方面。[1]恩格斯指出："文化上的每一个进步，都是迈向自由的一步"[2]，由此，我们可以得到启发，文化的每一次进步都代表着文化实现了新的发展，意味着人们对文化的进一步传承和创新，而文化在传承和创新的过程中，人们也受到了文化的感染，推动人向自由全面发展更进了一步。高校文化育人就是通过发展中国特色社会主义文化来促进学生形成高尚的思想品德、理性的文化认知、完善的个性人格、良好的文化审美等综合素质，促进中国特色社

1　韩延明等.大学文化育人之道［M］.北京：高等教育出版社，2013：120.

2　中共中央马克思恩格斯列宁斯大林著作编译局.马克思恩格斯选集：第三卷［M］.北京：人民出版社，2012：492.

会主义文化发展与人的全面发展相互影响、相互促进。

第三，培育社会主义文化自信。文化具有开放性和包容性，随着改革开放的持续深入，当下中国文化发展过程中出现了文化审美"西学东渐"的现象，高校中一些大学生在对待文化方面也具有崇洋媚外的心理，严重制约了社会主义文化的发展。习近平总书记指出，"文化自信，是更基础、更广泛、更深厚的自信"[1]。坚定社会主义文化自信与促进社会主义文化发展是双向互动的关系。培育社会主义文化自信，对于实现社会主义文化强国也具有重要的基础和支撑作用。大学生是推进中国特色社会主义文化事业发展的主力军，高校文化育人的基本目标就是培育大学生的社会主义文化自信，强调建立对中国特色社会主义文化的理性认知、情感认同以及对其文化生命力的坚信。新时代高校要不断深化对文化育人的理论和实践研究，深入挖掘中国特色社会主义文化中的教育资源，使大学生在文化熏陶中沐浴心智、深化社会主义文化认识，增强社会主义文化自信。

第二节　高校文化育人理念创新

面对新时代文化育人的新变化、新规律、新要求，高校必须与时俱进，创新文化育人的理念，坚持以习近平新时代中国特色社会主义思想为指导，推进思想政治教育与文化育人的深度融合，坚持全员全过程全方位协同育人理念。

习近平新时代中国特色社会主义思想是新时代中国特色社会主义各项事业发展的精神旗帜，也是高校思想政治教育创新发展的重要指导思想。习近平总书记坚持以马克思主义理论为指导，深化对社会主义文化发展规律的认识，回答了推动社会主义文化发展的一系列问题。习近平总书记关于文化育人的相关论述是习近平新时代中国特色社会主义思想的重要组成部分，不仅为社会主义文化事业发展提供了根本遵循，还为高校文化育人工作指明了新道路、扩展了新视野。

高校文化育人要发挥先进文化的引领作用。习近平总书记指出："要化解人与自然、人与人、人与社会的各种矛盾，必须依靠文化的熏陶、教化激励作用，发挥先进文化的凝聚、润滑、整合作用。"[2]即高校要用先进文化熏陶、感染、

1　习近平.习近平谈治国理政：第二卷［M］.北京：外文出版社，2017：36.

2　习近平.干在实处　走在前列——推进浙江新发展的思考与实践［M］.北京：中共中央党校出版社，2006：293.

教化学生，使学生在潜移默化中形成正确的世界观、人生观和价值观，化解社会生活实践中的各种矛盾，凝聚起实现民族伟大复兴的共同思想基础。同时，习近平总书记强调高校文化育人必须坚持和发展马克思主义。因为社会主义先进文化是在马克思主义指导下形成的，因此，高校文化育人则必须以马克思主义为指导，加强大学生思想文化建设。

高校文化育人要坚持正确的价值导向。文化育人具有导向性、教化性，往往通过一定的文化素材引发人们的情感共鸣，进而影响人的价值观念的转变。以情动人常常作为高校思想政治教育工作的一种重要方式，对疏导学生的心理具有重要作用，但情感影响最终是为价值导向服务的，文化育人的最终目的是对学生进行价值引导，使学生形成正确的价值观念。习近平总书记强调："文艺是铸造灵魂的工程，承担着以文化人、以文育人的职责，应该用独到的思想启迪、润物无声的艺术熏陶启迪人的心灵，传递向善向上的价值观。"[1] 因此，高校文化育人必须以塑造学生的思想价值观念为导向，引导学生培育和践行社会主义核心价值观。

总之，习近平总书记关于文化育人的相关论述为高校推进文化育人工作提供了理论和实践的指导。新时代高校文化育人工作必须坚持以习近平新时代中国特色社会主义思想为指导，全面贯彻落实习近平总书记关于文化育人工作的重要指示，结合新的时代要求和特点，促进文化育人工作与国家战略需要相契合。

一、树立思想政治教育与文化育人融合的理念

树立思想政治教育与文化育人融合的理念是由文化发展的新变化和思想政治教育与文化育人的目标一致性所决定的。受改革开放和网络发展的影响，大学生的思想文化观念呈现出多元性和复杂性，甚至产生了文化异化的消极现象。且西方思想文化观念的渗透，使大学生的思想文化观念出现一定偏差。如何解决好这些问题，引导大学生树立正确的思想文化观念，这就需要树立思想政治教育和文化育人融合的育人理念。思想政治教育和文化育人本质上都是意识形态教育，目的都是为了提升思想道德素质，引导人们树立正确的文化价值观念，这就为二者的融合提供了生长点。而思想政治教育和文化育人的融合不是简单的相加，而是思想政治教育的文化育人作用和文化育人中思想政治教育作用的有机联结和高度

---

1 习近平.在中国文联十大、中国作协九大开幕式上的讲话［M］.北京：人民出版社，2016：17.

统一，使实际育人工作既要有文化濡染的思想政治教育，也要有思想政治导向的文化教育。

树立思想政治教育与文化育人融合的理念，需要注意两个方面。一是要注重思想政治教育和文化育人融合的方向性。思想政治教育和文化育人的目标主要在于促进学生形成中国特色社会主义事业发展所需要的文化价值观念，因此二者的融合必须坚持正确的方向。习近平新时代中国特色社会主义思想是社会主义现代化建设的精神旗帜，思想政治教育和文化育人的深度融合必须高举习近平新时代中国特色社会主义思想的伟大旗帜，坚持以人民为中心，通过思想政治工作和优秀文化资源服务人民、教育人民，通过各种文化载体营造良好的文化氛围，使文化涵养社会风气，滋养人们的精神家园。二是要注重思想政治教育和文化育人融合的主体性。思想政治教育和文化育人都是育人事业的一部分，教育的根本目的是立德树人，要实现好立德树人的目标，二者的融合则需更加坚持以人为本，增强行为主体的主体性意识。首先，充分发挥高校教师的主体作用，遵循学生的成长成才规律和文化育人规律，以一种春风化雨、润物无声的隐形教育方式，用先进文化潜移默化地感染学生，不断提升学生的思想文化素质，锤炼学生的思想道德品质。其次，要强化学生的主体性意识，通过物质激励和精神激励的方法，引导学生主动参与文化实践活动，使学生在文化实践活动中加强自我教育。

二、贯穿"三全育人"理念

近年来，我国大学生成为了网络主力军。网络文化搭乘各种新媒体进行传播，呈现出不断扩张的趋势。但一些非主流文化乘虚而入，影响了大学生正确思想文化观念的形塑，使传统的文化育人模式和途径受到了一定挑战。高校教师往往通过课程教学向学生传授文化知识，一定程度上忽视了启迪学生的心灵，同时高校文化资源尚未得到有效整合，育人载体尚未发挥好协同育人的作用等都影响了高校文化育人工作的实效性。"三全育人"理念强调有效整合育人资源，构建立体科学的育人体系，力求育人工作"无盲区"，从而提升文化育人的质量。在高校文化育人中贯穿"三全育人"理念，就要正确把握"三全育人"中"全"的含义。

文化育人的主体要"全"，即全员育人。校园文化由全校师生共同创造，涉及教学、科研、管理、服务、生活等各个领域的文化活动。因此，需要凝聚学校各方力量共助文化育人工作。文化育人并不仅仅是学校的职责，家庭和社会也都肩负着为党育人、为国育才的使命，因此高校文化育人需要发挥校内外各方主体协同育人作用，形成全员育人合力。

文化育人的过程要"全"，即全过程育人。全过程文化育人就是要实现育人范围在纵向上得到延伸，要求将文化育人贯穿于教育教学的全过程和学生成长成才的全过程，并保证每个环节环环相扣，有机衔接并层层递进，确保巩固前一环节的育人成果的同时，为后一环节的育人工作奠定坚实基础。坚持全过程育人理念，尤其要把握学生思想形成的不同阶段，根据学生不同时期的思想特点，选择不同的文化素材去感染、教化他们，实现有针对性地以文化人，增强文化育人的实效性。

文化育人范围要"全"，即全方位育人。全方位育人具有更高层次的内涵和要求，强调构建科学立体全覆盖的育人体系。高校要发挥思想政治理论课在文化育人中的主渠道作用和其他课程的"一段渠"作用，并利用网络平台、学生社团、社会实践、校园文化活动等途径实施文化育人工作，形成全方位的育人体系，促进大学生在思想、品德、个性、能力、作风等方面得到全方位提升，力求实现文化育人工作无漏洞、无死角。

第三节　高校文化育人机制建设

健全完善的体制机制是文化育人工作的重要保障。为提升文化育人工作的质量，高校要不断完善文化育人机制，使文化育人机制的构建遵循思政工作体系的整体框架，并通过健全组织领导机制、运行保障机制、效果评价机制，确保文化育人工作的顺利开展。

一、构建新时代思政工作体系下的文化育人机制

2020 年，教育部等八部门印发了《关于加快构建高校思想政治工作体系的意见》，对高校思想政治工作体系进行了顶层设计。[1] 作为高校思想政治教育的一项重要内容，文化育人的工作要求蕴含在思想政治教育之中，与思想政治教育的工作要求保持一致，因此高校文化育人的工作机制构建也必须遵循高校思想政治工作体系的整体框架。

1　中华人民共和国教育部等 . 教育部等八部门关于加快构建高校思想政治工作体系的意见：教思政〔2020〕1 号〔EB/OL〕.（2020-04-28）〔2022-06-22〕.http：//www.moe.gov.cn/srcsite/A12/moe_1407/s253/202005/t20200511_452697.html.

首先，要遵循高校思想政治工作体系的价值取向。高校思想政治工作重在培养学生形成符合时代发展需要的正确思想观念，因此高校文化育人也应强调对学生价值观、思想素养等精神领域的培养，要"遵循高校办学和人才成长规律，尊重主体需要和主体发展，尊重文化积淀和学术传统"[1]。坚持文化知识灌输和文化观念培塑相统一，促进单向教学模式向双向互动模式的转变，实现"重技术"向"重文化"的转变。

其次，要遵循高校思想政治工作体系的目标任务。文化育人机制的设计必须聚焦立德树人的根本任务，将立德树人贯穿文化育人的全过程。党的十八大以来，党中央高度重视高校文化育人工作。《高校思想政治工作质量提升工程实施纲要》也明确指出："要深入推进文化育人，把高校建设成为社会主义精神文明高地。"[2]当前，高校文化育人工作取得了明显的成效，大学生的思想道德素质和文化修养不断提升。要推动高校文化育人工作实现新的突破，推动高校文化育人工作走深走实，需要聚焦高校思想政治工作体系的目标任务完善文化育人机制，不断促进文化育人与立德树人的有机融合，使学生在先进文化浸润中成长为德智体美劳全面发展的时代新人。

最后，要遵循高校思想政治工作评估设计总体思路和要求。高校文化育人制度是高校思想政治教育质量提升的重要因素，对高校文化育人工作的评估实际上就是对高校思想政治教育质量进行判断的过程。大学生思想政治教育质量的提升，主要看大学生思想政治教育工作方式方法的创新，教育针对性、实效性和感染力显著增强，长效机制健全，大学生思想政治素质进一步提高。[3]高校文化育人需要按照高校思想政治工作评估的思路和要求，设计评价指标体系、评价内容、评价指标要素的权重等。此外，我国高等学校的不同类型和不同层次决定了高校育人的多样性和层次性，这也决定了我国高校文化育人质量评价同样具有层次性和多样性。

二、健全高校文化育人的组织领导机制

高校文化育人工作涉及学校工作的方方面面，是新形势下提升高校思想政治

1 李俊义.高等教育质量价值取向的逻辑分歧及耦合［J］.教育科学，2018（4）：39-44.
2 中共教育部党组.中共教育部党组关于印发《高校思想政治工作质量提升工程实施纲要》的通知：教党〔2017〕62 号［EB/OL］.（2017-12-05）［2022-06-22］.http://www.moe.gov.cn/srcsite/A12/s7060/201712/t20171206_320698.html.
3 冯刚.坚持立德树人 强化思想引领 全面提升大学生思想政治教育工作质量［J］.思想教育研究，2015（3）：6-11.

工作质量的重要抓手，必须从学校发展和人才培养的高度加以认识，不断健全文化育人内部组织领导机制。学校党委书记是学校的第一责任人，因此高校文化育人工作需要在学校党委的统一领导下推进，构建形成党委统一领导，行政组织实施，教务处、宣传部、团委、院系等各部门协调配合的工作格局。

学校党委是文化育人工作的最高指导，在高校文化育人中起着把方向、管大局、作决策、保落实的决定性作用。发挥学校党委在文化育人中的核心作用，即要使学校党委负责高校文化育人的顶层设计，把文化育人理念融入学校的发展规划、人才培养、教学指导之中，推进高校文化育人工作有计划、有步骤地实施。高校文化育人不仅要有掌舵人，还要建造一支运行平稳的航船。要在党委领导下，成立由党委书记担任主任、校长担任副主任，各职能部门协作组成的文化育人工作委员会，统筹文化育人工作，定期研究文化育人理论和实践问题，推进高校文化育人常态化发展。

教务处作为学校教学管理机构，主要负责教师的教学和学生的学习相关事务。发挥教务处在高校文化育人中的作用，即将文化价值观贯穿教育教学全过程，将文化育人融入对教师素养、课程建设、学生学习的要求上，不断提升教师的人文素养，增强课程的文化底蕴，筑牢学生的信仰根基，并依据文化育人的目标制定教师考核和学生考试的重要指标，保证高校文化育人落到实处。

宣传部主要负责学校意识形态工作、强化党政思想宣传、组织政治理论学习、牵头组织校园文化建设、统筹精神文明建设工作。发挥党委宣传部在高校文化育人中的作用，即要开拓创新思维，组织开展形式新颖、内容精良的校园文化活动，紧跟时代发展和学生需求，凭借新媒体技术，加强高校文化宣传，营造向上向善的校园文化氛围。

学校团委是与大学生日常生活接触最为紧密的部门，主要负责大学生思想引领和组织实践活动。发挥校团委在高校文化育人中的作用，一方面要通过文化主题教育活动、青年学术沙龙、相关文化竞赛等校园文化活动向大学生宣传社会主义先进文化，加强对大学生的文化熏陶；另一方面组织文化实践活动，使大学生在实践中加深对中国先进文化的认知和认同，并增强践行社会主义核心价值观的自觉性。

各院系直接负责本院系学生的思想、学习和生活，不仅要教授学生专业知识和技能，还要传递专业文化和精神。发挥院系在高校文化育人中的作用，即要强化文化育人理念，善于用文化典故为学生解疑释惑，启迪学生思想，并积极挖掘本专业优质文化资源，提升学生专业文化素养，还要依据专业特色开展系列文化活动，提高学生的专业文化能力。

除以上提及的职能部门外，学校学生处、发展规划处等部门同样在高校文化育人中发挥着重要的作用。如学生处在宿舍管理方面，要大力推动宿舍文化建设，为学生营造文化氛围浓厚的宿舍环境。学校规划部门则从校园环境入手，将优秀文化元素融入物质景观之中，打造具有文化特色和校园精神的人文景观。

虽然学校党委和各职能部门分管不同领域，但在高校文化育人中都发挥着举足轻重的作用，只有坚持学校党委统一领导，各部门有效配合，才能整合形成强大的文化育人工作合力，促进高校文化育人目标的实现。

三、健全高校文化育人的运行保障机制

高校文化育人工作是一项全面、复杂、长期的系统工程，必须健全运行保障机制，促进文化育人的稳定运行和持久发展。高校文化育人的运行保障机制主要包括队伍保障、制度保障和经费保障三个方面。

首先，学校要加强高校文化育人工作队伍建设。建立一支专兼结合的工作队伍，既要保证有专职工作人员负责文化育人具体工作的落实，又要吸收相关领域的专家学者、退休老领导、师生代表等人员的参与，听取他们对文化育人工作的意见建议。要加强对学校党政干部、教师和学生关于文化相关的教育培训，有关内容纳入干部教育培训、教师岗前培训、个人职业发展培训和学生学习培训等环节，提升全校师生的文化素养，以及增强对文化育人的认识。

其次，要完善高校文化育人相关制度。高校文化育人制度的健全，是顺利开展文化育人工作的前提。通过补足制度漏洞、强化制度性能等，使高校文化育人工作有规可循，真正落实落地。完善文化育人的监督机制，是高校文化育人工作落到实处的关键，尤其要加强对校园文化活动的监督，通过文化育人活动实施效果反向检验文化育人体制机制的效用。比如，通过监督不同学科之间开展校园文化活动的过程，了解文化育人活动对于不同学科学生起到的作用是否相同，从而反向检验文化育人制度的有效性，进而进一步调整和完善文化育人的制度。

最后，要加强对高校文化育人工作的经费保障。高校要设立专门的文化育人专项经费，以保证校园文化活动和文化实践活动的开展以及校园环境文化载体的开发等，确保大学文化建设及其育人工作顺利开展。此外，提供一定的经费建立高校文化育人研究会和设立必要的研究课题，着力开展文化育人理论和实践研究，推动文化育人质量的提升。

四、完善高校文化育人的效果评价机制

2020 年 10 月 13 日中共中央、国务院印发的《深化新时代教育评价改革总体方案》强调，要"坚持科学有效，改进结果评价，强化过程评价，探索增值评价，健全综合评价"[1]，高校文化育人要按照新时代教育评价改革的要求，强化文化育人效果评价的价值导向、过程导向、结果导向，增强效果评价的引领性、针对性、激励性。

首先，强化高校文化育人效果评价的价值导向。新时代做好高校文化育人效果评价的总体设计，需要从目标设定和价值设定两方面明确高校文化育人效果评价的价值导向。高校文化育人效果评价的目标设定直接关系效果评价结果的情况。目标设计需要考量两个方面：一是高校文化育人预期目标的科学设立。一般来说，预期目标设置得越低，高校文化育人工作就更容易实施，育人质量评定结果就更好，反之亦然。因此，高校文化育人效果评价必须考虑预期目标设立问题。二是把握大学生思想精神文化的现实状况。根据思想政治教育评价的有效性理论，评价高校文化育人的有效性就是看大学生在经过文化育人实践后，其思想观念、精神文化水平是否得到提升。因此，高校文化育人效果评价必须全面、真实把握当下大学生思想精神文化素质的实际状况。高校文化育人效果评价的价值设定关系着文化育人正确的政治方向。立德树人是高校文化育人的根本任务，也是文化育人质量的目标指向。以立德树人为基点开展高校文化育人质量的评价，也就遵循了高校文化育人工作的正确方向。

其次，强化高校文化育人效果评价的过程导向。高校文化育人效果评价的过程导向需要考虑效果评价的内容、原则和方法途径，从而提升高校文化育人效果评价的针对性。一是明确高校文化育人效果评价的内容。高校文化育人包含育人主体、育人客体、育人内容、育人过程等要素，因此，高校文化育人效果评价的

1　深化新时代教育评价改革总体方案［M］．北京：人民出版社，2020：2-3.

内容，应该从整体上对高校文化育人的情况进行把握。从育人主体的角度进行评价，主要看高校是否以落实立德树人为根本任务，是否坚持社会主义办学方向，是否形成高校文化育人共同体。从育人客体的角度进行评价，主要看大学生的精神世界是否得到丰富、思想灵魂是否得到洗礼、价值观念是否得到塑造。从育人内容的角度进行评价，主要看高校是否加强中国特色社会主义文化教育和社会主义核心价值观教育。从育人过程进行评价，主要是对高校文化育人的组织领导、统筹协调、激励保障等方面情况的评价。二是明确高校文化育人效果评价的方法。为确保高校文化育人效果评价的科学性，应在坚持一方主体意见为主导的基础上，实现评价主体的多元化，加强高校内部评价和外部评价的协同。通过日常性总结和阶段性评价相结合的方式，真实、客观地把握高校文化育人工作的动态变化。同时，还可以通过定性评价和定量评价相统一的方法，加强对高校文化育人效果的精准判断。

最后，强化高校文化育人效果评价的结果导向。高校文化育人效果评价的结果具有导向和激励的作用，能够进一步推动文化育人工作的发展。为此，高校一方面应发挥好文化育人效果评价的导向功能，以文化育人效果评价结果为依据，对当前文化育人的制度设计、条件保障、方式方法、资源整合等育人过程和要素进行调控，以优化高校文化育人的工作体系。另一方面，发挥好高校文化育人效果评价的激励功能，通过高校文化育人效果评价结果，可以激发教师的自我价值感和自我效能感，激励教师更加重视对学生的文化培育。高校还应将文化育人效果评价结果与学校各部门的绩效考评挂钩，与教师的晋升晋级、激励保障挂钩，促进文化育人质量进一步提升。

第四节　高校文化育人实践探索

高校要形成文化育人实践成果，就要积极打造特色鲜明的校园文化环境，充分发挥课堂教学、校园文化实践、网络文化平台的载体作用，营造浓郁的文化育人氛围，不断夯实文化育人基础，丰富文化育人内涵，拓展文化育人渠道，从而推动文化育人实践向纵深发展。

一、打造校园文化环境，营造文化育人氛围

校园环境是文化的天然载体，由自然环境与社会环境融合构成，具有营造学

习氛围、陶冶精神情操、进行隐性教育的作用。新时代高校要发挥校园环境润物细无声的文化育人功能，不仅要构建各具特色的"物化"的文化环境，而且要建设"非物化"的文化环境。

"物化"的文化环境指学校各种物质设施，包括学校的自然环境、规划格局、建筑风格等，通过在这些"物化"环境中注入文化元素，赋予其文化内涵，从而使静态环境产生动态效果，营造出富含文化气息的校园氛围。尤其是各高校要重视校园物质设施的科学布局，加强校园文化景观建设，努力达到让校园的一草一木会"说话"、一砖一瓦显"真情"的效果，使浓郁、生动的校园文化氛围滋养学生心灵、陶冶学生情操，启迪学生心智，真正实现入芝兰之室久而自芳的效果。

"非物化"的文化环境是高校在长期办学的实践中，由历史积淀而成，具体表现为学校精神、办学理念、校史校训等。"物化"的文化环境如一间文化的花房，而"非物化"的文化环境就像花房中的香气，沁人心脾。新时代高校要把学校在长期办学实践中形成的价值观念、立场原则融入到学校的发展和建设中，加强对师生的价值引领作用，打造学校独有的精神高地。校史是高校文化底蕴的重要体现，具有独特的文化育人功能，因此，高校要组建专门的校史研究队伍，深入挖掘蕴藏在本校办学历史、教育实践、师生群体中的育人元素，认真整理办学历程中能充分体现社会主义核心价值观的典型案例和素材，编排校园文化历史作品，利用校史馆多角度、多层次展示学校深厚的文化底蕴，并通过教育教学、宣传舆论等途径将校史的文化精髓贴近广大师生，充分彰显高校历史文化的教育价值。同时，校训、校歌、校徽也是"非物化"文化环境中的重要元素，高校要提高文化育人的主动性，营造良好校园氛围，就要发挥好校训、校歌、校徽的引领作用，推进校训教育、校歌学习融入新生教育和毕业生教育中，以生动展现大学的精气神，增强学生的归属感和认同感。

高校打造文化环境除了明确环境的内涵和营造的方式，在"文化"的选择上也要因地制宜，需要在弘扬中国特色社会主义文化要素的基础上深入挖掘特色文化要素，突出地域优秀文化、校本传统文化和专业特色文化，形成特色鲜明的高校文化环境。

二、发挥课堂教学作用，夯实文化育人基础

钱穆先生曾指出："现代的大学教育是课程中心的。"[1] 课程承载着一定的专业知识，而文化育人课程则承载着一定的文化信息和内容，因此课堂教学是文化知识传播的主要渠道。习近平总书记也曾强调要"用好课堂教学这个主渠道"[2]，做好高校思想政治工作。"知识是文化的载体，文化的沉淀直接表现为知识"[3]，课堂教学是获取文化知识的主要场域，也是高校文化育人最基本的形式。

高校要充分发挥课堂教学的文化育人作用，就要大力加强课程建设，形成各类课程文化育人的协同效应。一是加强思想政治理论课建设。思想政治理论课以马克思主义理论教育为任务，是全面贯彻党的教育方针和落实立德树人的主干渠道，是高校文化育人的核心课程。关键是思想政治理论课教师要承担起文化育人的职责，主动将文化传承与以文化人有机统合，积极运用中华文化感染、武装和鼓舞学生，实现铸魂育人目标。同时要加强思想政治理论课的内容建设，思想政治理论课的内容中蕴含着民族传统文化、马克思主义思想文化、红色文化等育人素材，是激发学生民族精神，引导学生树立正确文化观念的营养剂。二是加强"课程思政"建设。高校思政课在高校文化育人过程中发挥着不可替代的作用，但仅凭思政课之力难以实现文化育人价值。因此，既要发挥思政课在文化育人中的核心地位，也要重视发挥其他课程的育人价值，逐步构建"大思政"育人格局。"课程思政"并不是一门课程，而是一种课程观，加强"课程思政"建设，即是强调发掘各类课程的文化育人元素，例如自然科学中的科学精神、创新精神等都是开展思想政治教育的鲜活教材。习近平总书记指出："其他各门课都要守好一段渠、种好责任田，使各类课程与思想政治理论课同向同行，形成协同效应。"[4] 这就要求高校文化育人要把握好思政课与其他课程的关系，促进思政课程与课程思政在文化育人上的同向同行。三是加强文化通识课程建设。通过课堂教学深入实施文化育人，需要为学生提供可选择的、充足的课程菜单。加强文化通识课程建设，就是要强化通识课程的思想政治教育功能，要将讲授文化知识和讲授文化知识背

1　钱穆.新亚遗铎［M］.北京：九州出版社，2011：10.

2　习近平在全国高校思想政治工作会议上强调 把思想政治工作贯穿教育教学全过程 开创我国高等教育事业发展新局面［N］.人民日报，2016-12-09（1）.

3　杨叔子.圆中国梦 育职业人［J］.深圳职业技术学院学报，2013（4）：3-6.

4　习近平.习近平谈治国理政：第二卷［M］.北京：外文出版社，2017：378.

后的"故事"结合起来,让学生从文化知识的背后感知到人文情怀和社会责任,促进学生思想道德修养的提升。

无论是思想政治理论课还是其他课程,在文化育人的过程中都必须坚持正确的政治导向,确保社会主义办学方向,落实立德树人根本任务,保证文化育人沿着正确的方向运行。

三、开展校园文化实践,丰富文化育人内涵

仪式是文化的重要内容,它体现着独特的文化内涵。高校文化实践是呈现高校文化仪式感的重要方式。习近平总书记在高校思想政治工作会议上强调:"高校要开展形式多样、健康向上、格调高雅的校园文化活动,广泛开展各类社会实践。"[1]校园文化活动和社会实践构成了高校文化实践的两种基本形式。

校园文化活动紧贴学生需求,形式多样、内容丰富,极易调动学生的积极性,增强学生的参与感。文化育人贯穿于校园文化活动的全过程,通过组织校园文化活动,可以将文化育人融入学生日常生活的各个方面,在寓教于乐中培养大学生的人文素养和道德情操。按照组织主体的不同,校园文化活动可分为学校组织的文化活动和学生组织的文化活动。学术讲座、知识竞赛、传统节日纪念等活动往往是由学校组织,在这些活动中,学校要更加注重方向性原则,发挥好意识形态的引领作用,弘扬社会主义主旋律,彰显学校的精神风貌。学生组织的校园文化活动一般由学生社团、学生会等学生自治组织开展,主要有草坪音乐节、民族文化节、汉服展览等活动,这些文化活动能充分发挥学生的主观能动性,活动内容更具有创造性和艺术性,有利于形成积极向上的校园青年文化。按照文化活动内容的不同,校园文化活动可分为主题教育活动、高雅人文艺术活动、重大纪念日活动。主题教育活动能有效提升学生的文化认知,启迪学生的思想灵魂;高雅人文艺术活动能够有效提升学生的审美情趣和人文素养,促进学生的全面发展;重大纪念日活动是对文化的一种纪念方式,有着深刻的文化记忆,能够为学生带来精神洗礼,筑牢信仰根基。

校园文化活动主要在学校场域内开展,而社会实践活动则强调大学生走出校园,走进社会,在社会实践中促进知行合一。高校社会实践活动本身是一种高校

---

1 习近平在全国高校思想政治工作会议上强调 把思想政治工作贯穿教育教学全过程 开创我国高等教育事业发展新局面 [N] . 人民日报,2016-12-09(1).

文化活动，是通过社会调研、志愿服务以及思想政治教育理论课开展的实践活动，一方面通过学生的精神风貌和思想行为展现学校的文化特色，促进学校文化与社会文化的交流碰撞，另一方面通过具有文化教育意义的实践活动感染、启发学生，引导学生将科学文化的理论学习与实际运用结合起来，进一步坚定马克思主义理想信仰，激发爱国报国热情。

大学生思维活跃，喜欢追求新鲜事物。网络文化信息的纷繁多样迎合了大学生的好奇心理，在满足大学生文化信息需求的同时，也给大学生的文化观念带来一定冲击。这就迫切需要高校在组织校园文化实践的过程中，切实尊重学生的主体地位，加强对学生的人文关怀。积极开展以学生需求为导向，与校园文化相适应的特色文化活动。紧跟网络发展，结合大学生特点，开发和挖掘网络文化实践活动，如云上课堂、云上论坛、云上艺术节等，促进文化活动创新与学生文化素养提高的良性互动。

四、搭建网络文化平台，拓展文化育人渠道

传统的文化育人课堂教学因受时间和空间限制，难以承担全部的文化育人任务，而网络平台突破了时空限制，且能够提供即时大量的教育资源和信息，成为了高校文化育人的新兴载体。习近平总书记强调，"做好高校思想政治工作，要因事而化、因时而进、因势而新。要运用新媒体新技术使工作活起来，推动思想政治工作传统优势同信息技术高度融合，增强时代感和吸引力"[1]。搭建网络文化平台已经成为当前文化育人的发展趋势，有利于拓宽文化育人渠道，增强高校文化育人的实效性。

首先，急需树立网络文化育人新理念。面对网络迅猛发展给高校文化育人带来的冲击和变化，高校应正确看待和积极应对，要由传统封闭式的文化育人理念向开放式的文化育人理念转变，建立对网络新兴媒介的理性认知，了解其优势和缺陷，并学习和掌握利用网络开展文化育人的技能，促进育人主体和客体的双向互动。理念的转变将带来方式的创新。高校要积极推进传统媒体与新兴媒体的融合发展，利用新媒体技术，积极构建文化育人的网络平台，促进文化育人理念和实践的统一。通过网络展播、视频放映等形式展现先进文化的独有魅力，增强文

1　习近平.习近平谈治国理政：第二卷［M］.北京：外文出版社，2017：378.

化育人的影响力。同时，借助网络平台创新校园文化活动形式，开展大学生网络文化艺术节、主题展演、微视频大赛等，增强文化育人的吸引力和感染力。

其次，加强网络文化内容建设。规范网络平台传播的内容是确保文化育人正确导向的前提。网络文化内容纷繁复杂，既有先进的文化，也有落后的文化，既有中国特色的文化，也有外来输入文化。而"文化育人要牢牢把握住文化的先进性这一根本。"[1]何为文化的先进性？习近平总书记反复强调，要巩固马克思主义在意识形态领域的指导地位。文化育人具有意识形态性，坚持网络文化的先进性，首要的就是坚持马克思主义的指导地位，确保教育内容不过时、不变质。要遵循学生发展规律和网络传播规律，开阔思维，深耕创作，打造一批导向正确、内容精良、时代感强的网络文化作品，增强网络精品的有效供给，涵养积极健康、向上向善的网络文化，从而推动高校文化育人的有效实现。

最后，打造一支高素质的网络文化育人队伍。习近平总书记指出："媒体竞争关键是人才竞争，媒体优势核心是人才优势。"[2]营造积极、健康的高校网络文化氛围，保证网络文化平台始终传播主流意识形态内容，则需要在坚持国家网络育人工作统一部署下，结合高校自身的学科优势，打造一支政治过硬、本领高强、分工明确、反应迅速的高校网络文化育人队伍，形成校园网络文化矩阵的立体化、协同化，深入推进高校网络文化育人工作。此外，网络文化育人队伍还需要掌握网络语言艺术，创新话语表达方式，善于将晦涩难懂、抽象概括的理论转化为生动活泼、通俗易懂的"网言网语"，增强网络文化育人的亲和力、感染力。

第五节　高校文化育人典型案例分析

广东海洋大学管理学院近年来积极贯彻落实习近平总书记在全国高校思想政治工作会议上的重要讲话精神，在全院范围内组织开展了培育和践行社会主义核心价值观的主题教育活动，取得了显著的教育成效，可作为高校文化育人的一个典型案例。

一、案例介绍

为培养大学生坚定马克思主义信仰，践行社会主义核心价值观，广东海洋大

1　冯刚.思想政治教育创新发展的四个着力点［J］.教学与研究，2017（1）：27.
2　习近平.习近平谈治国理政：第二卷［M］.北京：外文出版社，2017：333.

学管理学院自2016年开始，在全院范围内开展了近三年"与信仰对话，为青春护航"的主题教育活动。该项活动获得了学院领导的高度重视，成立了专门的活动领导小组对活动进行整体规划和统筹部署。活动以"引领学生成长成才"为主线，具体划分为"理性启迪""梦想召唤""榜样力量""实践领航"四个板块，每个板块环环相扣、层层递进。通过该项主题教育活动的开展，广大学生对社会主义核心价值观的内核和要义有了更加深入的认识，大学生社会主义文化自信得到了显著提升。

在"理性启迪"板块，主要分为两个方面的活动内容。一是阅读经典读本，撰写心得体会。该学院以学院官微为主要载体，通过线上线下相配合的形式，在全院学生中开展阅读《践行社会主义核心价值观读本》撰写读后感的活动，并对读后感进行评选奖励，使学生对社会主义核心价值观有了更加深刻的认识，并以此为价值标准，矫正自我价值观。二是以学生党员和学生干部为对象，组织开展《用社会主义核心价值观引领大学生成长成才》系列专题报告会。报告会通过重温经典案例等形式，生动阐释社会主义核心价值观的每一个价值观范畴，让广大学生认识到培育社会主义核心价值观对个人和社会的重要作用。

在"梦想召唤"板块，分为三个方面的具体活动。一是组织开展学校"十大红旗团支部"的创建和评选活动。学院每一学年都有超过60个团支部参加该活动，其中，在2016年，国贸专业1131团支部入选了全国高校践行社会主义核心价值观"示范团支部"，为广大学生树立了精神标杆。二是在校团委的指导下，面向全校学生开展"中国梦"主题精品团日活动，活动涉及思想引领、创意设计、创新创业、学术科研等领域，有利于提高大学生的综合素质和能力。三是开展院级"我为社会主义核心价值观代言"主题团日活动竞赛。比赛包含策划书评审、活动展示和现场答辩等环节，学院每个团支部都参与了竞赛，广大团员在活动中加深了对社会主义核心价值观的理解和认同，并激发出奋发向上的精神力量。

在"榜样力量"板块，主要通过先进事迹报告会等形式大力宣传先进模范，激励广大学生争做先进。一是在新生中开展"励志、青春"经验交流会。邀请在学习和社会实践方面表现优秀的学长为新生们做报告，让新生从入学就感受到榜样的激励。二是组织开展"从榜样汲取力量，让优秀成为习惯"优秀大学生实践报告会。重点邀请获得国家和省市奖学金的学生代表以及在校园活动、创新创业、社会实践方面表现优异的学生分享经验。三是在全院组织开展"向先进学习"先进事迹报告会。邀请在全国或者省市获得过奖励和荣誉的班级、团队和个人向广大学生分享相关经验，从而为广大学生树立标杆和榜样，激励广大学生自强不息、奋发向上。

在"实践领航"板块，主要通过社会调研以及志愿服务活动引导学生深化人生价值、提升实践能力。一是组织开展学院寒暑期社会实践。社会实践形式丰富，包括支教扶贫、社会调查、科技下乡、创业实习等。2018 年暑期，"长白山调研小组"社会实践团队入选"2018 年全国大学生百强暑期实践团队"。二是开展军学共建活动。近年来学院通过抓关键时间节点，在军人专属节日开展体育竞赛、专题讲座、观摩军营训练等军学共建活动，使学生深刻体会军队精神，不断筑牢信仰之基。三是成立学院志愿服务中心。组织学生参与各省市会议的志愿服务以及清理校园志愿活动，经常性组织清理海滩、资助福利院孤儿、探望敬老院老人等活动，推动学雷锋活动常态化。四是开展践行社会主义核心价值观的社会调研。学院通过组建学生调研团队，以问卷调查和访谈的形式对广东海洋大学学生践行社会主义核心价值观的现状进行了调查，从而在一定程度上了解和掌握学院主题教育活动开展的效果。

此项主题教育活动在引导学生培育和践行社会主义核心价值观方面取得了预期的教育效果，使广大学生增强了理性认知、情感认同，树立起理想信念，并在理想信念的引领下，加强实践履行，助推形成积极向上的院风和学风。在理性认知方面：调查结果显示，98% 的学生认为自己对社会主义核心价值观的形成背景、基本内容有了清晰的认识。同时，有 95.6% 的学生认为社会主义核心价值观对国家、社会、个人的发展都具有重要意义。在情感认同方面：有 95.3% 的学生对社会主义核心价值观表示认同，并有 95% 的学生认为弘扬社会主义核心价值观需要凝聚每个人的力量。在实际践行方面：学院学生在参与高水平竞赛、提升学业质量、投身社会实践等方面取得了较大成效，推动形成了积极向上奋发进取的院风和学风。具体来说，学院学生获得国家、省市级竞赛荣誉的人数增多，学生挂科率和考试违纪率不断下降，在社会实践中涌现出很多优秀个人和团队。虽然此项主题教育活动取得了一定成绩，但也存在着一些不足。比如，新媒体理念尚未完全形成，还未充分利用新媒体进行育人活动，在发挥学生主观能动性方面还需进一步加强。

二、案例分析

思政文化育人是文化育人中非常重要的一环。多元文化的激烈碰撞在一定程度上冲击着我国主流文化的地位，错误的文化价值取向不利于我国大学生正确思想观念的形成，甚至造成大学生理想信仰的缺失。对大学生进行信仰教育是新时代高校思想政治教育的重要使命，也是做好高校意识形态工作的必然要求。该案例以信仰为切入点，将社会主义核心价值观教育融入实际活动中，使学生在寓教于乐的氛围中受到感染。此项教育活动优点突出，主要体现在三个方面。第一，将思政教育贯穿育人全过程。在进行信仰教育的过程中，学院围绕育人目标，贴合学生实际，结合各类文化活动，运用多种载体，采取"听、读、看、写、学、演、做"等思想政治教育方式方法，使学生在潜移默化中接受社会主义核心价值观的引领，筑牢信仰之基。第二，充分发挥实践活动的育人作用。社会主义核心价值观是中国特色社会主义文化的内核，该案例以信仰教育为主题，通过各种校园活动和社会实践，引导学生深入认识社会主义核心价值观，进而增进文化自信，树立崇高的理想信仰。三是活动主线明确，设计合理。该项主题教育活动以"引领学生成长成才"为主线，具体分为四大板块活动，内容包含学生知、情、意、行四个方面，育人模式层层递进、逐渐升华，同时通过日常的各类型活动进行辅助性主题宣传，结合时事热点，营造活动氛围，深化学生认知。

广东海洋大学管理学院开展的此项主题教育活动成效显著，为高校文化育人提供了生动的案例素材。新时代深入推进文化育人工程，增强文化育人实效，一方面要积极学习、借鉴相关典型案例，另一方面也要不断紧跟时代发展和学生需要推陈出新。如充分利用网络思政阵地进行活动宣传，丰富活动效果的呈现，提升活动影响力和吸引力；在文化引领方面，围绕立德树人根本任务，聚焦文化认同，促进内地学生、港澳台侨学生和外国留学生在培养方式和目标上实现分流与融合相统一，以切实增强文化育人实效。

本章小结

文化具有先进和落后之分，对人也具有积极和消极的双重影响。高校文化育人主要指用中国特色社会主义先进文化育人，它以立社会主义道德，树全面发展之人，培育社会主义文化自信为目标。加强新时代高校文化育人具有必要性和重要性，是应对社会文化环境挑战，培养担当民族复兴大任时代新人，加快建设社会主义文化强国的迫切需要。要提升高校文化育人的质量，需要从理念、实践、机制等方面发力和突破。高校要立足新时代，创新文化育人的理念，坚持以习近平新时代中国特色社会主义思想为指导，推进思想政治教育与文化育人的深度融合，贯穿"三全育人"理念。加强文化育人实践探索，充分发挥课堂教学、校园文化实践、网络文化平台的文化育人作用，推动文化育人实践向纵深发展。此外，通过健全组织领导机制、运行保障机制、效果评价机制，保障文化育人的顺利开展。

高校文化育人是一项复杂而系统的长期工程，也是一项与时俱进的实践活动。受一定社会历史条件的限制，高校文化育人的开展需要更有针对性、更有创新性，也需要形成协同育人的合力格局。关于如何进一步创新高校文化育人理念、深化高校文化育人实践、健全文化育人长效机制等问题，值得我们进一步研究和探索。

第五章 / 高校思想政治工作网络育人创新与发展

随着信息技术的快速发展，社会发展步入网络时代，网络对人们的生产和生活产生了重大影响。2016年12月，习近平总书记在全国高校思想政治工作会议上指出："要运用新媒体新技术使工作活起来，推动思想政治工作传统优势同信息技术高度融合，增强时代感和吸引力"[1]，这为高校开展思想政治工作指明了方向。2021年7月，中共中央、国务院印发的《关于新时代加强和改进思想政治工作的意见》指出，"加强网络思想政治工作，深入实施网络内容建设工程，加强网络传播能力建设，依法加强网络社会管理，推动思想政治工作传统优势与信息技术深度融合，使互联网这个最大变量变成事业发展的最大增量"[2]，高校思想政治工作必须牢牢抓住网络这一主阵地，充分发挥网络优势，推动高校思想政治工作实现创新发展。网络育人是基于新形势、新环境，结合高校青年学生的需要，运用丰富的网络资源，结合方便快捷的网络操作，在网络中运用多种形式、手段和方法进行素质教育、舆情管理和文化建设的工作系统，是对思想政治工作不断创新发展的新尝试，要防止片面地将"网络"看成育人工具或载体。当前，网络育人已经发展为高校思想政治工作不可或缺的一部分，高校要注重调动一切积极因素，充分利用网络优势资源，在高校学生中组织开展网络育人工作，助力构建"大思政"的格局。

当前，高校网络育人工作还面临着许多新问题、新挑战。互联网已成为高校思想政治工作的最大变量，思想政治工作过不了网络关，就过不了时代关[3]。网络的快速发展一方面给网络育人提供了丰富的共享资源，拓宽了高校学生自主学习和个性化发展的途径，另一方面由于网络资源质量良莠不齐，其中不良的、有害的信息内容对高校学生的思想意识的形成与发展具有消极作用，高校育人工作

1 习近平. 习近平谈治国理政：第二卷［M］. 北京：外文出版社，2017：378.
2 中共中央国务院印发《关于新时代加强和改进思想政治工作的意见》［N］. 人民日报，2021-07-13（1）.
3 张文斌. 着力构建网络育人质量提升体系［J］. 中国高等教育，2017（Z2）：4-6.

面临严峻的挑战。此外，网络育人资源有待丰富和发展、网络育人队伍素质参差不齐、网络育人环境纷繁复杂等都对高校思想政治工作有一定的负面影响。高校应积极推动网络育人的理念支撑、制度保障、实践路径和评价体系等方面的创新与发展，以应对高校网络育人工作面临的问题，促进高校网络育人工作与时俱进，不断提高学生思想政治素质和网络文明素养，丰富学生科学文化知识，落实"立德树人"根本任务，推动高校思想政治工作的现代化发展。

第一节　高校网络育人理念创新

理念作为一种思想观念，是实践行动的先导。只有树立正确的育人理念，才能构建完善的网络育人工作机制，开展有效的网络育人实践活动，促进高校网络育人更有实效性和针对性。为了更好地加强高校网络育人，各高校应该树立起"社会协同""以生为本""全域育人"以及"信息化"的育人理念，以推动网络育人从"新阵地"到"主阵地"，从"最大变量"到"最大增量"的转变。

一、树立"社会协同"的育人理念

网络育人不能孤立地发展，只有全社会协同起来才能增进其实效性。不仅是高校，全社会都需要树立起"协同并进"的网络育人理念，推动高校网络育人有序地开展，共同服务于网络育人实践。

一方面，"社会协同"的育人理念能推动高校网络育人工作发挥强大的合力，中共中央、国务院发布的《关于进一步加强和改进大学生思想政治教育的意见》指出："要建立健全党委统一领导、党政群齐抓共管、有关部门各负其责、全社会大力支持的领导体制和工作机制，形成全党全社会共同关心支持大学生思想政治教育的强大合力"[1]，网络育人应大力寻求党政部门以及全社会的支持，推动社会协同，充分发挥思想政治教育的功能，促进人的综合素质的发展。另一方面，高校网络育人本身就是一个不同育人主体共同参与学生教育管理、实现全员全程全方位育人的过程[2]。高校网络育人通常只被看作是高校的责任，容易导致高校网络育人工作与社会实际脱节，造成网络育人向"孤岛化"发展。育人工作永远不是某一个人或者几个人的事情，也不应该局限于高校主体，而应加强联系，推

1　中共中央国务院发出《关于进一步加强和改进大学生思想政治教育的意见》[N].人民日报,2004-10-15(1).
2　刘宏达,万美容等.高校思想政治工作前沿问题研究[M].北京:人民出版社,2019:258.

动协同联动，促进各育人主体在沟通、交流和协作中互帮互助，落实全员、全程、全方位育人。

高校网络育人离不开党和国家的领导，离不开良好的社会环境的支持，离不开教育者和受教育者之间的双向互动，离不开校内校外、网内网外的协调并进，也离不开各平台共建共享、资源共享、信息互通。因而，党和国家要给予强有力的制度保障，高校应该结合自身实际制定灵活的育人策略并开展配套的育人实践活动，社会、社区和家庭等应该为网络育人营造更好的育人氛围和环境，大众传媒和新媒体也应该承担起网络育人的职责，开展正确的舆论引导，网络育人平台需要加强育人资源的协同和交流，促进丰富的教育资源和教育内容融入网络育人实践，提升网络育人的实效性。

二、树立"以生为本"的育人理念

网络社会具有虚拟性、开放性、平等性和主体性的特征，能够在教育者和受教育者双向互动中增强受教育者的主体性和能动性。因此，新时代高校网络育人应更加关注教育对象，始终坚持"以生为本"的育人理念，具体表现为充分关注学生需求的同时关注学生的全面而又个性化的发展，促进学生个体价值的实现和个人素质的提升。

首先，"以生为本"要求网络育人关注学生的需求。在思想政治教育活动中，教育对象客体地位的主要体现是不可或缺的教育要素、接收者和出发点与落脚点三个方面[1]，关注高校学生的需求是高校网络育人工作的重要要求。网络育人可以通过借用"大数据"在教育过程中发挥育人优势，以受教育者的需求为指向来实现教育内容的精准供给，精准捕捉受教育者个性化精神需求，提升教育的针对性。但是，当前网络育人的具体实践活动多以完成政策要求和教学任务为主，而不注重建设能真正吸引学生兴趣、提升学生素质的网络平台和资源。网络育人工作者要保证育人活动有效开展，应坚持"以生为本"的育人理念，结合网络社会发展的特点、学生的身心发展规律和思想品德的现实状况，不断增强网络育人的感染力和吸引力，促进育人工作高质量发展。同时，不同的学生在发展的过程中有不同的需求，要满足学生的不同需求，推动学生的个性化发展。因此，网络育

1　郑永廷.思想政治教育学原理［M］.北京：高等教育出版社，2018：189.

人应充分了解网络社会的特点、网络社会下青年学生的特点以及青年学生个人发展的需要，推动能够满足学生个性化需要的网络育人，真正实现网络育人的目标。高校学生的需求是多元的，但其中也不乏有象征着不良价值观的错误需求，满足这些需求不利于学生的发展，因而，高校网络育人在为学生服务、满足学生需求的同时，需要引导学生树立正确的价值观。

其次，"以生为本"要求网络育人关注学生的发展。高校办学的出发点和落脚点是为学生服务，致力于帮助高校学生实现自由全面而又个性化地发展。高校网络育人的本质是育人，要注重学生自身发展，加强对学生的指导和服务，推动学生自我价值的实现。现代教育的特征就是要通过发展人的主体性，追求人的全面发展，高校应树立起"以学生的发展为本"的理念，关注学生的全面发展和个性化发展。高校网络育人工作应关注每个学生的个人特征、学习方式和生活经验，帮助学生找到与其相适应的个性化发展道路，运用因地制宜、因材施教的教育模式或方法，激发学生学习的积极性和主动性，为实现人的自由而全面的发展打好基础。此外，高校网络育人在有关育人的各项学生工作中，都应该以"为学生服务"和"学生的发展"为主线和原则，开展以推动学生发展为中心的组织工作、管理工作、心理健康工作、宣传工作和校园文化建设，重视这些工作对学生发展的作用，并按照学生的发展需求有针对性地开展育人实践，有效落实高校学生的全面发展。

三、树立"全域育人"的育人理念

"全域育人"育人理念是对"三全育人"的创新发展。"三全育人"是在新形势下对高校思想政治工作的综合改革要求，包括全员育人、全过程育人、全方位育人。具体表现为将高校全体教职工都组织到育人实践中来，运用多种途径对大学生进行思想政治教育，将校内校外、课内课外、线上线下多渠道的教学方式和教育资源整合起来，运用到育人工作的各个方面，将立德树人的要求融入学校教育教学、学生成长成才、教师成长发展的全过程，建立大学生从入学到毕业、就业的全过程育人环节[1]，达到人人皆为育人导师、时时皆有育人机遇、事事皆有育人成效的效果。"全域育人"是对育人领域的突破，主要内容可以总结为"三

---

1 梁伟，马俊，梅旭成. 高校"三全育人"理念的内涵与实践［J］. 学校党建与思想教育，2020（4）：36-38.

广"：一是覆盖的人员广，包括社会中所有的人，他们既是教育者，也是教育对象；二是覆盖的范围广，包括网内育人和网外育人；三是覆盖的内容广，包括对学生的学习、生活、工作和身心健康等全方位的教育和指导。

网络社会已经发展成了社会生活的重要阵地，影响着人们学习、生活、工作和思想。因此，为了培养人在网络中的思想意识、价值观念和文明素养，育人工作不仅要在传统视域下发挥作用，也要在网络社会中开展。网络作为育人的重要载体和方式，影响着每个网民，贯穿各个育人环节。网络育人和传统育人在方式和内容上也存在着一定的差异，网络育人具有其独特的运行规则和必备的信息素养，这种素质和能力的掌握也需要通过教育来实现，所以当今育人不仅要关注学生的全面发展，还要重视育人的网内和网外的形态，在全域的范围基础上实现"三全育人"，形成多主体参与、多场域协同、多维度支撑的育人体系，拓宽"三全育人"的范围，增进"三全育人"的效果，促进"三全育人"发展升级，促进高校在网内外都能发挥全员、全过程和全方位育人的功能。

总之，增进网络育人以实现"三全育人"到"全域育人"的发展，是在巩固传统育人的基础之上，努力构建和完善网络育人这一新体系，在实践中营造良好的网络育人氛围，增进网络育人的效果，推进网络育人向"全域"的常态化发展。

四、树立"信息化"的育人理念

随着网络的发展和普及，网络在人们日常生活中无处不在、无孔不入，在影响高校学生学习、工作和生活的同时，深刻地改变着高校学生的思维方式、行为习惯和话语范式，建构了一个以"网络原住民"为主阵地的网络社会，形成了独特的网络文化、语言和价值体系。高校要推动思想政治工作体系的发展，应加强网络社会的育人工作。

网络育人离不开信息技术的支持。首先，信息技术能够给网络育人提供技术支撑。在信息化时代中，涌现出许多新兴的信息技术，例如人工智能、大数据、5G网络、VR技术等都对网络育人的发展产生了重要作用。VR技术是一种能够复制现实，延伸人的感官的智能工具，它能够给予教育对象身临其境和潜移默化的感受和体验，能够增进人在情感上的共情，比起传统育人工作的平铺直叙和单一的形态更能使大学生从内心产生接受和消化的意愿。例如高校可以将VR技术和红军长征的历程结合起来，使学生走进书本、图画和影像，变成长征过程中的亲历者，让学生沉浸式体验革命的艰辛，感悟当今的幸福生活来之不易，从而树立起艰苦奋斗的精神和爱国主义的情怀。大数据分析是指对规模巨大的数据进行分析，挖掘出最有效的数据，运用到高校育人工作中就可以分析出学生个性化需求，为学生个性化的发展提供不同的教育方式和内容，增强网络育人的效果。其次，信息技术能提供更多丰富优质的育人资源。信息技术的发展不仅能够促进各种优秀的教育资源和方法在网络社会中共享，为不同高校培养不同的人才提供丰富的教育资源，促进高校学生的全面发展，还能够在一定程度上缓解各地教育水平发展不均的矛盾，使各地高校都能接收和运用优良的教育资源，提升整体教育水平。最后，信息技术能够提供更有效的沟通方式和更优质的用户体验，能通过整合多种复杂的操作方式，免去繁琐的步骤和过程，使教育者和受教育者打破时空界限，更加便捷地开展教学活动。推动网络育人工作的发展，高校应树立起"信息化"教学理念，把握网络特征，发挥网络优势，丰富网络育人资源并创新网络育人方法，进而推动网络育人工作向前发展。

第二节　高校网络育人制度及机制建设

制度是党和国家所制定的具有约束力和强制性的内容，机制是指各要素之间的结构关系和运行方式。网络育人制度和机制的发展为网络育人的实践活动提供了有力保障和支撑，能够推动高校网络育人工作更有效、有序地开展。思想政治工作具有塑造意识形态的功能，网络育人工作是高校思想政治工作的重要内容，应重视其在意识形态工作中的重要性，推进网络意识形态工作制度，加强高校学生的主流意识形态认同。而且，高校要构建协同联动的工作机制，使网络育人工作的"三全育人"工作格局得以落实。

一、推进网络意识形态工作制度

主流意识形态是一个社会的领导阶级所倡导的、为大多数成员所接受的、反映特定社会的经济基础和政治结构，且具有相对独立性和稳定性的观念体系和思维系统。我国的主流意识形态就是以马克思主义理论为核心的社会主义意识形态。网络意识形态是在网络社会与现实社会、网民个体与现实个体高度融合互相渗透的背景下，网民在借助数字化符号化信息化中介系统而进行的信息、知识、精神的共生共享活动中形成的有机体系，是网民在网络社会中具有符号意义的信仰和观念表达方式的综合，其核心是价值观念[1]，是意识形态在网络空间中的形式延伸和价值发展。当前网络中存在着消解我国主流意识形态、冲击网民主流意识形态认同的价值取向和内容。因此，高校网络育人工作要掌握网络意识形态工作领导权，完善网络意识形态工作责任制，帮助高校学生在网络社会中加强对社会主流意识形态的认同，并形成相应的思想素质和价值观念。

（一）掌握网络意识形态工作领导权

高校是我们党意识形态工作的前沿阵地，做好高校意识形态工作是全面加强党对教育工作领导的核心任务[2]。网络空间已成为意识形态建设的主阵地和最前沿，维护网络空间中主流意识形态安全，意味着维护社会主义意识形态安全乃至国家安全。高校做好意识形态工作的前提就是要牢牢掌握意识形态工作领导权，把握网络意识形态的运动特点，坚持用主流意识形态领导高校育人工作的开展，引领网络意识形态与主流意识形态的价值取向相契合、相一致。

首先，高校应坚持主流意识形态引领，体现高校思想政治工作的政治性。在育人指导思想上，高校网络育人要坚持以马克思主义理论为指导，坚持以主流意识形态为原则，从而坚持正确的政治方向。在育人内容上，必须符合主流意识形态的价值取向，将主流意识形态蕴含的丰富的内容作为网络育人的重要内容，其中包括对马克思主义的信仰、对社会主义核心价值观的践行、为共同理想和远大理想而奋斗的教育，用正确的意识形态武装人的头脑，促进高校学生个体思想政治素质的提升。因此，高校网络育人工作既要坚持主流意识形态的指导，也要以主流意识形态为教育内容，推动网络育人为人民服务、为中国共产党治国理政服务、为巩固和发展中国特色社会主义制度服务、为改革开放和社会主义现代化建设服务。

其次，高校应加强主流意识形态的宣传，提升高校思想政治工作的宣传力。习近平总书记强调，"理直气壮唱响网上主旋律，巩固壮大主流思想舆论，是掌握互联网战场主动权的重中之重"[3]，高校网络育人想要理直气壮地开展工作，必须坚持主流意识形态的领导地位，掌握思想舆论的发展方向，不断地提升理论

1　黄冬霞，吴满意.近年来国内学界网络意识形态问题研究状况述评［J］.天府新论，2015（5）：115-121.

2　蓝晓霞.找准高校意识形态工作着力点［N］.光明日报，2019-09-03（5）.

3　中共中央宣传部.习近平新时代中国特色社会主义思想学习纲要［M］.北京：学习出版社，人民出版社，2019：151.

素养和宣传能力，讲好主流意识形态的内容，开展好理论宣传工作，提升高校学生对主流意识形态的自信。同时，高校网络育人也要注重宣传方法的使用，使主流意识形态既有理论深度又有生活温度，要从整体提高主流意识形态的宣传力，培育网民的主流意识形态认同，就要采用贴近网民、体现人民性的理论宣传方式。

最后，高校应充分关注网络舆情，促进网络意识形态健康发展。网络舆情和社会心态是意识形态的集中反映。高校要高度关注网络意识形态的发展和变化，要对国内外的网络意识形态、网络舆论和社会心态进行科学地分析和研判，从整体上把握网络意识形态的走向，在此基础上开展有针对性的网络育人工作。掌握网络舆情的任务是疏导网络舆情，高校应以主流意识形态为标准和指导，帮助构建积极的网络舆情和稳定的社会心态，推动主流意识形态在正确的网络舆论中潜移默化、深入人心。

总之，高校作为网络育人的主体，一定要牢牢掌握意识形态工作的领导权，高度关注网络意识形态的状况，占领网上阵地，从而确保网络育人全过程坚持正确的政治方向和价值导向。

（二）完善网络意识形态工作责任制度

网络意识形态工作责任制度就是要落实网络意识形态安全管理责任的制度，落实专人专责，明确网络意识形态的主体责任，通过制度性的构建，实现网络意识形态责任主体从点到面的全覆盖，部门责任、岗位责任、个人责任持续明晰[1]，对于加强网络意识形态的管理、监督和考核具有实质性作用。

根据教育部下发的《教育系统贯彻〈党委（党组）意识形态工作责任制实施办法〉的实施细则》，加强网络意识形态工作责任制度的核心就是加强问责制度，通过加强对工作程序和工作人员的管理，完善网络意识形态工作责任制度。首先要加强对网络意识形态的工作程序的管理，落实"谁主办、谁负责、谁审批、谁监督"的原则，要精确到网络意识形态事件中谁主管、主抓、主办，落实到个人就能够更好地追根溯源、追责问责，保证网络意识形态工作能够分工合理、齐抓共管，使网络意识形态工作的整个过程能更加顺畅、清晰，坚守网络意识形态的主阵地。其次，要加强对主管网络意识形态的人的管理，所谓"正人先正己"，

1　马兵.网络意识形态工作制度的创新与经验[J].红旗文稿，2019（24）：33-34.

推进网络意识形态工作制度的落实要对领导班子、主管人员进行教育，要求在其管理范围内不允许出现错误的网络意识形态。落实网络意识形态工作责任制对于高校及时有效地应对网络意识形态中的新风险、新挑战具有重要的作用，有利于推动整个网络育人工作实现"事事有人管、人人有专责、件件有落实、处处无遗漏"。

二、加强协同联动机制

高校网络育人协同机制，指的是在高校网络育人系统中，各网络育人要素相互联系、相互结合、相互作用，并在整合网络育人各项工作的过程中，实现网络育人各个环节从无序转向有序、从分散到聚集的发展，促进高校网络育人有序运行，增强高校网络育人工作的实效性。加强协同联动的工作机制，一是网络育人需要丰富的网络信息资源和网络育人内容，要对网络育人的资源和内容进行整合才能满足学生的个性化需求，促进人的全面发展；二是在网络覆盖全社会的现实情况中，高校网络育人需要党和国家、学校、社会、家庭等的齐抓共育，进而凝聚强大的网络育人力量；三是不同地区、高校的网络育人发展程度不同，网络育人水平较高地区能通过带动欠发达地区实现网络育人的均衡发展。

（一）网络育人资源整合机制

网络育人资源是高校开展网络育人实践活动的重要要素。网络虽然能提供比传统教育更丰富的育人资源，但网络中纷繁复杂的资源并不都适合高校网络育人。网络育人的资源整合机制能够帮助高校提升网络育人资源的"质量"，在众多网络信息资源中提取出适合网络育人的内容，促进高校网络育人工作的发展。

首先，建立信息搜集机制以丰富网络育人资源的"量"。只有具有育人价值并充分为网络育人所运用的信息资源才能称之为网络育人资源。由于没有掌握正确搜集信息的方法，许多网络资源尚未被发掘。因此，要建立起信息搜集机制，掌握信息搜集的方法，使信息搜集更全面、更及时，扩大高校网络育人工作的信息量。搜集的内容主要包括有利于促进人们思想政治素质、科学文化素质和网络文明素质提升的信息资源，有利于帮助高校学生树立正确的世界观、人生观和价值观的信息资源以及有利于开阔学生视野的来自古今中外各个方面的资源。除了要搜集育人资源，还要对育人过程中存在的问题及效果反馈进行搜集，这些意见和反馈也是推动网络育人解决问题、实现发展的重要资源。

其次，建立信息研判机制以提升网络育人资源的"质"。当网络育人资源的

"量"达到了一定程度之后，就要不断促进"质"的转变和发展升级。高校网络育人信息和资源在得到充分的搜集之后，要对其进行有效的信息整理、分析、鉴别和遴选工作，因此要建立起高校网络育人资源的鉴别和遴选机制。对于网络中的资源和信息不应该全盘接受，而应当用客观、科学和准确的方法分析和研判各种信息，清除网络中存在的良莠不齐的网络信息和网络资源，遴选并整合出丰富、有效的育人资源，优化资源配置，提高高校网络育人资源的质量和利用率。只有符合网络育人的目标且能被教育者所掌握并运用到网络育人实践中去的内容，以及能被受教育者接受且符合当代大学生发展需求的内容，才有助于发挥网络育人的作用。信息研判机制还能促进资源灵活运用和协同发展，通过吸收校内外优秀的资源，选择适应本校学生的网络育人资源，充分发挥网络育人资源在育人工作中的积极作用。

（二）网络育人的力量整合机制

高校网络育人要结合多方面的力量，共同促进高校学生成为全面发展的人。高校网络育人的核心力量是高校，重要力量包括政府、社会、家庭等多方面。高校网络育人工作要协同联动线上线下、校内校外、教师学生等各方面，凝聚网络育人合力。

第一，高校是高校学生学习、生活的主要场所，高校学生能够在良好的网络环境中开展系统的学习，在良好的社会氛围中形成良好的思想、道德、文化和科学素质。高校要强化和发挥网络育人的主导力，明确网络育人的工作方向、工作重点和工作规划，积极推动育人共同体的构建[1]。第二，政府为高校网络育人工作提供顶层设计，能够为高校网络育人工作提供方向引领、制度保障，政府的引领范围不仅包括高校的网络育人工作，还包括整个社会的网络育人工作，能够为高校网络育人提供环境和载体的支撑，促进高校网络育人工作稳定有序地开展。第三，高校开展的各项活动是离不开社会环境的发展变化的，社会中的大众传媒、企业和广大网民都是网络育人的重要组成部分。整个社会也需要重视网络的力量，加强对网络环境和网络舆论的监管，推动建设"风清气正"的网络环境，为高校开展网络育人活动创造良好的条件。第四，家庭是学生的第一所学校，家长是学

1　龚强，侯士兵.疫情防控常态化下大学生网络思想政治教育的对策研究［J］.思想政治教育研究，2021（6）：150-154.

生的第一任老师，家庭是高校开展网络育人的重要支撑和补充，家长也应该养成良好的网络素质，树立文明健康用网的典范，构建起网络文明之家，帮助学生在日常生活中学会正确使用网络。

网络育人的力量丰富多样，归根到底都是"人"。因此，网络育人工作的全员性不仅是覆盖的对象广，而且还要使全员都要参与到网络育人中来。高校专职教师、导师、辅导员、生活老师等都承担着一定的网络育人的责任和义务，都应成为开展网络育人工作的主体。

（三）网络育人的区域联动机制

由于不同地区存在着教育水平的差异，网络基础设施也有优劣之分，不同地区的网络育人呈现出不同的效果。因此，网络育人发展较快的地区要帮助网络育人发展得较慢的地区，包括资源、资金、人才之间的互联互通。首先，要加强资源的交流，帮助不发达地区网络基础设施和网络育人资源库的建设，使欠发达地区能够更快地获取网络育人的资源、更好地开展网络育人工作。其次，要给予欠发达地区一定的资金支持，有了足够的资金，有助于网络基础设施建设，解决许多地方还"未通网"和"网不好"的问题，使网络育人不受技术限制。最后，人才是开展育人工作的一个非常重要的因素，甚至在很多时候起到引领性、决定性的作用，大量优质的人才有利于巩固网络育人的观念、提升网络育人的水平，促进网络育人的发展，要加强区域间人才流动，促进人才交流、交往和沟通。

网络育人的发展像经济发展一样，要利用好区域联动制度，在"先富带后富"的过程中实现各地育人水平的共同发展。例如，成渝经济圈作为促进地区性联动发展的重要战略，以成都、重庆较发达的城市为中心，辐射、带动周边地区的发展。除经济要实现共同发展域外，也要促进高校育人水平和质量的共同发展，在这样的协同联动之下就会促进欠发达地区的网络育人水平向成都、重庆看齐。此外，长三角、粤港澳大湾区等区域协同发展战略，都是在促进每个地区协同联动中实现更好地发展。网络育人的区域联动制度必须建立起来，在国家区域联动发展战略下实现网络育人实践的区域联动和优势互补，在加强区域交流的同时共享发展经验，以共同提高网络育人的水平。

第三节　高校网络育人路径优化

网络育人的理念和制度创新发展的实质是推动网络育人的实践。网络育人的实践开展得怎么样，直接决定了网络育人是否有效。因此，结合实际促进网络育人路径的创新发展是网络育人工作开展及其作用发挥的重要课题。《高校思想政治工作质量提升工程实施纲要》明确要创新推动网络育人，构建高质量的网络平台、培育良好的网络环境、建设高水平的网络工作队伍。本节主要从教学改革、平台建设、环境营造和能力建设四个方面入手，探讨促进网络育人实践路径的优化和创新发展，增强网络育人乃至高校思想政治工作的实效性。

一、推进线上线下混合式教学改革

随着网络的不断发展，网络育人的地位和优势凸显。但网络育人不能取代传统育人，只有充分发挥网内外育人的合力和优势，不断推进线上线下混合式教学改革，才能推进高校思想政治工作的实施。

混合式教学是将传统教学与网络教学优势有机结合的"线上+线下"教学模式，这种教学模式对促进"教"与"学"的有机结合和互动，增强教育效果具有重要的作用，实际上就是将传统的面对面教学与在线学习这两种历史上各自独立的教学模式进行融合[1]。混合式教学致力于克服传统教学受时空限制和网络教学不易监督的弊端，在以学生为中心的基础上运用网络教学平台和资源，丰富和优化教学内容，使教学过程更加合理。教育部强调要推动线上线下教学相融合，推动教育教学改革，这为混合式教学改革提供了保障机制。在教育部门统一领导下，许多高校结合自身具体情况，出台了混合式教学的管理和实施细则，推进混合式教学改革实践的发展，这在一定程度上提高了人才培养的质量。混合式教学能够调动更加丰富的育人资源，推动学生培养方式和评价方式的多元化发展，使学生可以根据自身需要和实际情况来实现发展，有助于增强教学的针对性。而且，在混合式教学中，学生的主动权和自由度提高，参与感也有所增强，在学习过程中也能不断地培养自身的创新能力和自主学习能力。

混合式教学模式的创新发展是当今时代发展的必然趋势，线上线下混合式教学模式是符合时代特征和学生特点并与时代和科学发展同进步的教学方式，是当

1　陈婧.论基于混合式教学的高校创新人才培养模式［J］.中国人民大学教育学刊，2022（1）：87-98.

代大学生更容易接受、更乐于接受的教学方式，符合"以生为本"的教育理念，其始终坚持以学生为中心，是针对性较强的教学方式。但是，混合式教学作为一种新的教学模式，其在实践过程中也存在诸多需要解决的问题，如线上线下的课程内容、实践活动如何安排和分配的问题，如何保证线上线下课程内容一致性的问题等。由此可见，高校混合式教学模式改革也有很长的路要走。

二、完善网络育人平台的建设和运用

网络育人平台是网络育人的重要载体，《高校思想政治工作质量提升工程实施纲要》指出，要加强工作统筹，建设高校思想政治工作网，打造信息发布、工作交流和数据分析平台，加强高校思想政治工作信息管理系统共建与资源互享[1]，此《纲要》强调了高校加强各类网络育人平台建设对增进高校网络育人的及时性、科学性和实效性的重要作用。

第一，合理运用已有平台。如今已有的网络平台很多，不仅有在全国范围内系统地发挥育人功能的学习强国、人民日报、易班等，这种APP式的平台方便快捷，既是网络育人的途径，也承载着网络育人的内容。也有高校校园独立建设的思想政治教育网站，这种平台多以网页的形式出现，面向高校学生，承载丰富的育人内容，但使用起来没有APP方便。也有在高校学生常用的社交、休闲、娱乐类软件中发挥隐性育人作用的APP，如哔哩哔哩、微信、微博等软件，潜移默化地进行网络育人。还有只作为网络育人的载体而不主动承载教育资源的平台，例如雨课堂、学习通、腾讯会议、腾讯课堂等，这些平台在网络时代特别是新冠肺炎疫情发生之后的"网课时代"如雨后春笋般涌现了出来。要将这么多的平台都充分利用起来是不现实的，过多的平台不仅会增加教育者和受教育者的压力，甚至会使受教育者对网络中存在的育人要素产生反感，还存在着泄露学生隐私的风险，不利于信息安全的维护。因此，我们首先要提高平台建设的准入门槛，只有既能够为教育者和教育对象搭建沟通和交流的平台，并且能够承载和提供积极正向的教学资源和教学内容，能够保护学生的隐私和信息安全的平台才是合格的平台。其次，学校内部要尽量统一网络育人平台，唯有如此才能既有利于资源更好地传播与利用，也不会因为平台过多而造成学生的困扰，比如要下载很多

1　中共教育部党组.中共教育部党组关于印发《高校思想政治工作质量提升工程实施纲要》的通知：教党〔2017〕62号〔EB/OL〕.（2017-12-05）〔2022-06-22〕.http：//www.moe.gov.cn/srcsite/A12/s7060/201712/t20171206_320698.html.

APP、要注册很多的账号等。最后，要提高网络育人平台的吸引力。网络本身就是一个平等、自由的平台，必须要充实和丰富网络平台上的资源和信息，采取多种多样的形式，由被动灌输转化为网络平台上的主动接受，增强网络育人的吸引力和感染力。

第二，依法取缔非法平台。鱼龙混杂的网络平台在质量上参差不齐，还存在着一些无用的甚至有害的网络平台，这些非法平台传播着错误的思想和舆论，扰乱当代高校学生的思想，严重影响人们各项素质的培育和养成，如果不采取措施就会危害网络育人的效果。非法平台主要有以下几种表现形式：一是传播错误性、误导性内容的平台。二是承载着与主流意识形态内容不相符的平台。三是违法搜集和售卖高校大学生身份信息的平台。四是进行互联网犯罪和诈骗的平台。以上四种平台的存在不利于良好网络环境的建设，都对网络育人有百害而无一利，对于严重触犯了原则和底线的网络平台，我们必须依法取缔。依法取缔非法平台一定要遵循法定流程，处理办法要公开透明，要公开说明取缔的具体情况和原因，让高校学生能够清楚地认识到该网络平台的危害性，也能增强其选择和运用正确网络平台的意识。

第三，构建网络育人新平台。在信息化时代条件下，高校网络育人平台的建设是高校思想政治工作的重要任务之一，网络育人新平台要将传统思想政治工作与网络平台相结合，充分发挥传统育人和信息技术优势。在构建网络育人新平台的过程中，要充分了解高校学生的个性特征以及高校育人工作的发展规律，结合新信息技术开展高校网络思想政治工作。构建网络育人新平台，一是需要关注高校学生习惯的话语方式和表达方式，承载适合学生发展的育人内容，开展具有强烈吸引力的网络育人活动，使高校学生能够通过使用网络育人平台有效地进行学习，提升高校学生思想道德素质，促进学生科学文化素质的发展，进而推动实现高校学生的全面发展。二是要充分发挥网络育人平台的宣传优势，宣传有助于增强学生思想、政治、道德和法治意识的内容，从而提高高校学生的思想道德素质，更好地发挥高校思想政治工作的引领和教育作用。三是要结合全方位网络育人的特征，形成系统的网络育人平台，建立集思想政治教育、专业知识教育、科学文化教育、身心健康教育"四位一体"的网络育人平台，开创高校思想政治工作的新局面。

三、营造良好的网络育人环境

网络中存在的反动、有害的言论和信息不利于高校开展育人工作，也不利于社会的发展。营造良好的网络风气，有助于提升全体网民思想道德品质，构建纯净的网络精神家园，有助于引导高校学生科学使用网络，促进网络育人工作更好地发展，增强网络育人的亲和力与感染力。

第一，加强对网络环境的监管。一是及时地发现网络中存在的问题，正所谓"千丈之堤，以蝼蚁之穴溃"，如果不对网络进行监督并及时发现和解决问题就会使问题泛化、矛盾激化，甚至成为导致网络社会崩溃的关键问题。二是杜绝错误言论和风气的影响，错误的言论和风气一旦进入网络社会，就变成到处繁衍生存的顽强木马，如果不对网络不良言论和风气进行批判和引导，就会使不良风气顽固不化，导致网络环境恶化，不利于育人工作的开展。因此，我们必须要加强对网络环境的监管，维护风清气正的网络生态环境。

第二，构建"清朗"的网络环境。清朗的网络环境指的是清晰、透明、安全、健康、有序的网络风气、氛围和秩序，使网络社会中的人也能够在潜移默化和耳濡目染中向好的方向发展，是一种"生活化"的网络育人途径。"清朗"还指党和国家针对网络乱象的一种治理行为，是为进一步规范网络秩序，切实维护广大网民的切身利益，促进网络空间天朗气清。自 2020 年到 2022 年，"清朗"行动已经开展了三批有目的、有规划的整治和清理，取得了可喜的成绩，网络环境总体向好的方面发展。但是，网络中仍存在着许多不确定性因素，因此，要坚持清朗行动的各项措施，加强对网络生态环境进行监测和管理，铲除顽固问题、防止问题反弹、预防出现新问题。而且，清朗行动不是临时性、暂时性的行动，而是要长期坚持，推动清朗行动持续深入发展。清朗行动给高校开展网络育人工作带来的启示是，网络环境对于青年网民有着直接而又深远的影响，治理网络环境不仅要从关注网络社会中存在的网络现象入手，还要到这种现象所反映出来的资本来源、市场需求和理论传播的方式中去治理。

第三，推动网络文化建设。网络文化对高校学生价值观念的形成和发展有持续的影响。网络文化的建设对加强高校网络育人的效果具有非常重要的作用。高校网络思想政治教育通过文化建设，能够帮助高校学生树立文化自信，积极培育自觉践行社会主义核心价值观的意识，促进文化形式的创新，丰富文化的内容，营造良好的网络文化生态环境。只有给高校学生提供有温度、有厚度、有力度的文化产品，才能够切实增强网络育人的效果。网络文化建设作为文化建设的重要组成部分，应该从以下几个方面入手：首先，要发展服务于主流意识形态的网络文化，保证文化发展的正确方向。其次，要发展有利于满足人民精神文明需要的网络文化，从而丰富人的精神世界、增强人的精神力量。最后，要发展积极健康、生动活泼的网络文化，要奏响网上主旋律，传播网络正能量，提高网络文化的吸引力、感染力和引导力。

第四，大力维护网络安全。网络安全问题已经成为当下网络育人的阻碍之一。网络安全指的是网络系统和网络中的信息、资源受到保护，不受恶意的破坏、更改和泄露，因而网络系统可以持续、可靠、稳中有序地运行，网络中的信息和资源也可以正常地流动和共享。习近平总书记在第二届世界互联网大会开幕式上指出，"网络安全是全球性挑战，没有哪个国家能够置身事外、独善其身，维护网络安全是国际社会的共同责任"[1]。网络虽然使人们的生活变得更加便捷，但人们在网络上仿佛失去了隐私，个人信息很容易被窃取，不利于网民自身信息安全的维护，使网民对网络产生怀疑态度，也不利于在网络中开展育人实践。网络作为高校学生进行信息和资源互通必不可少的平台，只有保证网络安全才能保证信息和资源的通畅共享，进而发挥高校网络育人的作用。所以，开展网络空间安全的维护实际上就是指网络育人的内容受到保护，使高校学生能够接收到可靠、正确的网络信息和教育，增强网络育人的实效性。因此，高校要加强对网络安全意识的教育，提高高校学生的网络安全意识和防护水平，同时还要坚持网络空间法治化，网络并不是法外之地，习近平总书记强调"要坚持依法治网、依法办网、依法上网，让互联网在法治轨道上健康运行"[2]，构建良好的网络秩序，在法治的原则上促进高校学生参与到维护网络安全中。

四、推动网络育人工作者能力建设

思想政治教育活动的开展状况和实际效果，在很大程度上取决于思想政治教育者的素质及其职责的履行状况[3]，且网络育人面临着新的挑战，在网络育人工

1　习近平.在第二届世界互联网大会开幕式上的讲话［N］.人民日报，2015-12-17（2）.
2　习近平.在第二届世界互联网大会开幕式上的讲话［N］.人民日报，2015-12-17（2）.
3　沈壮海.新编思想政治教育学原理［M］.北京：中国人民大学出版社，2022：281.

作中要重视教育者能力的创新发展。主要包括提高网络育人工作者的网络素养和增强网络育人工作者网络教学能力两个方面，从而提高网络育人的效率、增强网络育人效果。

第一，加强网络育人工作者的网络素养。网络素养指的是科学、文明、安全、合理地使用网络的意识和能力，能自觉承担起推动网络文明传播的共同责任，做到文明上网、文明用网、文明发言。网络素养的内容丰富，包括网络管理素养、网络运用素养、网络安全素养和网络道德素养，网络素养随着网络社会的发展逐渐成为人的基本素养的重要组成部分，是每个人都应该具有的网络道德规范和素质。高校网络育人工作者的网络素质应与时俱进，唯有如此才能为高校学生网络素质的发展发挥榜样示范作用。首先，网络管理素养是指网络中的自我管理能力和信息管理能力。高校网络育人工作者一是自身要加强对用网时间的管理，避免过度使用网络造成的网络成瘾和对网络信息的依赖和盲从；二是要对网络空间中的信息进行管理，在网络中存在着很多不安全的、有害的网站或信息，高校网络育人工作者要防止错误信息对正确意识形态、价值观念的侵袭。其次，网络运用素养是指网络信息搜索、分析和利用的能力。高校网络育人工作者必须具备信息检索的能力，并对相关信息进行分析和研判，选取正确的、有利的为其所用，使网络资源能成为更好地开展育人工作的支撑。再次，网络安全素养是指网络运用的过程中所具备的网络安全知识和处理网络安全问题的能力。高校网络育人工作者既要维护自身的网络安全和利益，同时也要通过开展网络安全的教育，帮助学生更好地使用网络，缓解网络中存在的诈骗事件频发、个人信息被滥用的现象。最后，网络道德素养是指网络空间中人与人、人与社会间的行为规范和要求。网络的虚拟性导致网络道德失范问题不断显现，只有加强网络道德教育，帮助高校网络育人工作者提高总体素质，更好地发挥建设良好的网络环境、培育人的网络素养的作用，才能帮助高校学生在网络中建立起正确的道德素养。总之，加强网络育人工作者的网络素养的培育，能够帮助高校网络育人工作者正确应对网络快速发展带来的风险挑战，开展有效的网络育人实践活动。高校网络育人工作者必须充分发挥自身的主体意识，独立而又主动地使用网络，在充分认识网络中存在的问题和矛盾的基础之上，促进自身的全面发展。只有教育者拥有了良好的网络素养，才能够帮助高校学生构建起正确的网络素养。

第二，增强网络育人工作者的网络教学能力。网络育人工作者必须学习并掌握网络教学的方法，提升网络教学的能力，开展好网络育人的各个环节。网络育人工作者的网络教学能力主要是指运用先进教育技术的能力，网络技术在不断地发展，网络育人工作者的网络教学能力也应该随技术的发展而不断更新。其中主要包括熟练运用网络的能力，搜集、鉴别和选择信息的能力，发布正确的信息资源和引导网络舆论正确走向的能力，用网络技术制作教学课件、视频、节目和开办育人网站的能力，顺畅地使用新媒体和新技术的能力。在这些能力的支撑下，高校网络育人工作不断与时俱进，高校网络育人工作的技术含量和科学水平逐渐提升。要提高高校网络育人工作者的教学能力，就需要对网络育人工作者进行相应的培训，主要包括自主学习和集中学习两个方面。首先，在自主学习方面，高校网络育人工作者要主动自觉地开展提升网络教学能力的学习，通过自主钻研、课程学习的方式，从理论层面提升运用各种网络技术开展网络教育的能力。但网络育人工作最终要落实到实践，因此，广大教师要在实践中大胆突破传统教学模式，将先进的网络技术和教学内容结合起来，不断挖掘新的教学方式运用到实际中。同时网络育人工作者要在教学过程中及时地总结各种教学经验，并在自我反思和教学反馈中不断改进和创新教学方式，提升网络教学和育人的能力。与此同时，教师还要注重在教学的整个过程中及时地搜集和分析学生的需要和教育的反馈，从学生的需要的角度出发，来不断发展自身的能力。其次，在集中学习方面，集中学习就是在政府或高校的组织下，集中参加系统的教育培训，包括到网络教学能力较高的地方进行考察和学习，参加相关讲座，与同行组织起互帮互助小组，开展各种形式的交流和研讨活动，虚心请教，共同解决在网络育人中面临的问题。学校还可以建立交流的平台和资源整合的平台或数据库，促进优质教学课件和网络教学资源的交流和共享。

第四节　高校网络育人评价体系构建

网络育人评价是根据育人目标，围绕一定的评价内容，坚持网络育人评价原则，采取一定的评价方法，对网络育人过程和效果进行的价值评判。高校网络育人能够通过评价及反馈，检查网络育人发展的实际情况，发现存在的具体问题，汲取经验，明确目标和发展方向，使高校网络育人工作朝着更好的方向发展。网络育人评价的内容、原则和方法不是单一的，而是由围绕着评价对象的多个指标组成高校网络育人评价体系。

一、高校网络育人评价的基本内容

高校网络育人评价的内容包括参与评价的主体和接受评价的对象。因此，开展高校网络育人评价要从参与评价的对象即教育者、教育对象、学校、社会和家庭的角度出发，也要从接受评价的对象即高校网络育人的过程、工作内容出发。

从参与评价的对象来看，一是学生评价，指的是高校学生以自身对育人的需求为标准，对高校网络育人工作进行评价和反馈，推动高校网络育人更加关注"以生为本"。二是学校自评，高校作为高校网络育人的主体，应该对自身工作进行反思和评价，包括网络育人环境、资源、服务和师资是否满足学生的需求，从而提高自身网络育人的能力和水平。三是引入社会力量评价，网络育人服务于社会的人，因此高校网络育人的工作也应该接受社会的评价，从而全面地了解高校网络育人工作的效果和当前所面临的问题。

从接受评价的对象来看，一是要评价参与到高校网络育人全过程中来的网络育人工作者和教育对象，评价网络育人工作者是否具备网络素养和网络育人能力，评价教育对象在参与网络育人实践活动后网内、网外各方面的素质内化和外化的情况。二是要对高校网络育人的全过程进行评价，其中就包括网络育人的准备阶段、网络文明素养的内化阶段、网络文明素养的外化实践阶段，在内化和外化的过程中注重对各种反馈信息、意见建议、问题矛盾进行总结和分析，从而能够更好地汲取经验教训，推动高校网络育人工作实现更好地发展。三是要对高校网络育人丰富的工作内容进行评价，除对育人课程进行评价以外，还包括对网络文化建设、网络宣传工作、网络组织工作、网络管理工作、网络育人环境和网络育人课程等多方面的内容。

二、高校网络育人评价的重要原则

一是虚拟性与现实性评价相统一。虚拟性和现实性反映的是高校在网络社会和现实社会中开展育人工作的特征，网络育人的效果既有虚拟性也有现实性。网络社会是现实社会在形态上的延伸，网络社会是对现实社会的一种反映，具有虚拟性，但网络社会和现实社会是分不开的，网络育人不仅是为网络社会和"网民"服务的，还要为现实社会服务。考察高校网络育人的过程和效果，不仅要关注高校学生在网络中的行为和表现，还应关注相应的行为和表现在现实社会中的反映。因此，我们评价网络育人不能将网络育人的评价局限在网络中，而应该结合虚拟性和现实性两个方面，推动高校网络育人网内网外、线上线下的评价。

二是社会评价与学校评价相结合。高校网络育人实践活动的主体是高校，因此高校也是开展网络育人评价的主体。高校更加了解网络育人进行的全过程，能够准确地对网络育人的各个方面、各个实践活动进行全面的评价，其实质上是高校网络育人的自我评价。同时，网络育人的力量主体和影响范围不像传统育人一样有严格的、明确的限定，传统的育人的范围集中在学校，网络育人的范围包括整个网络社会，网络育人的评价体系不能只将教育对象固定在学校范围之内。因此，在对网络育人进行评价时，一定要关注育人成果的社会评价。社会主体能够站在客观的层面，对高校大学生在社会中反映出来的行为和表现做出直观的评价，能为网络育人的发展指明方向。

三是整体性评价和针对性评价相融合。网络育人是一个复杂的过程。网络育人有很多的内容和影响因素，会采取许多的方式和方法。评价网络育人不仅要评价网络育人的实效性，还要评价影响网络育人效果的过程和方法，网络育人的过程也应该成为网络育人重要的评价标准。整体性评价就是指要从网络育人的整个过程来进行评价，包括网络育人的各个环节、影响网络育人的各个要素、网络育人的主要内容等。网络育人评价的整体性是从宏观角度来讲的，但网络育人的活动在具体的过程中各有侧重点，有些方面重要些，有些方面没那么重要，有些方面的发展已经取得了重大的成就和突破，有些方面仍存在很多问题，且由于开展网络育人的各高校主体不同，所擅长的部分也不同，因此为解决网络育人中存在的问题，一定要注重对网络育人进行有针对性的评价，关注亟待解决和更为重要的环节，抓住问题的主要矛盾。因此网络育人评价要结合宏观视角和微观视角，帮助网络育人解决其过程中存在的各种问题，促进网络育人的实效性。

三、高校网络育人评价的具体方法

高校网络育人评价的具体方法指高校网络育人在开展评价活动时采取的具有指导性、针对性和实效性的方法，主要包括线上线下协同评价法、智能评价法和网民评价法等。

线上线下协同评价法即对线上线下协同育人开展的各要素和结果进行评价，

包括线上线下育人环境、育人课堂、育人效果。就线上线下育人环境而言，网络育人环境实际上是现实育人环境的一种延伸和发展，是对现实社会的网络反映，因此要关注对线上线下育人环境的评价，助推高校网络育人环境的发展。就线上线下育人课程而言，线上线下混合式课程作为网络育人的重要课程形式，高校要鼓励线上线下混合式教学课程的建设与发展，推动线上线下混合式课程在国家本科一流课程建设中的评选，推动网络学习空间的应用和普及，完善线上线下混合教学的有效模式，促进混合式教学常态化发展，依托先进的科学技术的发展推动线上线下混合式教学的体系化发展，形成课堂内外联动、虚实空间融合、线上线下教学融合的教育教学新业态[1]，促进高校网络育人工作创新发展。就线上线下育人效果而言，无论是传统育人还是网络育人，其最终的目标和评价标准都在于是否促进了人的全面发展，人的全面发展需要通过人的线上线下的行动和行为表现出来，应结合高校学生线上线下的行为方式对网络育人的效果进行评价。

智能评价法即充分发挥现代化网络技术的优势，对评价反馈进行智能收集和科学分析，强调网络育人应该结合信息技术。智能评价法包括两个步骤：首先，人工智能、大数据等信息技术帮助高校收集网络育人评价结果和反馈信息，其能提供的信息资源远超过传统育人评价。其次，在取得第一手资料后，结合科学的分析和研判方式，获取相关的反馈信息，使高校网络育人工作者能够更好地掌握网络育人的现实状况和发展规律，推动高校网络育人工作的不断发展。

网民评价法即深入挖掘广大网民对网络现象、网络环境、网络舆论及各种网络育人要素的讨论和评价。网民作为运用互联网和现代化技术进行网络活动的人，最直接地感受到各种网络现象、环境和舆论，特别是高校学生，他们作为网络中最活跃的一部分，能够对高校网络育人各要素以及取得的成果做出自己的判断和评价。从学生网民的角度开展高校网络育人评价活动，重视学生网民的体验和评价，能够更好地满足广大学生网民的需求，构建更好的网络育人环境，开展更有实效性和针对性的高校网络育人实践活动。

1　中华人民共和国教育部.关于政协第十三届全国委员会第四次会议第 4271 号（教育类 437 号）提案答复的函：教科信提案〔2021〕361 号［EB/OL］.（2021-10-14）［2022-06-22］.http://www.moe.gov.cn/jyb_xxgk/xxgk_jyta/jyta_kjs/202111/t20211104_577687.html，2021-10-14.

本章小结

随着时代发展，网络不断融入人们的学习、生活和工作中，对育人工作和高校思想政治工作的开展起着重要的作用。网络育人作为一种新兴的育人方法和模式，在理念、制度机制、路径和评价激励方面仍需要与时俱进、发展创新。因此，本章主要从理念创新、制度机制建设、路径优化和评价体系构建几个维度出发探究网络育人的创新发展，以应对网络育人中存在的问题、风险和挑战。网络育人要牢固树立起"社会协同""以生为本""全域育人"和"信息化"的育人理念，完善高校网络育人工作的价值导向；网络育人要建立网络意识形态工作制度和协调联动的工作机制，推动网络育人工作坚持正确的政治方向，实现协同发展；网络育人要不断探索实践发展路径，从教学改革、平台建设、环境营造和能力建设等多方面推进网络育人的实践发展；网络育人要构建更优的评价体系，落实全员、全程、全方位和全域评价，重视评价反馈，为网络育人提供更好的发展方向。新时代意味着有新机遇，网络的出现意味着思想政治工作有新的工作模式，网络的快速发展意味着网络育人工作的创新不会停止。网络育人必须与时俱进才能符合时代发展需求，才能为党和国家培育全面发展的人才，才能满足当代高校学生的需求。

第六章 / 高校思想政治工作心理育人创新与发展

中共教育部党组在 2017 年 12 月的《高校思想政治工作质量提升工程实施纲要》中提出"心理育人",这为我国高校心理健康教育工作赋予了新的时代内涵。为了进一步落实"心理育人"相关工作,中共教育部党组在立德树人总目标的指引下于 2018 年 7 月印发了《高等学校学生心理健康教育指导纲要》,强调要"坚持育心与育德相统一,加强人文关怀和心理疏导,规范发展心理健康教育与咨询服务,更好地适应和满足学生心理健康教育服务需求"[1]。心理育人致力于为党和国家培养具备良好心理素质的社会主义建设者和接班人,在"十大"育人体系之中发挥着重要作用。

第一节 高校心理育人理念创新

心理育人是指通过心理的方式来实现育人的使命。我国高校心理育人工作开始于 20 世纪 80 年代,高校思想政治工作引入心理健康教育既是历史的必然,也是新时代高校思想政治工作的内在要求。"心理育人"从最初的"心理咨询解决学生的心理问题"到"心理健康教育成为德育的重要组成部分",再到新时代下"心理育人成为思想政治工作十大育人体系之一"的新阶段[2],心理育人成为高校思想政治工作的重要组成部分。根据以上我国高校心理育人工作的发展可知这项工作绝不能仅停留于解决大学生心理问题的层面,而是要以为党育人的初心和为国育才的立场,自觉站在培育德智体美劳全面发展的社会主义合格建设者和可靠接班人的战略高度确立工作目标。[3] 因此,高校心理育人以马克思主义关于人的全面发展理论为指导,在尊重学生成长成才规律和心理发展规律的基础上,把心理

1　中共教育部党组.中共教育部党组关于印发《高等学校学生心理健康教育指导纲要》的通知:教党〔2018〕41 号〔EB/OL〕.(2018-07-06)〔2022-06-22〕.http://www.moe.gov.cn/srcsite/A12/moe_1407/s3020/201807/t20180713_342992.html.

2　吴九君.系统思维视域下高校心理育人的实践反思与优化路径〔J〕.黑龙江高教研究,2021(1):144-149.

3　冯子怡.高校心理育人面临的现实难题及其突破〔J〕.现代职业教育,2020(44):194-195.

学原理与方法渗透到高校育人全过程，注重对教育对象的人文关怀和心理疏导，不仅帮助学生解决成长中的心理问题，更要使学生具备良好的心理素质，实现人格健全发展，培育自尊自信、理性平和、积极向上的健康心态，在心理育人工作中应坚持育心与育德相统一的理念，真正实现"育心"与"育德"的有机融合，最终把青年大学生培养成能够担当民族复兴大任的时代新人。[1]

一、高校心理育人理念创新的时代依据

随着中国特色社会主义社会进入新时代，社会的主要矛盾发生转变。心理育人在面对新时代的新变化时，应以特殊的时代背景为理念创新的依据。理念创新要牢牢扎根中国大地，始终坚持中国特色社会主义办学方向，以实现心理素质与道德品行的高度协调发展为目标指向。

（一）高校心理育人理念创新的时代背景

2017 年 10 月 18 日，在中国共产党第十九次全国代表大会上，习近平总书记在十九大报告中郑重宣布了"中国特色社会主义进入了新时代，这是我国发展新的历史方位"[2]。这一重大判断承前启后、继往开来，立足于党的十八大以来的新实践和新成就，明确了新的奋斗目标，坚定了中国共产党的时代使命。新时代的中国站在了新起点上，犹如秀木初生，必然面临许多重大风险、重大阻力和重大挑战，复杂的国内国际形势对新时代青年的心理素质提出了更大的挑战。

第一，人民日益增长的美好生活需要。党的十九大报告指出："中国特色社会主义进入新时代，我国社会主要矛盾已经转化为人民日益增长的美好生活需要和不平衡不充分的发展之间的矛盾。"[3]人民对美好生活的需要，不仅包括物质生活方面的满足，也包括精神生活方面的丰盈，现在人们已经不再满足于物质享受，精神层次的需要也日益凸显。新时代高校心理育人工作应根据社会主要矛盾的变化进行理念创新和内容调整，正视心理育人工作的新挑战，培育拥有自尊自信、理性平和、积极向上心态的高素质人才。"心理素质的高低与心理健康的水平有直接关系。一般情况下，心理素质水平高的人，很少产生心理问题，心理经

1　陈虹，潘玉腾.立德树人视域下高校心理育人价值及其实现路径［J］.思想理论教育，2019（5）：86-89.

2　习近平.决胜全面建成小康社会 夺取新时代中国特色社会主义伟大胜利——在中国共产党第十九次全国代表大会上的报告［M］.北京：人民日报出版社，2017：10.

3　习近平.决胜全面建成小康社会 夺取新时代中国特色社会主义伟大胜利——在中国共产党第十九次全国代表大会上的报告［M］.北京：人民日报出版社，2017：10.

常处于健康状态，相反，心理素质水平低的人容易产生心理问题，心理上易处于不健康的状态。"[1]心理素质的提升必须与社会发展相适应，新时代下，高校心理育人工作重在提升学生的心理素质，并为时代发展培养出具备良好心理素质的社会人才，这将有益于新时代社会主要矛盾的化解，满足人们美好生活向往的需要。

第二，创新型国家对高素质人才的需要。党的十九大报告指出要加快建设创新型国家。"创新型国家"是以科技创新为基本战略，通过大力提升科技创新能力，从而形成强大竞争优势的国家。创新型国家建设需要创新型人才，而创新时常伴随着巨大的难度与高失败率，因此创新型人才的能力需求也是复合的。他们除了需要掌握扎实的基础知识，还需要具备敏锐的观察分析能力、复杂环境中的应变能力、面对挑战时的抗压能力等，他们始终保持乐观心态并具备走出失败阴影的心理复原力。创新型人才的培育离不开人才培育理念的创新，心理育人的理念创新应对标创新型国家建设的需要，致力于培养具有良好心理素质的创新型人才。"心理素质是其他各种素质的载体，是一个人整体素质提高的基础。"[2]"心理素质作为人们素质结构中极其重要的组成部分，既反映了生理素质和社会文化素质的发展水平，又制约这两种素质的发展。"[3]拥有较高心理素质的人，能够较为准确地认知自己与周围环境的关系，能积极有效地排除创新过程中遇到的阻碍，将压力变为动力，不断提升自我，促进自身综合素质的充分发挥与持续提高。总而言之，较高的心理素质是创新工作的基本保障。

（二）高校心理育人理念创新的政策依据

心理育人是我国高校思想政治工作的重要组成部分，心理育人工作应在高校思想政治工作的总体框架下展开，心理育人的创新优化将有助于我国高校思想政治工作水平的整体提升。党的十八大以来，以习近平同志为核心的党中央高度重视高校思想政治工作和心理育人工作，国家相关部委先后出台了一系列关于加强高校思想政治教育和心理健康教育的政策和文件，为我国高校心理育人工作创新发展提供了有力的政策支持。

1　张大均.论人的心理素质［J］.心理与行为研究，2003（2）：145.

2　沈德立，马慧霞.论心理健康素质［J］.心理与行为研究，2004（4）：567.

3　张大均，苏志强，王鑫强.儿童青少年心理素质研究30年［J］.心理与行为研究，2017（1）：3.

　　第一，心理育人是新时代高校思想政治工作的重要部分。新时代高校心理育人工作要按照新时代对高校人才培养的新要求，培养符合新时代需要的高素质人才。高校学生的心理素质是其综合素质的重要组成部分，心理素质在大学生素质结构中处于基础地位，它参与大学生其他素质的形成和发展，对大学生的行为起着驱动和制约的作用，并直接影响其行为效率。[1]党的十九大以来，中国特色社会主义进入了新时代。新时代以来，高校心理育人受到党和国家的高度重视，相关部委出台了一系列政策文件，为心理育人提供了更为成熟和完善的政策依据。首先，2017年9月中共中央办公厅、国务院办公厅印发的《关于深化教育体制机制改革的意见》强调："要建立促进学生身心健康、全面发展的长效机制。切实加强和改进体育，改变美育薄弱局面，深入开展劳动教育，加强心理健康教育和国防教育。"[2]紧接着，2017年12月中央教育部党组印发了《高校思想政治工作质量提升工程实施纲要》（以下简称《纲要》），详细规划了"十大"育人体系的实施内容、载体、路径和方法[3]。心理育人是高校思想政治工作"十大"育人体系之一，这一《纲要》对心理健康教育工作进行了全面规划。随后，2018年7月中共教育部党组印发了《高等学校学生心理健康教育指导纲要》，从坚持立德树人根本目标和培养中国特色社会主义建设者和接班人的角度，对新时代高校心理育人工作的指导思想、总体目标、基本原则、主要任务、工作保障、组织实施等方面进行了详细规划，为新时代高校心理育人工作指明了方向[4]。

　　第二，心理育人是"三全育人"格局下的重要一环。探索研究心理育人在"三全育人"格局中的定位与作用，不仅有助于发挥高校心理育人的功能，还可以促进"三全育人"工作的全面系统开展。2016年12月，习近平总书记在全国高校思想政治工作会议上强调"高校思想政治工作关系高校培养什么样的人、如何培养人以及为谁培养人这个根本问题。要坚持把立德树人作为中心环节，把思想政

1　赵莉，孔凡柱.大学生心理素质及价值观相关研究［J］.中国成人教育，2003（3）：57-58.

2　中共中央办公厅 国务院办公厅印发《关于深化教育体制机制改革的意见》［EB/OL］.（2017-09-24）［2022-06-22］. http://www.gov.cn/xinwen/2017/09/24/content_5227267.htm.

3　中共教育部党组.中共教育部党组关于印发《高校思想政治工作质量提升工程实施纲要》的通知：教党〔2017〕62号［EB/OL］.（2017-12-05）［2022-06-22］.http://www.moe.gov.cn/srcsite/A12/s7060/201712/t20171206_320698.html.

4　中共教育部党组.中共教育部党组关于印发《高等学校学生心理健康教育指导纲要》的通知：教党〔2018〕41号［EB/OL］.（2018-07-06）［2022-06-22］.http://www.moe.gov.cn/srcsite/A12/moe_1407/s3020/201807/t20180713_342992.html.

治工作贯穿教育教学全过程，实现全程育人，全方位育人，努力开创我国高等教育事业发展新局面。"[1] 通过此次讲话，我们可知"三全育人"是指"全员育人、全过程育人、全方位育人"的育人格局，心理育人作为"三全育人"体系中的重要一环，是高校育人工作的重要内容和手段。2018 年 7 月，中共教育部党组印发的《高等学校学生心理健康教育指导纲要》提出"把立德树人的成效作为检验学校一切工作的根本标准，着力培养德智体美全面发展的社会主义建设者和接班人。坚持育心育德相统一，加强人文关怀和心理疏导，规范发展心理健康教育与咨询服务，更好地适应和满足学生心理健康教育服务需求"[2]，这为"三全育人"格局下的心理育人工作指明了方向。

二、坚持育心与育德相统一的心理育人理念

新时代高校心理育人工作应坚持育心与育德相统一的创新理念，这既是新时代下全面贯彻党的教育方针与教育举措的必然要求，也是新时代下促进高校心理育人工作发展的内在要求。育心与育德相辅相成，二者在目标与方法上相互融合、协调发展，共同服务于青年大学生的成长成才。

（一）坚持育心与育德的目标融合

心理育人坚持育心育德相统一的理念，简而言之是推动"育心"与"育德"协调发展并使之共同服务于青年学生的成长成才。育心与育德在教育目标上虽有区别，但二者都聚焦于更好地培育人这一核心问题之上。二者的区别在于育心的主要目标是提高学生的心理素质，培养健全人格；育德的主要目标是培养热爱祖国、遵守社会公德、举止文明的学生。育心是心理健康教育的主要内容，心理健康教育是高校德育工作的重要组成部分，其教育目标是培养具备良好个性与心理品质，且自尊、自爱、自律、自强、自信的青年大学生。育心与育德相统一，是新时代下全面贯彻党的教育方针、实施素质教育的重要举措，是促进青年大学生全面发展的重要途径和手段，是高校心理育人工作的重要组成部分。心理育人一方面要解决学生当前所面临的心理困扰，提升青年学生的心理素养；另一方面要着眼未

1　习近平在全国高校思想政治工作会议上强调 把思想政治工作贯穿教育教学全过程 开创我国高等教育事业发展新局面［N］. 人民日报，2016-12-09（1）.

2　中共教育部党组 . 中共教育部党组关于印发《高等学校学生心理健康教育指导纲要》的通知：教党〔2018〕41 号［EB/OL］.（2018-07-06）［2022-06-22］. http://www.moe.gov.cn/srcsite/A12/moe_1407/s3020/201807/t20180713_342992.html.

来，引导学生树立良好心态成为社会主义的合格建设者和可靠接班人。心理育人工作坚持育心育德相统一的理念将有助于高校思想政治工作教育目标的实现。

（二）坚持育心与育德的方法融合

育心与育德在教育过程中各有侧重，教育方法虽有所区别，但也有很多相通之处。育心侧重于统一学生的知、情、意、行，育德侧重于把外在规范内化为内在品性。育心强调以尊重、真诚、积极关注的方式，营造一个良好的氛围，尽可能让受教育者进行自主选择，发挥个体的主观能动性。德育的教育方法则注重言传身教，常运用榜样、奖惩等方法。而在高校的德育过程中常会借鉴心理健康教育的方法，如在高校德育过程中使用心理健康教育中的行为塑造、同感技术等；心理健康教育也常使用德育的方法，如高校心理健康教育开展主题实践活动等。育心与育德之所以在方法上有所融合，主要是因为育心与育德的教育对象都是人，都必须遵循人的成长规律与心理发展规律。二者在教育过程中都必须充分尊重受教育者，注重学生潜能的挖掘，充分发挥学生的主观能动性，凸显学生在教育过程中的主体作用。因此，育心与育德在教育方法上可以实现融合，两种教育方法的融合并非机械相加，而是内在的、有机的统一。育心与育德在方法上的融合将有助于更好地发挥青年学生的主观能动性并促进青年学生全面发展。

第二节　高校心理育人机制建设

高校心理育人工作机制应以学工系统为基础、以心理中心专业化服务为核心、以心理学专业优势为依托，构建立体多元的心理健康教育与咨询服务体系。心理育人的机制创新可从搭建心理育人规范化管理机制、打造心理育人专业化工作机制、完善心理育人全方位保障机制、协调融通心理育人资源与力量四个方面进行探究。

一、搭建心理育人规范化管理机制

心理育人是高校思想政治工作的重要组成部分，是促进青年大学生全面发展的重要途径。在各大高校中，心理育人工作应形成由学校分管学生工作的校领导主管，以学生工作职能部门为主导，学生工作职能部门与心理学院（部）相互配合的工作体制。

（一）健全组织领导机构

当前在各大高校中，心理育人工作一般由大学生心理健康教育中心负责，心理健康教育中心通常挂靠在高校学生工作部（处），主要负责开展全校学生的心理健康教育和心理咨询服务。但由于编制与人力资源限制，心理健康教育中心工作的开展通常较为被动，无法针对全校学生开展主动的心理状态监控。因此，有必要从更高层次建立健全心理育人的领导架构，例如成立心理健康教育专家指导委员会，负责对高校的心理健康教育研究、课程建设和师资队伍培训等方面进行咨询、评价和指导，以进一步加强对高校心理育人工作的宏观管理和业务指导。

（二）完善多级工作网络

为了更好地实现育心与育人相统一，心理育人工作应当深入学生工作的各个层面，构建起多级心理防护网络。首先，应当在学校层面建立心理健康教育与宣传的宏观工作网络。例如在心理健康教育中心设置预约接待室、个体咨询室、沙盘投射室、团体心理辅导室等，负责在全校范围统筹新生心理普测与建档、学生个体心理咨询和团体心理辅导、学生心理危机排查、心理干预和转介等工作。其次，应当在各院系层面健全心理健康教育与干预的微观工作网络。例如在各学院设置心理辅导员，心理辅导员将在心理健康教育中心的培训和指导下参与学生心理健康状况的调查，积极开展本学院学生的心理健康教育活动，配合心理健康教育中心处理学生心理危机事件等。最后，应当针对学生生活、学习等不同场景构建心理健康教育与反馈的日常工作网络。例如在各班级中，可以设置相关学生干部岗位来负责开展本班的心理健康教育活动；在宿舍心理育人管理工作中，由宿舍管理员负责关注本楼栋学生的心理与情绪变化，各宿舍寝室长也要负责关注本宿舍同学的心理与情绪变化。同时，各高校心理健康教育中心还应当注重学生朋辈防护系统构建，提高心理健康防护系统的覆盖面，将高校大学生心理危机干预机制落细、落实。

（三）制定各项管理制度

各高校为了使心理育人工作更加科学化、规范化，应制定各项管理制度，出台相关大学生心理健康工作管理规定。进一步明确高校学生心理健康教育的总目标，并明确心理育人相关组织机构的设立规则及其工作职责，规范并完善心理健康教育的内容和形式等。同时，各高校为了使心理育人工作科学化、规范化、专业化，还应制定针对高校青年大学生的心理危机干预方案、心理咨询预约制度、心理咨询转介制度、值班咨询与测量常规工作制度等相关规章制度，以多管齐下的手段来确保高校心理育人工作的有序开展。

二、打造高校心理育人专业化工作机制

心理育人专业化工作机制是指以心理学专业知识为指导，对心理育人工作的内容和责任层次进行细分，将心理育人工作分解为若干个单一化、标准化及专业化的操作内容与程序，构建符合专业化工作需求的心理育人机制。因此，各高校要打造全员、全过程、全方位的心理育人专业化工作机制，就需要从课程教学、实践活动、场地设备、干预机制等各项具体工作着手，来完善心理育人各项工作的运行机制，提升心理育人工作的专业化水平，以此切实提高心理育人的实效性。

（一）课程教学的专业化

大学生心理健康教育的通识课程是高校心理育人工作的主渠道，能够帮助大学生在轻松的氛围中树立心理健康意识，形成良好的心理品质。各高校为了给青年大学生带来更为专业化的心理健康教育课程，应成立大学生心理健康教育教研室，心理健康教育教研室应从排课、授课到课程考试的每一个环节都严格按照学校教务部门的要求进行管理。同时，心理健康教育教研室应建立集体备课制度、听课制度、评课制度，定期组织教师开展集体备课活动、听评课讨论评析、分享教学经验等。通过各种举措来促进心理健康教育教学水平的全方位提升，并进一步提高心理育人工作的教学质量。

（二）实践活动的专业化

首先，心理育人的实践活动的开展应当紧扣社会和时代背景。例如，在抗击新冠肺炎疫情背景下，各高校可以灵活采取线上线下相结合的活动模式，积极利用网络平台开展线上心理健康教育活动，以实现心理育人实践活动教育的良好效果。其次，心理育人工作应致力于以学生喜闻乐见的方式丰富心理健康教育活动的种类，提升实践活动的实效性。例如，可以利用每年5月25日的心理健康日，将5月定为大型心理健康教育宣传活动月，集中开展心理健康教育与宣传活动。最后，心理育人的实践活动应当紧密贴合青年学生的特点与兴趣。例如，可以发放贴心有趣的心理健康宣传材料，开展系列心理健康专题讲座，组织有趣的心理游戏，展播高质量的心理电影，排演生动又极富感染力的心理情景剧等。心理育人实践活动的专业化体现在对青年大学生进行心理健康教育宣传的同时，还应当帮助青年大学生更好地认知和觉察自我，并帮助青年大学生找到科学的合适的自我心理调节方式，积极主动地维护个人心理健康，提升自身心理素质，优化个人心理品质。

（三）场地设备的专业化

心理健康教育是具有一定技术性要求的专业化教育活动，因此为了达到理想的教育效果，则需要实现场地和设备的专业化。一方面，高校心理健康教育应当设置独立的心理健康教育办公场所和专业的心理咨询与辅导场所。这些场地设备应当满足日常的心理育人工作需求，例如按照心理咨询、团体辅导等的标准，各高校应当配置相应的团体辅导设备、放松训练设备、心理测试设备、沙盘治疗设备、心理宣泄设备等。另一方面，高校心理育人工作可以针对心理实践活动的需要灵活设置或改造现有的教育教学场地或设施。例如在5月25日心理健康日，可以将学校的体育馆等室内场所改造为团体心理健康活动沙龙，通过组织趣味性的团体心理辅导活动吸引更多的学生参与其中，以扩大心理健康教育的范围与受众面。当然，为了提升专业化场地设备的使用效率与教育效果，则需要对心理育人师资队伍进行培训，帮助心理育人工作者们熟悉场地并掌握设备的使用方法，以此进一步保障高校心理育人工作的顺利开展。

（四）干预机制的专业化

心理危机干预是心理健康教育中的重要环节。干预机制的专业化与否将直接决定高校能否及时发现学生所存在的心理健康风险，并采取有效的干预手段予以化解。首先，心理危机干预应构建日常性排查机制。高校的心理健康教育中心应在每年新生入学之际开展全体新生心理健康状况调查，并及时对筛查结果异常的学生开展专业化心理咨询和危机干预。同时，定期的心理危机排查也是有效的心理危机发现手段，能对已发现的存在严重心理障碍的学生给予及时的关心帮助。其次，心理危机干预应完善全流程心理监护体系。心理健康教育中心应根据不同的情况开展适当的心理监护，不仅针对正在咨询和治疗过程中的学生，也需要对康复后的学生进行跟踪监护与定期评估，并指导相关人员做好这类学生的关心照护工作，以帮助青年大学生尽快回归正常生活，确保和维护青年大学生的健康与安全。最后，心理危机干预应建立沟通转介机制。如果心理健康中心在对学生进行心理干预与科学评估后，发现学生心理障碍未有好转，并且学生现有心理状态已无法继续在校学习生活时，则需要及时进行转介治疗。心理健康中心应当根据高校心理育人信息沟通机制，及时与学校相关部门与工作人员进行信息沟通，帮助学生顺利办理好休、退学手续。当学生康复返校后，心理健康教育中心应再次对其进行评估，并应及时给予返校学生心理关怀，帮助返校生尽快适应高校生活。

三、完善高校心理育人全方位保障机制

心理育人需要有健全的条件保障机制，因此完善心理育人保障机制是心理育人工作顺利开展的基础，主要包括师资队伍建设、资金保障、科研支持等三方面的内容。

（一）建设师资队伍

高校的心理育人师资队伍是一支多元化的育人队伍，包括心理健康教育专职教师、辅导员、专业课教师、行政岗教师等。新时代下，各高校应加强对心理育人的顶层设计，深入构建一体化工作格局，全面提高全员心理育人能力，不断促进新时代高校心理育人质量的提升。具体而言，师资队伍的建设可从两个方面予以展开。一方面，应尽量扩充高校心理育人队伍。除了心理育人的专职教师队伍之外，辅导员、专业课教师以及行政岗教师都是可以扩充的储备人才。同时，由于各教师的工作岗位不同，所接触学生的场景也各不相同，因此可以有效结合各自的工作场景开展更具针对性的心理育人工作。而在众多的人才队伍中，尤其应当重视的是辅导员力量。这是因为高校辅导员处于大学生教育管理和服务工作的一线，需要直接面对学生。因此，各高校应积极发挥辅导员在学生心理健康教育工作中的积极作用。另一方面，应常态化开展心理育人工作的技能培训。高校可以通过全面提升专职心理育人队伍的专业化水平，以及提高全体政工干部、专业课教师等心理育人工作队伍的专业助人能力，为高校心理育人工作提供坚实的人才保障。各高校为了加强心理育人工作的师资队伍建设，每年应根据师资情况，分批次地组织心理育人师资队伍进行分类培训，以此提高师资队伍的业务水平。

（二）落实资金保障

各高校心理育人工作的建设离不开资金支持，各高校应将心理育人工作经费列入年度经费预算并设立专门的预算科目，按照中华人民共和国教育部和省教育厅的相关标准和要求，对心理育人工作的建设划拨专项经费。例如，各高校应将心理育人工作经费纳入学校教育和发展的整体规划之中，统筹学校资金开支，加强对心理育人工作的人力、物力、财力的支持，建立健全学校、院系和学生三级心理育人工作网络并使之有效运行，指导各院系开展心理育人相关工作。资金的统筹分配中应特别注意保证院系心理育人工作资金的划拨，由于各院系是心理育人的基础单位，因此要保证对院系心理育人工作的资金支持，资金上确保各院系建立有独立的心理辅导站，以此帮助院系做好心理普及工作与心理健康宣传活动等，为充分发挥基层单位心理育人的基础性、普及性作用提供切实的资金保障。

（三）加强科研支持

为了更好地开展心理育人工作，各高校应当依托科学研究，为实际工作提供理论支撑和方法指导。各高校应重视大学生心理育人科研工作，将心理育人科研支持纳入思想政治教育科研规划，并设立心理健康教育与咨询的专项课题，以支持、引导和鼓励各专兼职教师开展心理健康教育的学术研究工作。通过理论研究推动心理育人实践工作的开展，以此形成科研与实践两大板块相辅相成、相得益彰的工作格局。例如，针对实践需求开展心理育人主体能力的理论研究，通过科研的方式以促进教育教学的发展和高校教师心理育人意识的提升。同时，青年大学生的个性心理差异和群体心理之间的关系和特点也直接影响心理育人工作的成效，因此针对性地开展新时代下大学生的思想和心理动态变化的研究，将有助于发现青年大学生心理发展规律，探索并总结更多切实可行的心理育人举措，通过理论研究不断促进实践的飞跃。

四、协调融通高校心理育人资源与力量

为了全员、全过程、全方位地开展心理育人工作，需要进一步加强各部门、各阶段、各平台间的育人资源融合，以促成高校相关心理育人工作部门与社会力量之间协同合作的常态化。

（一）把准高校心理育人相关部门的定位

高校心理育人工作要把准心理育人相关部门的定位，自觉把高校心理育人工作相关部门定位为高校思想政治工作体系的组成部分，协调帮助各个部门将心理育人融入教育、管理和服务工作之中。明确各部门心理育人工作的内容、方法和实施路径，对具体的心理育人工作职责提出明确的规范和要求。将解决高校大学生的现实问题与解决大学生的心理问题相结合，帮助青年大学生化解心理困惑、提升心理素养，促进高校心理育人工作的顺利开展。

（二）提高相关参与者的心理育人意识

各高校要调动教职工参与心理育人工作的积极性，把心理育人工作纳入学校的日常管理规划，建立健全心理评价与激励机制，通过制度来保障心理育人工作全员、全过程、全方位的开展。例如，各高校的党团组织、教学部门、管理部门、后勤部门等从事教育教学及管理服务的教职员工，尤其是辅导员与学生工作人员应当明确自身的心理育人主体责任，自觉学习心理育人相关理论和实践操作技能，增强心理育人工作意识，提高心理育人工作水平，以此进一步促进大学生心理健康发展。

（三）引入校外力量协同推进心理育人工作

为推动高校心理育人工作的有效开展，各高校需要引入校外力量来共同推进心理育人工作，其中校外力量包括家庭、媒体、政府等。高校不仅可以开展家校合作共同推动高校心理育人工作，还可以通过社会心理服务体系的宣传教育来培育青年大学生自尊自信、理性平和、积极向上的社会心态。通过引入校外力量，为青年大学生营造良好的社会环境，减少不良社会事件对青年大学生心理的负面影响，多管齐下推动高校心理育人工作迈上新台阶。

第三节　高校心理育人实践探索

实践是检验真理的唯一标准，实践是理论创新的力量源泉。心理育人的实践创新不仅可以为实际工作积累经验，还可以为心理育人的理论科研提供现实支撑。心理育人的实践创新可从推进心理育人课程建设、构建到落实心理育人活动体系、规范心理咨询与心理危机干预等方面。

一、推进心理育人课程建设

心理健康教育课程作为高校心理育人工作的主渠道，对青年大学生的成长成才起着重要作用。为了更好地发挥心理健康教育课程在心理育人方面的积极作用，我们应从心理健康教育的课程设置、评价体系和教学方法等方面推进心理育人课程建设。

（一）开设心理健康教育必修课与选修课

心理健康教育课程是高校开展心理健康知识科普、预防心理疾病和心理危机的重要渠道，具有覆盖面广、针对性强等优点。构建科学、完整、规范的心理健康教育课程体系，对心理育人工作质量提升有着至关重要的作用。其一，心理健康教育必修课是高校教学计划之内针对青年大学生所进行的通识教育。心理健康教育通识课程不仅能向青年大学生普及心理健康教育的基础知识，还能够让大学生们了解自我，并掌握自我心理调节的方法。例如，通过心理健康教育必修课，大学生了解了如何适应大学生活、如何处理人际关系、如何管理自己情绪、如何应对压力与挫折、如何处理亲密关系等。其二，心理健康教育选修课也是高校心理育人课程建设的重要补充。选修课可以从青年大学生现实心理需求出发，开展丰富多样的心理实践课程，让学生依靠自我努力和团队合作完成学习体验。例如，在新冠肺炎疫情下，可以开设"互联网+"的远程研修新模式，让大学生们在互联网平台中通过学习讨论、自我探索、分享体验等方式，提高心理自助能力，并获得周围同学的支持，激发青年大学生对自身压力管理的潜能。

（二）完善心理健康教育课程评价体系

在高校心理育人体系中，科学的心理育人课程评价体系对于课程教学质量的提高至关重要。心理健康教育课程的评价体系包括内容的评价、过程的评价、方法的评价三个方面。第一，课程内容上的评价主要包括课程目标评价、课程教学内容评价、课程实施评价以及课程效果评价等多方面内容。第二，课程主体上的评价应采用多元主体的评价方式，学校领导、教师、家长、学生本人、校外机构等均可参与其中。第三，课程方法的评价应当坚持采用质性评价和量性评价相结合的方法，通过真实、科学、有效的数据，来反映青年大学生心理健康发展的状况，从而有针对性地提升我国高校青年大学生的心理素质。

（三）创新高校心理健康教育课程的教学方法

科学合理的心理健康教育教学方法能充分发挥心理健康教育的教学效果。教学过程中所使用的教学方法，其目的都是让学生能掌握并内化知识与技能、提升其情感态度和价值观。因此，在心理育人工作中，我们要在运用传统教学方法的基础上，不断反思，让教学方法不断创新，善于运用信息技术，积极推进心理育人的慕课与第二课堂建设。

第一，信息技术的运用。信息时代，互联网深刻改变了我们的生活方式、学习方式和行为习惯，互联网是一把双刃剑，在开阔视野、便利生活的同时，也影响着青年大学生的心理健康。青年大学生的生活学习已离不开互联网，如果我们的心理育人教学工作仅仅依靠传统的育人方式，将难以走入学生的内心世界，也将落后于时代发展。因此，我们的心理育人教学工作必须掌握信息技术，把握互联网的特点与规律，优化心理健康教育教学方法。

第二，慕课与第二课堂的建设。这主要是针对不同心理特点的大学生所开发的在线课程，在因材施教的同时能够有效激发青年大学生的学习兴趣。慕课是信息化手段与优质的教育资源相结合的产物，针对不同学生群体，整合校内优质资源，制作教学微视频，将教学内容以形象化、趣味化的方式呈现，从而促进心理育人课程体系建设。

二、构建心理育人活动体系

在心理育人工作中，开展丰富多彩的心理健康教育活动是实现心理育人的有效抓手。各项心理育人活动之间互为补充又互有交叉，心理育人活动体系的构建能够更全面地引导和帮助青年大学生在实际生活中强化心理品质，提升心理素养，因此构建心理育人活动体系是高校心理育人工作的必要之举。

（一）建立专业性心理辅导活动体系

心理育人工作体系中，大学生心理辅导活动体系包括个体心理咨询与团体心理咨询两部分。个体心理咨询主要针对有心理困扰和问题的大学生一对一进行；团体心理咨询则是一种在团体情境中提供心理支持和帮助的心理咨询形式。个体心理咨询包括网络、电话、面谈等咨询方式；团体心理咨询则将有相似心理问题的来访者组成小组，在心理咨询师的带领和指导下共同商讨、感悟、分享、互助，从而解决团体成员共同的心理困扰。团体心理咨询与个体心理咨询最大的区别在于来访学生在团体中可以通过成员间的交流、互动、影响，从而认识并解决自己的心理问题。但无论是个体心理咨询还是团体心理咨询，其目的都是帮助来访青年大学生恢复心理平衡，提高青年大学生的环境适应力。因此，在高校心理育人工作中建立专业性的心理辅导活动体系十分必要。

（二）从组织层面完善活动体系建设

按照组织层面划分，高校心理育人工作活动体系可以分为校级、院（系）级、学生社团三个层级互为补充。例如，在校级层面可以组织全校的心理微电影、微视频比赛、心理情景剧比赛、心理征文比赛等；在院（系）级层面可以根据班级特色、专业特色，开展以班级或专业为单位的心理素质拓展训练、心理知识微讲堂、心理健康知识板报展等；在学生社团层面则可以根据大学生的需求和关注点开展心理游园活动、心理电影展播、心理读书会等。通过各个层面活动的开展，青年大学生有了展示自己的平台，能较为轻松自然地学习和交流，从而达到认识自己、完善自己的目的。

（三）从活动主题层面丰富活动体系

高校心理育人活动的主题划分，可以分为户外素质拓展活动、知识普及类活动、研究类活动、公益项目类活动、心理创作类活动等。户外素质拓展活动主要在宽敞的室外进行，这类活动具有趣味性、合作性、竞争性等特点，通过户外素质拓展活动，可以锻炼青年大学生的意志力和团队合作精神；知识普及型活动主要是根据青年大学生感兴趣的心理话题开展形式较为开放灵活的心理沙龙或心理微讲堂；研究类活动主要是针对心理学专业或对心理学感兴趣的学生所开展的活动，在尊重学生个人意愿的前提下组建心理学研究小组，共同探讨研究具体的心理学问题；公益项目类活动则是前往社会福利机构开展心理育人公益活动，让青年大学生了解和承担社会责任；心理创作类活动是指让大学生们参与心理微电影、心理微视频、心理情景剧等的制作过程，让青年大学生在创作中学习知识、收获技能。

三、规范心理咨询与心理危机干预

规范心理咨询与心理危机干预是高校心理育人工作中的重要一环。新时代高校心理育人工作中的心理咨询与心理危机干预主要是运用心理学的理论和方法开展"育心"工作，以更好地实现新时代高校思想政治教育工作的"育人"目的。

（一）完善心理咨询与心理危机干预的伦理规范

伦理规范是对伦理行为的最低要求，制定心理咨询与心理危机干预的伦理标准是为了规范心理咨询师与心理育人相关其他工作人员的行为。心理咨询与心理危机干预的基本原则一般是指保密、知情同意、助人自助性、价值观中立等。美国心理学会于1952年颁布了《心理咨询伦理与道德守则》，为了遵循我国心理咨询行业的特色，在借鉴和参考国外心理咨询伦理守则的基础上，中国心理学会于2007年颁布了我国第一部心理咨询专业伦理规范《中国心理学会临床与咨询心理学工作伦理守则》。该规范包括了总则，专业关系，隐私权与保密性，职业责任，心理测量与评估，教学、培训和督导，研究和发表，伦理问题处理等内容。

在高校心理咨询与心理危机干预过程中存在一项特殊之处，即教师与学生在建立咨询关系之前已经存在天然的师生关系，师生关系与咨询关系的叠加则形成了多重关系。这样的多重关系在一定程度上影响了心理咨询中的保密原则和知情同意原则，因此完善高校心理咨询与心理危机干预的伦理规定是保障学生合法权益、规范心理教育工作的有效手段。

（二）健全心理咨询与心理危机干预的规章制度

在高校心理育人过程中，建立健全心理咨询与心理危机干预工作规章制度，是确保心理咨询与心理危机干预工作能够正常进行的基础。在实践中，高校心理咨询与心理危机干预正朝着规范化方向发展。心理咨询与心理危机干预的规范化可以从心理咨询的预约、心理咨询的转介、心理危机干预、网络心理咨询和服务人员守则等方面着手。规范化的流程以及专业人员的培养都是为了应对危机的多样性，因此，高校中各部门的协调、分工以及高校危机应急系统的设立必不可少。有学者提出全面的学校心理危机干预系统，将心理危机干预系统的基本框架分为预防系统、预警系统、应急系统和维护系统，各系统分别有着明确的目标以及人员构成。[1]新时代下的高校心理危机干预可以参照上述基本框架，结合各高校情况进行调整，做到预防、预警、应急、维护等方面的建设。

四、创新心理育人队伍建设

心理育人队伍是高校心理育人工作中的执行者，高校心理育人工作需要一支精干的育人队伍。高校心理育人工作队伍包括了管理者以及心理健康教育专兼职教师。高校心理育人工作队伍中，管理者包括心理健康中心的工作人员和管理人员。专兼职教师队伍则由专业的心理健康教师及学工人员、辅导员等组成。兼职教师队伍普遍存在着心理学专业知识素养相对欠缺的问题。为了加快我国心理育人队伍建设培育，需要不断提升高校心理育人队伍的专业化、正规化和科学化。

（一）培训项目的建设

建立并完善长期连续培训项目是高校心理育人队伍建设实践创新的重要方式。长期连续培训项目可从培训目标要求、培训内容要求、培训机构要求三个方面加强建设。第一，高校发展长期连续培训项目应首先提升心理育人工作者的科

1　边玉芳，钟惊雷，周燕，等.青少年心理危机干预［M］.上海：华东师范大学出版社，2010：193-201.

研能力和实操能力，让其成为合格的高校心理育人工作者。并且充分发挥心理育人工作者的优势，根据心理育人工作者的优势、兴趣与职业发展规划给予相应的指导，从而达到自我价值、社会价值最大化。第二，培训内容主要针对心理育人工作者的科研能力与实操能力两方面进行提升，主要是让高校心理育人工作者了解国内外学术研究前沿，以科研促进心理育人工作的发展，夯实心理学基础知识和实操技能，以便更好地进行心理危机干预。第三，培训机构应具备正规的资质，应提供培训场地、合理安排课程、提供学习资料、搭建实践平台等，确保好基本的硬件设施。

（二）心理督导的规范

心理督导是指具备更高资历的心理专业人员对资历相对较浅的心理工作人员进行干预和疏导。心理督导是心理工作者个人成长和职业发展的必要环节，规范的心理督导有利于促进心理育人工作队伍的建设和发展。首先，规范化的心理督导能有效帮助心理育人工作者提高咨询技能，尤其是帮助那些从事心理育人工作的新手们选择合适的心理学流派与心理学方法开展心理咨询工作。其次，心理督导还能帮助心理育人工作者们避免在咨询中发生错误，主要是避免"非职业性"关系的产生。最后，心理督导能够帮助心理育人工作者完成个人心理成长，不仅能提升心理育人工作者自我接纳、自我觉察的能力，还能帮助心理育人工作者学会处理职业倦怠。

（三）职业伦理的约束

在高校心理咨询与心理危机干预中，高校心理育人主体之间的师生关系在建立咨询关系之前就已天然存在。高校心理育人主体之间特殊的"双重关系"导致了高校心理育人工作者们职业伦理困境的产生。因此，如何处理"双重关系"、如何避免"非职业性"关系、如何遵守保密原则等都是高校心理育人工作者职业伦理培训的主要内容。当前，加强高校心理育人工作的职业伦理培训有利于提高高校心理育人工作队伍的专业素养，同时也能避免因职业伦理而造成的心理育人工作的问题及困境。高校心理育人工作职业伦理培训的主要内容包括三个方面，分别是规范咨询流程、保密原则、知情同意。在高校心理育人工作过程中，应遵守心理咨询的基本原则，按照规范流程和科学方法来开展工作，对咨询内容进行保密，并向来访的青年大学生说明有关心理咨询的各项事务。这些基本职业伦理都将防止心理育人工作走进伦理误区，也将促进心理育人工作的开展。

第四节　高校心理育人路径优化

当前，我国高校心理育人工作虽已取得显著成效，但仍存在不足之处，值得进一步优化完善。面对新时代背景下的新挑战，探索高校心理育人工作中的课程育人、活动育人、咨询与危机干预、队伍建设等方面的优化路径十分必要。

一、心理育人工作中课程育人路径优化

课程育人作为新时代高校心理育人工作中的核心环节，其完善路径应着眼于心理育人教育教学的本质，并推动各方面教育要素的协同发展，助力青年大学生心理素质的全面提升。

（一）构建教育教学的新理念

《高等学校学生心理健康教育指导纲要》指出："心理健康教育是提高大学生心理素质、促进其身心健康和谐发展的教育。"[1]新时代下，我国高校心理育人中的课程育人应构建"教育+宣传+咨询服务+预防干预"的协同理念，致力于培育青年大学生自尊自信、理性平和、积极向上的社会心态。高校心理育人工作中的课程育人工作要积极培育青年大学生向上向善的健康心态，促其成长成才。

（二）拓展多元教育教学方法

为了适应新时代下社会发展变化以及大学生心理的变化，拓展多元心理健康教育教学方法十分必要，科学的教育教学方法才能充分发挥教学效果。在心理健康教育教学的过程中，可以采用朋辈教育、心理讲座、谈心谈话、心理游戏等方法进行教学，切实增强青年大学生的参与感与体验感，以达到心理育人工作中课程育人的教育教学目标。

（三）搭建教育教学实践平台

新时代下，高校心理育人工作应与时俱进，搭建课程育人的教育教学实践平台，采用线上与线下相结合的方式将有助于提升心理育人的工作质量。线上的实践教学可将微博、微信、微电影作为教学媒介，宣传心理健康教育知识，开展心

---

[1] 中共教育部党组.中共教育部党组关于印发《高等学校学生心理健康教育指导纲要》的通知：教党〔2018〕41号〔EB/OL〕.（2018-07-06）〔2022-06-22〕.http：//www.moe.gov.cn/srcsite/A12/moe_1407/s3020/201807/t20180713_342992.html.

理健康咨询活动，积极推进心理健康教育与信息技术融合。在线下教学中，高校应当充分挖掘心理育人有关教育资源，完善心理育人课程体系，除了相关心理健康教育的通识课程，还可以充分利用慕课与第二课堂开展心理育人工作，让学生通过心理育人的有关课程提升自己的心理素质水平。

二、心理育人工作中活动育人路径优化

当前各高校心理育人工作中的活动育人取得了良好的教育效果，但与此同时也有许多需要改进的地方。由于高校心理育人相关教育活动种类繁多，为了彰显高校心理育人教育活动的专业性、科学性、规范性，则需要进一步厘清和明确心理育人工作中活动育人的目标、定位及思路，以优化心理育人工作中活动育人的实施路径。

（一）明确活动导向

心理育人工作中的活动育人要符合青年大学生的心理需求和特点，开展有益于青年大学生心理健康教育的各类活动。高校心理育人工作中的活动育人，要改变传统观念，不能仅仅停留在强调预防、解决现有问题的层面，而应使高校心理育人活动面向全体学生，以健康的活动内容和有趣的活动形式培养学生积极的心理品质，使心理育人活动更为贴近学生实际。例如，在心理育人活动中应引导学生正视自己的情绪，客观地分析、认识自我。引导学生在遭遇负面情绪时，学会挖掘负面情绪中的积极因素，开发学生的积极心理潜能，激发学生内在的积极心理品质，以此引导学生树立客观正面的价值取向。

（二）突出学生主体地位

高校心理育人工作应当秉承以学生为中心的原则，尊重学生的教育主体地位。通过调动学生的学习积极性，发挥学生的主观能动性，让学生主动参与到心理育人的学习中。在互联网时代，高校心理育人应充分了解青年大学生的心理诉求、心理特点，关心他们的生活和学习情况，开展具有实践意义且极具吸引力的心理健康教育活动。例如，考虑到青年大学生的特点和隐私保护，可以通过互联网平台，传播宣传心理健康教育知识，让青年大学生能够利用碎片化的时间自主参与各类心理育人活动。

（三）增强活动针对性

伴随着时代的发展，新时代下的青年大学生也呈现出不同的心理特点。高校心理育人工作要紧跟时代步伐，贴近青年大学生的心理发展特点，这样才能保证高校心理育人工作的实效性。各高校可以根据不同学习阶段的特点和需求，选择适当的心理育人活动主题。例如，针对大一新生主要开展入学适应、学习规划、人际关系等主题的心理育人活动；针对大二、大三学生可以设置有关学习、恋爱、自我探索等主题的心理育人活动；针对大四学生则可以设置以就业、职业规划、压力管理为主题的心理育人活动。不同学习阶段的心理育人活动应有选择性与针对性，这样才能切实有效地提升高校心理育人工作中活动育人的质量。

三、心理育人工作中咨询与危机干预路径优化

心理育人工作应以尊重、温暖、真诚、积极关注和共情为基本态度，始终秉承"以人为本"的基本原则。因此，应将人文关怀作为优化心理咨询与心理危机干预路径的重要考量因素，同时也要注重互联网、大数据等科技手段的运用，以促进高校心理育人工作效果的进一步提升。

（一）加强人文关怀和心理疏导

在心理育人工作中，人文关怀与心理疏导有着润物无声的教育效果。人文关怀是指对人的生存与发展状态的关注和关心，它是以促进人的全面、和谐、自由发展为内在尺度的一种价值取向、思维方式和人本文化。[1] 心理疏导则从另一角度为人文关怀赋予了全新的内涵，同时作为重要的辅助方式。[2] 心理疏导主要是运用心理学的知识和方法，帮助青年大学生解决思想困惑与内心冲突、调节情绪并保持心理平衡。对于青年大学生应加强精神关爱，例如可以积极构建课堂讲授与学术讲座相结合的心理健康教育课程体系，或者可在青年大学生中开展丰富多彩的心理健康教育活动，再或者形成多层级心理咨询与辅导互助体系等。

（二）搭建网络咨询平台

得益于互联网的发展，在新冠肺炎疫情时代下，网络咨询平台的搭建和使用尤为兴盛。线上的网络咨询主要是利用文字、语音和视频等方式，提供即时的心理咨询服务。高校心理育人工作也应当充分利用网络咨询接受程度高、信息保密性强和覆盖范围广的特点，搭建校园网络咨询平台。网络咨询平台主要包括测量

1　李长春，罗丽华.高校学生思想政治教育中人文关怀和心理疏导机制的构建[J].保险职业学院学报，2008（2）：91.

2　黄红平.高校思想政治教育中的人文关怀和心理疏导[J].社科纵横，2011（3）：155.

模块、宣教模块、咨询模块和互动模块。测量模块主要是运用一些心理量表，让学生能够及时自评自测发现问题。宣教模块主要是用于开展网络教学与网络讲座，达到科普心理学知识的目的，让青年大学生了解心理咨询的流程，了解心理咨询的伦理规范等。咨询模块则主要是为青年大学生提供更多心理咨询师的资料，让青年大学生不仅可以通过互联网系统自动筛选出适合自己的心理咨询师，还可以通过网络平台上所提供的心理咨询师的教育背景、资格认证、从业经历、专攻领域等信息自主选择心理咨询师。互助模块则是以高校所建立的多级心理防护系统网为基础而设立的学生与学生之间的互助平台，互助模块类似于团体心理辅导，让学生在互联网平台上找到与自己有相同困扰的同伴组建互助小组，通过获得同伴的支持来减少自身的焦虑感和孤独感。

（三）重视大数据下心理预警系统的应用

大数据之所以在心理预警系统中得到推崇，主要是因为大数据既能预测重大事件的发生，又能预测个体行为的倾向，帮助人们实现从凭借"主观经验揣测"到依靠"客观数据预测"的转变[1]。将大数据技术运用到心理危机预警系统中，首先需要建立信息收集机制。信息收集机制的建立需要高校各部门之间的通力合作，利用大数据将这些原本独立的分散的数据进行采集和整合，从中提取有价值的信息进行分析和深度挖掘。其次，应当建立预警指标体系，预警指标体系不仅包括心理学指标，还包括社会环境指标、人际关系指标、原生家庭指标、生理指标等。再次，建立数据反馈系统，将分析得出的数据及时准确地反映给心理危机干预人员。最后，建立信息安全保护机制和隐私保护机制，这也是大数据背景下最容易被忽视却直接关系学生切身利益的重要环节，是当前需要重点发展和研究的内容。由此可见，新时代下利用大数据构建心理危机预警系统，将发挥传统干预手段所难以实现的功能和价值。

四、心理育人工作中队伍建设路径优化

由于我国高校心理育人工作起步较晚，心理育人队伍建设还存在数量和结构不够科学合理，工作职责和考核机制不够清晰，朋辈辅导不够健全等不足之处。因此，加强高校心理育人队伍建设，培养一支专业化的心理育人队伍就显得十分

1　吴远征. 大数据视角下高校学生心理危机干预机制的构建［J］. 科教导刊（中旬刊），2018（23）：179.

必要。加强高校心理育人队伍建设既是推进高校心理育人工作的重要保障，也是高校心理育人工作者自我成长的需要，更是满足学生个体发展的迫切要求。

（一）严格心理育人队伍准入机制

高校在选聘专职心理育人工作者时不能以次充好，只求数量不求质量，聘请的专职心理育人工作者应当符合相关职业资格的要求。高校在选聘心理育人工作者时，可以采用多种形式考察应聘人员的理论水平、实践能力等，确保他们能够胜任该项工作。对于选聘兼职心理育人工作者，高校则应当结合已有的师资情况加以考量。在备选人员充足的情况下，可以优先考虑从具有心理学专业、医学专业、思想政治教育专业、教育学专业、社会工作专业的人员中选聘兼职人员，并且为其提供正规心理咨询师的从业资格培训，帮助更多的兼职人员掌握心理学专业知识。学校可以设置奖励措施，鼓励学工人员、辅导员等兼职心理教育人员主动获得心理咨询师职业资格，尽量拓宽兼职人员队伍规模。然后，根据兼职人员的工作经验及专长合理安排合适的心理育人工作岗位，并定期组织专业的职业技能培训。只有严格准入机制，从根源上提高高校心理育人工作者的专业化水平，才能保证这支队伍的整体素质，才能确保新时代高校心理育人工作有效进行。

（二）完善心理育人考核激励机制

为了激励高校心理育人工作者积极主动地扩充知识储备、提高工作能力和提升工作素质，有必要建立多角度多层次的心理育人考核激励机制。心理育人考核激励机制的建立，可以从精神激励、薪酬激励、荣誉激励、工作激励等四个方面开展，核心在于尽可能地调动心理育人队伍的工作积极性，提升心理育人的专业化水平。高校心理育人工作考核激励机制是一种向内优化组织存量资源的工作机制，将有助于激发心理育人师资队伍的工作热情与积极性，帮助心理育人的组织系统始终保持良性运转。这一激励机制将对心理育人工作者产生正向激励效果。例如制定完善心理育人工作者的工作量计算办法，改变以往重视结果的惯性思维模式，建立以过程为主的考核评价体系，以此确保心理育人工作者的工作积极性，并提升心理育人工作者的工作热情。

（三）提升心理育人队伍研究能力

高校心理育人队伍的教育研究能力提升，需要心理育人工作者具有扎实的理论知识、过硬的实操技能、丰富的实战经验以及高尚的职业操守。首先，高校心理育人队伍应秉承以人为本的理念,将心理育人创新理念贯穿到教育教学活动中,树立正确的心理健康教育观,做到与时俱进,不断学习掌握新的知识与技能。其次,在高校心理育人实践工作中,应积极开展专题研讨和课题培训,探究心理育人工作规律,将实践问题、实践经验上升至理论层面。再次,高校心理育人工作者应提高心理育人工作队伍的自我学习能力和自我觉察能力,主动进行自我心理保健和心理素质训练,不断磨砺和调试自我,促进自身教育研究能力的提升。最后,高校心理育人研究的开展,应注重思想政治教育基本理论与心理健康教育研究的融会贯通。将思想政治教育的方法应用于心理育人的理论研究之中,促进高校心理育人教育研究能力的提升。

（四）培养心理育人队伍的多元文化背景

改革开放以来,随着我国东、中、西部经济交往日益密切,各地人才流动也逐渐频繁,各高校心理育人工作中少数民族学生的相关问题也日益受到重视。同时,随着中国经济的发展、综合国力的提升,中国的对外开放政策也吸引着越来越多的国外留学生来到中国进行交流学习。在这样的时代背景之下,中国高校拥有了更多来自不同文化背景的少数民族学生及国外留学生,无形中也提升了高校心理育人工作的难度。一方面,多元的文化背景要求高校心理育人队伍能够更好地理解不同文化背景下大学生所面临的心理问题;另一方面,高校心理育人工作者在进行心理育人工作时也需要避免触及不同文化背景下学生的文化禁忌。因此,为了更好地应对高校中少数民族学生及国外留学生的心理健康问题,我国高校心理育人队伍需要开展多元文化的知识与技能培训。首先,在少数民族学生、留学生的招生考察和入学教育工作中,心理育人工作者应当尽量掌握其基本信息,包括家庭情况、学习经历、体检情况、心理状况、家族遗传病史、文化传统等,以便更为及时有效地应对心理健康问题的发生。其次,应当有针对性地开展心理育人队伍的培训,培训内容应包括语言的培训和相关文化知识背景的普及,为少数民族学生与国外留学生所在班级配备的心理育人工作者最好具备相应语言能力,以便于师生之间及时有效地沟通交流。最后,应当在心理育人工作中注重多元文化问题的化解与思想引领工作,帮助少数民族学生和国外留学生更好地适应新环境,帮助他们成长成才,真正实现全员、全过程、全方位的心理育人。

本章小结

新时代背景下，高校思想政治工作以"十大"育人体系为抓手，大力推进全员、全过程、全方位的"三全育人"工作。心理育人作为高校思想政治工作"十大"育人体系中的重要组成部分，其创新发展将有助于高校思想政治工作质量的整体提升。高校思想政治工作中，心理育人的创新发展应围绕理念创新、制度创新和实践创新三个方面展开。高校心理育人工作应在育心与育德相统一的理念创新指导下，从搭建心理育人规范化管理机制、打造心理育人专业化工作机制、完善心理育人全方位保障机制、协调融通心理育人资源与力量四个方面推动高校心理育人的机制创新，最终通过推进心理育人课程建设、构建心理育人活动体系、规范心理咨询与心理危机干预、创新心理育人队伍建设等实现高校心理育人的实践创新。当前，我国高校心理育人工作取得了诸多成就，但在课程育人、活动育人、咨询与危机干预、队伍建设等方面仍存在不足之处，未来我国高校心理育人工作还需不断探索、认真总结，为高校心理育人工作的长远发展提供更多更优的路径选择。

第七章 / 高校思想政治工作管理育人创新与发展

高校承担着立德树人的根本任务，而作为育人的一个重要方面，管理育人紧紧围绕着育人要求和育人实践一直发挥着重要作用，并始终着眼于人才的培养和教育。国务院 1993 年制定并印发的《中国教育改革和发展纲要》指出："要从政策和制度上保证教书育人、管理育人、服务育人的落实。"中共中央、国务院 2017 年印发《关于加强和改进新形势下高校思想政治工作的意见》，要求全面实施"全员、全过程、全方位育人"；教育部办公厅 2018 年发布《"三全育人"综合改革试点工作建设要求和管理办法（试行）》《教育部办公厅关于开展"三全育人"综合改革试点工作的通知》，都对管理育人提出了明确指示和要求。因此，进一步认识高校管理育人的作用和意义，在管理育人的理念上不断与"为党育人、为国育才"的指导思路相一致；在管理育人的方法和路径上持续夯实基础，围绕"三全育人"不断开拓创新；在管理育人的制度上围绕"强国梦"而不断健全和完善，切实把社会主义核心价值观融于学校管理之中，做到"久久为功、绵绵用力"，将是培养社会主义"建设者"和"接班人"的重要保障之一。

第一节 高校管理育人的含义、特点及功能

管理育人具有促进高校实现高校人才培养、科学研究、国际合作交流和社会服务重要社会职能职责有效发挥的作用。高校要更好贯彻落实立德树人根本任务，提升管理效能，提升育人实效，必须厘清和掌握管理育人的基本含义、特征和功能，促进高校管理有效融入到育人实践中，完成高校管理育人使命。

一、管理育人的含义

管理育人是一个"复合"的概念，正确认识高校管理育人的内涵，应理解高校管理和育人的理论和特点。对于管理的定义，直到如今还没有统一标准。管理的定义随着时代的发展而不断丰富和发展。管理在"管理学中指社会组织中为实现预期目标进行的以人为中心的协调活动。管理的目的是实现预期目标。管理的

本质是协调，使个人的努力与集体的预期目标相一致。"[1]管理学大师彼得·德鲁克认为管理是一种工作、一种器官，也是一门科学，同时也是一种文化。[2]美国著名管理学教授斯蒂芬·P.罗宾斯认为，管理"指通过与其他人的共同努力，既有效率又有效果地把工作做好的过程"[3]。我国学者周三多认为，"管理是管理者为了有效地实现组织目标、个人发展和社会责任，运用管理职能进行协调的过程。"[4]

"育人"即教育人、培养人、塑造人。育人是高校立德树人的出发点，也是落脚点。育人的实质是"为谁育人？育什么人？怎样育人？"这三个问题事关我们党教育方针的落实，是辩证统一的。为谁育人，决定了育人的目的和要求，也就决定了育人的性质和特点。人的性质和特点或者同时也就决定育人的理念和方式方法。"育什么样的人"和"通过什么途径育人"从根本上说是在为"为谁育人"服务。在阶级社会里，无论社会怎么发展，育人都具有鲜明的阶级性，都是为统治阶级服务的，它不是单纯地提升人的素养、促进人的发展，而是着力于培养统治阶级的接班人。以马克思主义为指导思想的社会主义对人的培养不是为少数人服务，而是为广大人民群众服务，是以人民为中心、以人的自由全面发展为目的。我们所说的"育人"，就是以培养社会主义合格建设者和可靠接班人为根本任务，通过思想政治教育确保人才培养的正确方向，适应社会主义现代化建设，促进中华民族伟大复兴中国梦的实现。

管理育人是管理和育人的结合，是学校管理工作者的"一岗双责"。高校管理的整个过程从本质上说就是一个育人的过程。因此，当管理和学校教育相结合，它就具有了普遍的社会性和教育性，是高校培育素质全面、身心健康的社会主义合格建设者和接班人，实现培养目标的重要内容；是推动学校实现人才培养、科学研究、社会服务、文化传承创新四大功能的重要保证；也是推动高校大学生思想政治教育工作的重要抓手。

对管理育人的定义，学界一直都没有一致的权威的界定。近年来，学者们根据相关文件精神和各自研究侧重点给出不同的阐述。比较有代表性的有以下观点。

1　夏征农，陈至立.辞海：第六版彩图本［M］.上海：上海辞书出版社，2009：767.

2　德鲁克.管理：任务、责任和实践［M］.北京：华夏出版社，2008.

3　罗宾斯，德森佐，穆恩.管理学原理：第3版［M］.毛蕴诗，译.大连：东北财经大学出版社，2004：5.

4　周三多，陈传明，鲁明泓.管理学——原理与方法［M］.上海：复旦大学出版社，2009：11.

赵建华认为："管理育人就是指学校的管理部门及其人员把育人作为管理工作的出发点和落脚点，通过一系列有目的、有计划、有组织的管理行为，对被管理者、管理者自身以及其他人员的思想道德品质和行为习惯施加影响，使之趋向于学校育人目标的过程。"[1]

王杨认为："管理育人是指高校管理部门和管理人员在履行管理职能过程中围绕立德树人所开展的各项工作。"[2]

刘洁认为："管理育人是指学校的管理部门及其人员通过管理者的角色行为，对被管理者、管理者自身以及其他人员在政治素质、思想观念和道德品质等方面施加影响，使之趋向于学校德育目标的过程。"[3]

敬坤、秦丽萍认为："管理育人是指高校的管理者围绕育人的根本任务，通过加强管理的途径，对学生施以积极的影响。管理育人本身有广义和狭义之分。广义的管理育人是指学校通过管理部门和全体教职员工围绕立德树人的根本任务，为提高管理者和管理对象的政治、思想、道德、心理、法律素质，对管理者和管理对象所进行的管理活动的总和。广义的管理育人，其管理对象不仅包括学生，也包括学校的全部教职员工。狭义的管理育人则是指学校依据法律规定和规章制度，围绕立德树人的根本任务，将德育渗透于学校各项管理工作的全过程，对学生进行政治、思想、道德、心理、法律等方面的教育活动的总和。"[4]

陈超认为："在立德树人视域下阐述管理育人的内涵，强调管理育人的目的呼应了立德树人内涵实质，管理育人的功能与立德树人具有同向性。"[5]

刘建军认为："管理育人就是通过学校管理工作，在学校管理的过程中达到育人育德的目标。"[6]

董世坤认为："管理育人就是高校管理人员以及任课教师等在教育教学活动中通过管理行为，对学生在思想境界、政治素质和道德水平方面施加影响，使之趋向于高校办学和育人目标的活动。"[7]

1 赵建华.关于加强高校管理育人工作的几点思考［J］.思想理论教育导刊，2011（2）：103.
2 王杨.加强高校管理育人面临的挑战与对策［J］.思想理论教育，2019（12）：117.
3 刘洁.高校管理育人的途径探析［J］.思想理论教育导刊，2012（8）：118.
4 敬坤，秦丽萍.大学生日常生活管理育人的内涵分析［J］.湖北社会科学，2015（7）：164.
5 陈超.立德树人视域下管理育人的内涵厘定与实践路径［J］.思想理论教育导刊，2016（3）：140.
6 刘建军.论高校思想政治工作的育人格局［J］.思想理论教育，2017（3）：15.
7 董世坤.观念·制度·文化：高校管理育人再思考［J］.江苏教育，2019（7）：91.

　　我们认为，管理育人是指高校的管理部门及其相关工作人员以育人为目的，通过计划、组织、领导、协调等管理行为，全方位教育和引导大学生，是既定育人目标实现的过程。管理育人的内涵可以从广义和狭义两个方面来理解。从广义上来讲，管理育人是一种充满教育意蕴的行为，是在培养学生德、智、体、美、劳全面发展的过程中，通过学校开展的各项管理活动对学生心理和生理进行潜移默化的影响，形成一个全方位育人的整体系统。从狭义上讲，管理育人是指教育管理者通过行之有效的措施，借助各种教育资源，对学生的思想行为等加以显性或者隐性的积极影响，以达到育人目的。

　　随着教育的高质量发展，对管理育人的内涵界定还会有新的认识。只有深入认识和把握管理育人的实质和发展规律，才能更好地完成高校管理育人的任务。

　　二、高校管理育人的特点

　　高校管理育人的特点与管理育人的本质要求有着密切的联系。管理育人的本质是管理育人的根本属性，管理育人的特点是管理育人本质的外在表现。管理育人的特点从不同的方面体现管理育人的本质。管理育人的本质决定了管理育人具有育人过程系统性、育人方式整体性、育人主体多元性和育人内容精细性四个方面的特征。

　　（一）育人过程系统性

　　在管理过程中，管理者的素质、形象、言行与校园环境、校风学风、制度、文化等组成了育人系统。而受教育者在此系统中逐步受到熏染，管理的过程逐步渗透于受教育者内心，从而达到受教育的目的。在管理育人的过程中，管理者以比较宽松、不用急功近利的管理制度和育人观念将思想教育、政治教育、道德教育、警示教育、心理教育等各种教育管理手段融入到对学生的全过程管理和教育，从而在实施管理的过程中，将育人目标系统地贯穿于其中，在潜移默化中达到育人目的。因此，管理制度的健全、管理措施的得当、管理过程的全方位系统性是实现高校管理育人目的最基本途径。

　　（二）育人方式整体性

　　高校的管理制度、管理条例及管理措施对学生的行为举止有直接的、现实的指导性和约束性，体现出高校管理育人的规范性和整体性。"大学生所经历的生活无论从空间到时间，从客观现实到主观意识的各方面都应该是有机地协调统一起来的，而不应该产生巨大的分裂甚至是对立，而从管理育人角度而言，需要通过适当的管理活动手段维护日常生活的整体尊严，这样才能在育人工作中贯彻整体性原则、发挥育人的优化效应。"[1]管理育人注重大学生的学习、生活和情感等方面的教育，尊重客观的人的成长和社会化规律，体现管理育人的全方位、多角度，形成整体性育人的格局。

（三）育人主体多元性

管理育人的主体承担着在管理的过程中达到育人的成效，这比诸如课程育人、资助育人等直接育人的主体的要求更具有"管理能力"。同时，管理育人的主体又是多元的，从个体来说，管理育人的主体不仅包括高校党员干部、专任教师、辅导员、班主任以及其他后勤保障职工等，也包括部分大学生，因为有部分大学生在一定限度和范围内负有一定管理的责任。从机构来说，管理育人的主体还包括党团组织、教学、科研、教务、行政、后勤等部门。高校的各级机构、各类人员都在通过不同的渠道，直接或间接地影响着大学生价值观的形成和发展。高校管理的基本职能就是能动员和组织全校的教职员工生共同发挥育人作用。

（四）育人内容精细性

从育人的内容看，由于管理的地位和作用的特殊性，管理育人对学生教育的内容更侧重于精细化。在管理育人中，管理者不仅要通过执行严格的学校管理制度，营造严谨、规范的育人环境和秩序，达到育人的目的，还要在与学生的直接接触中用自身优良的思想政治品德和人格魅力影响学生运用管理过程直接达到育人的目的。[2]因此，大学生管理育人工作的展开，涉及的内容具体而层次复杂，不仅需要调整育人的基本理念，还要克服现有管理育人做法的流弊，更需要重新设计管理方案、协调多个管理职能部门共同配合，管理头绪较多，工作量巨大。管理育人还要细化到克服行政化的管理倾向，根据管理对象的特殊性和现实性的需要来协调管理职能部门之间的分工和合作。

由此可见，管理育人在高校人才培养工作中发挥着不可替代的作用。管理者在

1　敬坤．大学生日常生活管理育人研究［D/OL］．武汉：武汉大学，2015：38［2022-06-22］.https://kns.cnki.net/kcms/detail/detail.aspx?dbcode=CDFD&dbname=CDFDLAST2017&filename=1015305251.nh&uniplatform=NZKPT&v=24vObJG1zspdO2KSrMXeucgFah3NLxVgqcMKx5KRHAk-kMNS1_zaLA14DF30-cYF.

2　敬坤．大学生日常生活管理育人研究［D/OL］．武汉：武汉大学，2015：40［2022-06-22］.https://kns.cnki.net/kcms/detail/detail.aspx?dbcode=CDFD&dbname=CDFDLAST2017&filename=1015305251.nh&uniplatform=NZKPT&v=24vObJG1zspdO2KSrMXeucgFah3NLxVgqcMKx5KRHAk-kMNS1_zaLA14DF30-cYF.

对自身有较高自律的同时,以自己的示范和表率影响受教育者,做到育人范围全方位、育人过程系统性、育人指向精细化,这样就能形成合力,达到良好的育人效果。

三、高校管理育人的功能

高校管理育人工作是其他各项育人工作得以顺利开展的基础和保障,是新时期高校育人工作的重要内容,对立德树人具有重要作用。加强对管理育人工作的分析,积极把握管理育人的功能,是抓好高校管理工作,增强育人工作实效性的现实要求。新时代高校管理育人的功能,主要体现在以下几个方面。

(一)思想导向功能

导向功能,指高校管理育人工作运用启发、动员、教育、监督、批评等方式引导受教育者的思想和行为符合育人的正确方向。这种导向一方面是通过课程的安排和思想政治教育活动的规划等直接形式来体现,另一方面是通过潜移默化来引导和调节成员的行为与心理。良好的管理导向能够引导大学生树立正确的世界观、人生观、价值观,进一步明确教书育人、学习奋斗的目的与意义,积极适应社会发展的新要求。2015 年 1 月,中共中央办公厅、国务院办公厅印发《关于进一步加强和改进新形势下高校宣传思想工作的意见》指出:"立足学生全面发展,努力构建全员全过程全方位育人格局,形成教书育人、实践育人、科研育人、管理育人、服务育人长效机制,增强学生社会责任感、创新精神和实践能力,全面落实立德树人根本任务,努力办好人民满意教育。"[1] 2017 年 2 月 27 日,中共中央、国务院印发的《关于加强和改进新形势下高校思想政治工作的意见》指出:"把思想价值引领贯穿教育教学全过程和各环节,形成教书育人、科研育人、实践育人、管理育人、服务育人、文化育人、组织育人长效机制。" 2021 年 7 月 12 日,中共中央、国务院印发的《关于新时代加强和改进思想政治工作的意见》对思想政治工作提出了明确的要求和具体的意见。可见,思想政治工作已成为高校管理的极端重要工作,要将思想政治工作的目标要求、理念、方法运用到高校管理工作的方方面面,推动大学生在接受学校管理或参与学校管理的过程中得到正面引导和教育,使管理育人的思想政治教育功能得以充分体现。

1　中共中央办公厅、国务院办公厅印发《关于进一步加强和改进新形势下高校宣传思想工作的意见》〔EB/OL〕.(2015-01-19)〔2022-06-22〕.http://www.gov.cn/xinwen/2015-01/19/content_2806397.htm.

（二）制度保障功能

保障功能，指高校管理育人保障良性的工作运转和正确的育人方向。邓小平同志曾说："制度好可以使坏人无法任意横行，制度不好可以使好人无法充分做好事，甚至会走向反面。"[1] 纵观古今中外，良好制度是民族振兴、人民幸福的重要保障。对大学而言，一套良好的高校管理制度，不仅可以维持教学秩序、维护师生利益，更重要的是其传递研究学问的准则，传播为人处世的规范，使蕴含着大学之道的各项规章，在规约行为、培养习惯的同时，塑造品格、陶冶情操、培育风气。规章制度建设对立德树人目标的实现具有重要的保障功能。建立完善的规章制度并不断完善现有的制度体系是保障育人方向的重要措施，也是提高管理工作效能的关键性环节。管理育人的一个重要任务，就是制定符合高校发展建设和自身实际的规章制度，健全和完善高校规章制度的"实用、管用、好用"功能，通过制度更好地规范高校的各项管理工作，进而推动高校人才培养目标的实现。

（三）措施规范功能

规范功能，指高校管理育人不仅保障学校办学和育人方向不跑偏，而且对育人的措施具有规范功能。通过相应的制度和既定的目标定期开展学校育人问题的自查自纠工作，进行纠偏矫正，确保各项育人措施规范实施，执行到位，取得实效。

教育部党组2017年印发的《高校思想政治工作质量提升工程实施纲要》提出，"高校要进一步建立健全依法治校、管理育人制度体系，明确管理育人的内容和路径，提高各类管理干部育人能力。确保教育经费投入的育人导向。把育人功能发挥纳入管理岗位考核评价范围，引导管理干部用良好的管理模式和管理行为影响和培养学生。"[2] 此纲要进一步明确了育人功能的具体路径，规范了育人工作的措施。通过这些工作质量的提升，保障学校办学和育人方向不跑偏、赛道不跑错。

（四）文化熏陶功能

熏陶功能，指高校管理育人具有对受教育者文化滋养、凝聚人心、形成合力的功能。管理文化分别体现在物质文化、精神文化、制度文化、行为文化等方面。这些文化具有隐性的教育、熏陶作用，能够通过潜移默化的教化、激励和引导，

1　邓小平.邓小平文选：第二卷［M］.北京：人民出版社，1994：333.
2　中共教育部党组.中共教育部党组关于印发《高校思想政治工作质量提升工程实施纲要》的通知：教党〔2017〕62 号［EB/OL］.（2015-01-19）〔2022-06-22〕.http：//www.moe.gov.cn/srcsite/A12/s7060/201712/t20171206_320698.html.

改变大学生的思想和言行，从而达到育人的效果。高校育人在其本质上就是以主流文化价值观和主流意识形态系统地、有计划地影响大学生的活动。具体来说，就是以中国特色社会主义文化来感染大学生、影响大学生。习近平总书记在十九大报告中提出："中国特色社会主义文化，源自于中华民族五千多年文明历史所孕育的中华优秀传统文化，熔铸于党领导人民在革命、建设、改革中创造的革命文化和社会主义先进文化，植根于中国特色社会主义伟大实践。"[1]文化熏陶是以文化人、以文育人、促进人的全面发展和健康成长的需要，具有非常重要的作用。

第二节　高校管理育人理念创新

理念是上升到理性高度的观念。高校管理育人的理念随着党和国家教育方针的进一步贯彻落实而不断深化和发展。在高校管理育人的方法和路径方面，理念的发展和创新起到目标引领的作用。

一、高校管理育人理念的含义

管理育人理念是管理者关于育人的思想自觉，是高校根据高校职能职责以及党和国家育人根本要求而形成的培养大学生的指导思想和观念。高校管理育人理念不仅要紧跟党和国家的教育方针，而且要与时俱进，因为育人理念是育人实践的指导思想，是进行管理育人活动的内在动力，它推动管理主体在管理育人过程中发挥主观能动性，更好地实现管理育人的目标。管理的理念不同，管理方法及所达到的管理效果也必然不同。高校思想政治工作的管理以立德树人为基本理念，也以立德树人为管理目标。高校思想政治工作管理当然要注重改善育人的环境、营造育人的社会文化氛围，但高校管理要效率也是不应被忽视的问题。[2]

二、高校管理育人理念的发展

高校管理育人理念是高校管理育人的方向标，围绕着党的教育方针和落实立德树人根本任务，指引着育人的具体实践。整体观是从全局考虑问题的观念，作为指导育人实践的"引路牌"，高校管理育人理念的发展，也从整体上体现相应的大局观、法治观、治理观、服务观和育人观。

（一）保证社会主义办学方向的大局观

方向性原则是教育管理的基本原则之一，是指学校管理工作必须把坚持社会主义方向作为管理教育的基本准则。管理目标是管理活动的前提，管理目标体现管理的方向。教育的目标是育人，而育什么人是一个方向性问题。习近平总书记在全国教育大会上将"坚持社会主义办学方向"列入"九个坚持"中，这是进一步明确教育的导向，把我国的办学方向和要求进一步科学化、系统化。高校管理育人一直以来的一个重要理念就是保证方向性的问题，也就是说，教育必须为人民服务，教育必须为中国共产党治国理政服务，教育必须为巩固和发展中国特色社会主义制度服务，教育必须为改革开放和社会主义现代化建设服务。坚持社会主义办学方向彰显了教育发展基本规律的共同特征，彰显了党对高等教育事业的坚强领导，彰显了社会主义意识形态建设的主体地位。[1]保方向是高校管理育人的核心问题，也是需要进一步坚持和重视的重要理念。

（二）以德治校、依法治校的法治观

学生德育工作一直是学校学生管理工作的重中之重，一直是高校的一项中心工作。学校教育是要"培养社会发展所需要的人，说具体了，就是培养社会发展、知识积累、文化传承、国家存续、制度运行所要求的人"[2]。高校承载着"以文化人"的重要作用，是培养青年"德智体美劳"全面发展，且"以德为先"进行培育的重要环节和载体。2012 年，教育部发布《全面推进依法治校实施纲要》，对师生在参与学校管理、行使监督权力、实现自我发展等方面的权益给予制度保障。高校教书育人主要以社会主义核心价值观为中心，爱国主义教育、理想信念教育为重点，以师德师风建设为抓手，全面提高教育者思想道德素质，体现"学高为师、身正为范"的作用，发挥教育者的育人作用；以思想政治理论课为核心，打造优质"思政课程"，进一步建立健全"课程思政"，全面提升高校以德治校、依法治校的现代化水平。随着"双一流"建设的发展，以德治校、依法治校已然成为高校管理的基本遵循。

（三）制度保障的治理观

"制度优势是一个国家的最大优势，制度竞争是国家间最根本的竞争。"[3]科

---

1 朱庆葆.坚持社会主义办学方向的理论意义、时代价值和实践路径[J].国家教育行政学院学报,2021(11):3-4.
2 习近平.在北京大学师生座谈会上的讲话[M].北京:人民出版社,2018:5.
3 习近平.习近平谈治国理政:第三卷[M].北京:外文出版社,2020:119.

学的管理育人制度能够更好地体现关怀温度、德育深度和育人高度，持续保障广大师生的积极性、主动性和创造性的发挥。随着我国建设有中国特色现代大学制度的不断完善，着力构建以大学章程为统领的现代大学制度体系，基本形成党委领导、校长负责、教授治学、民主管理的治理构架，不断提升学校治理体系和治理能力现代化水平。在党的教育方针的不断落实下，加上历年对各级各类高校的巡视意见反馈，我国高校已基本形成"全面加强党的领导和建设，坚持和完善党委领导下的校长负责制，把党的教育方针全面贯彻到学校工作各方面，将育人工作贯穿于学校教育管理服务全过程，形成育人保障机制。

（四）促进经济社会发展的服务观

高等学校的人才培养、科学研究、服务社会这三项职能是互相联系、相辅相成的。高校开展各种形式的社会服务，是加强学校与社会的联系的重要桥梁，是增进大学生对社会需求的了解，增强学校学科专业建设和毕业生主动适应经济和社会发展能力的需要。这些功能的实现，有利于高校的教学和科研更好地理论联系实际，有利于培养锤炼大学生解决实际问题的能力，有利于高校服务地方经济，有利于促进社会发展功能的提升。高校促进经济社会发展的作用主要体现在向社会输送的人才培养的质量，人才质量问题又体现在人的全面发展上。大学生的专业能力固然重要，但体现其中的德行修养、学习能力、为人处世等综合素质也尤为重要。因此，高校育人尤其是管理育人的重要作用就体现在育人质量对经济社会发展的重要支持。这也是高校管理育人理念的重要体现。

（五）以生为本的育人观

"以生为本"的原则是对马克思主义关于人的全面发展理论的实际运用。以学生为本的育人观，就是"满足学生的学业需求、满足学生的政治需求、满足学生的生活需求、满足学生的发展需求、满足学生的文化需求、满足学生的心理需求、满足学生的情感需求、满足学生的社交需求、满足学生的安全需求、满足学生的就业需求"[1]。管理者尊重学生、理解学生、关爱学生，妥善解决好学生的各种问题，帮助和指导学生正确处理好学习、生活、交友、择业、情感等多个方面的问题；充分发挥学生的创造性与积极性，要让学生能够对关系自身的事务有

1　石宏伟.新时代高校管理育人理论与实践［M］.镇江：江苏大学出版社，2021：224-231.

一定的知情权和发言权；提高学生的自我教育能力与自我约束能力，增强管理育人的实效。管理者要既努力成为学生的良师，也要积极成为学生的益友。高校的根本任务是"立德树人"，高校的一切工作都是围绕人才培养的目标而展开，高校管理育人以生为本是遵循高等教育发展规律、遵循大学生身心发展规律和遵循培养德才兼备的时代新人要求的重要育人理念。

第三节　高校管理育人机制建设

高等教育大众化在随着量的增长积累到一定程度时也必然引起质的变化，并相应带来教育观念的改变和管理方式的创新。例如，学生管理工作被等同于行政管理工作，以至于学生管理理念创新意识不足、创新路径不多，学生管理队伍建设滞后，使其难以有效发挥育人功能。其次，传统教育模式易忽视学生参与管理的积极性，在此基础上制定的管理机制难以体现学生自我管理，等等。因此，转变育人理念、优化育人模式、创新育人机制，是不断增强高校办学实力和育人竞争力的时代要求。

一、高校管理育人机制概说

制度是要求大家共同遵守的办事规程或行动准则 [1]。制度是人们社会交往的产物，制度规范并保障着社会有序发展。机制从属于制度，是指事物的内在工作方式，包括有关组成部分的相互关系以及各种变化的相互联系。机制通过制度系统内部组成要素按照一定方式的相互作用实现其特定功能。因此，把握高校育人体系的运行规律，建立良好的高校育人机制，是高校管理育人取得实效的重要保障。

高校管理育人作为"十大育人"体系之一，具有至关重要的作用，而管理育人体系中，建立良性的育人机制也发挥着对大学生进行思想政治教育的重要功用。管理育人机制良性运行，能够为大学生思想活动和行为选择提供稳定预期，减少摩擦与纠纷，达成思想和行动的同一，从而更好地适应学校、社会和国家的期盼和需求。机制自身蕴含的价值观资源和思想政治教育资源能够使大学生在学习、认同和遵守制度的基础上进一步完成自身的社会化，形成个人与集体、个人与社会的有机统一。

1　现代汉语词典［M］. 北京：商务印书馆，2017：1689.

高校管理育人机制一直以来都在不断更新和完善，在作为顶层设计制度，例如：在《大学章程》《学校 2020—2035 建设发展规划》等的指导下，相应的运行机制也应运而生，例如《教学管理办法》《学生日常行为规范》《班级管理细则》等。而随着新时代新阶段新要求的不断催更，高校管理育人机制也不断更新，得到进一步健全和完善。

二、建立健全高校管理育人机制

高校管理育人机制是根据管理育人理念和相应育人制度而建立，能够促进高校各个育人平台和育人模式的有机结合和良性运转。在高校管理育人的实践中，建立健全一套符合各高校自身实际的、规范的、稳定的管理育人机制，保障着高校育人体系的正常循环。

（一）建立健全目的明确的目标责任制

目标责任制是通过工作目标设计，将组织的整体目标逐级分解，最终落实到个人的目标分解落实机制。通过制定科学、合理的分目标，把"管理目标"细化为"目标管理"，将育人工作目标层层落实到人，以目标为考核标准，以责任制为推动力量。首先，制定目标。高校管理育人目标责任制是在坚持教育与管理相结合，在加强教育、严格管理的原则下，围绕学生管理中所涉及的相关责任环节所制定，形成管理育人工作责任重心下移，具体目标分解、分工明确的良好育人机制。其次，组织领导。目标已明确，就需要组织领导保证目标责任制的有效实施，加强过程指导和监督，确保育人目标责任制在实施过程中的组织、监督、评估和考核。再次，具体实施。明确的目标在组织保障之下就是要具体抓落实。这个环节是体现目标责任制实施成效的重要部分，也是管理育人的具体过程。最后，考核与总结。这个环节是一个项目实施过程的最后一环，这个环节侧重过程考核和目标考核。这一环节能更加有效地促进管理育人目标责任制的落实，总结经验，健全完善管理育人目标责任制机制，形成管理制度育人的良性生态，提升高校管理育人工作水平。

（二）建立健全科学系统的育人机制

育人是一项系统工程，需要凝合各方资源，形成协同育人机制。习近平总书记指出："要坚持显性教育和隐性教育相统一，挖掘其他课程和教学方式中蕴含的思想政治教育资源，实现全员全程全方位育人。"[1]这就要求高校的各类显性

1　习近平. 习近平谈治国理政：第三卷［M］. 北京：外文出版社，2020：331.

和隐性资源与思想政治理论课同向同行，构建协同育人机制。在育人机制中，管理育人起到了统领其他育人方式的作用，因为高校形成科学系统的育人机制，管理自身涉及的主体、对象及方法决定了其必须具有统领、协调的作用。首先，从教育改革层面来说，管理者根据相关的方针、政策制定的学校规章制度、改革措施，是达成育人的政治基础和组织保障。其次，从纵向上建立协同机制来说，管理者是构建学校落实机制的负责人和推动者，各级各类管理干部在管理育人、教学育人、科研育人、后勤育人等方面构建相应的落实机制，在构建院系层面推进科教融合育人机制、产学研结合育人机制、"双创"协同育人机制等方面，都起到了关键的作用。最后，从横向上建立课程协同育人机制来说，思想政治理论课是"主渠道"，思想政治教师是"主力军"，其他专业课教师和相关部门积极参与，共建"思政课程"与"课程思政"共同育人的机制，这些育人机制的建立都离不开管理者的主导、沟通、协调、实施等管理过程。因此，管理是构建一套科学、系统，全方位、多角度的育人机制的主导和统领，管理育人是育人机制中重要而必要的育人体系。

（三）建立健全校企合作的实践机制

校企合作是指学校与企业建立的一种合作模式，是一种注重培养质量，注重在校学习与企业实践，注重学校与企业资源、信息共享的"双赢"模式。大学生学习的最后落脚点是就业，能够帮助大学生顺利就业，建立顺畅的校企合作实践机制，是高校管理育人机制建设的创举之一。

首先，建立多维度双创平台。在开展创新创业活动中，高校管理部门应有效推进学校与企业之间良性互动，依照专业设置和学生实习实践需求，寻求相关企业作为相应依托，进行合作企业优化，根据高校实际，进行资源整合。管理者在寻求上级人力资源部门的帮助下，与相关企业合作建立线上双创平台，打造多维度实践平台，提升学生实践能力，确保育人实践机制与就业创业的契合性和有效性。

其次，制定个性化实习方案。根据学科专业的划分和实习企业和基地的不同，高校就业指导部门和学院管理者合理制定相应实习方案，重点围绕强化学生的实践能力、沟通能力和创新能力而开展。通过过程管理有效拓宽学生实习实践企业、部门、基地的地域局限，提升大学生实习实践的能动性和实效性。

最后，加强校企合作互动。高校大学生实习实践及就业依托合作企业，企业也需要从高校获取优质的生产要素——人力资源。高校校企合作管理部门和就业指导部门应主动促成建立一套校企合作良好互动机制，将促进双方之间合作的紧密性和长效性。一方面，高校可根据自身实际创办产学研一体化的研究机构，为企业建言献策；另一方面，也可以邀请合作企业相关骨干参与学校相应课程教学，进行实习实训指导，融入学校人才培养过程，充分发挥企业在人才培养中的作用。校企合作的良性互动有赖于管理部门、管理者的主导作用发挥，也充分体现管理育人的作用。

三、高校管理育人机制的运行

发展是硬道理，高校管理育人机制是一个不断完善和发展的过程。在建立健全高校管理育人的相关机制后，为完善育人体系、规范组织成员行为、便于组织有序运转，更需要强化机制的运行与效率。

（一）强化育人绩效考核机制的运行

绩效考核机制是指对从事育人工作的相关人员完成目标的质量和数量的评价，并根据任务完成的质量给予奖惩的一套考核制度。立德树人作为高校的根本任务，必须建立一套完善的考核机制。在高校教学、科研、管理的过程中，在把育人目标贯穿于整个过程后，须有相应的考核办法，对相应的教学、管理、后勤服务等参与育人的领导干部、教师、职工进行考核，兑现办法规定之奖惩条件，促进育人成效。首先，奖惩分明，制度的权威性体现在赏罚分明、奖勤罚懒，严格而又合理地执行奖惩机制，突出公正公平导向，激发担当实干精神，激励高校管理育人实效。其次，过程监督，常监督、真检查，是提高制度执行力的重要抓手。育人在于结果，更重于过程。在对育人成效的考核中，高校党委牵头，行政抓落实，做好各协同育人主体，即学院、部门、领导、教师和干部职工的检查、督促工作，有利于过程育人的成效。最后，强化问责，健全的制度执行，重在落实，而制度落实离不开对结果的奖与罚。育人绩效高，严格兑现制度之奖励规定；而若育人绩效低，则根据实施细则给予问责，尤其是对思想散漫、纪律松弛、作风不实的要严肃处理，持之以恒地建立良好育人绩效考核政治生态，为高校管理育人作用的发挥保驾护航。

（二）强化育人实效反馈机制的运行

从控制论的角度，反馈是指将系统的输出返回到输入端并以某种方式改变输人，进而影响系统功能的过程。利用反馈，可以将高校管理育人目标及时提供给受教育者，可增进反应效果；也可将育人实效提供给教育者，及时修正育人机制、方案和措施。首先，强化育人实效反馈机制有利于提高大学生参与自我提升的主动性。高校作为人才培养的主阵地，学生德智体美劳全面发展的情况影响着高校相关政策的调整。高校通过各种育人体系协调发挥作用，促使学生成才，学生是否成才反过来影响着学生对学校的情感和认同，也体现管理育人在协调其他育人体系发挥作用的质量。其次，强化育人实效反馈机制有利于提高教师培养学生成才的积极性。高校辅导员、班主任、思政课教师等参与育人的教职工，他们通过管理进行育人，具体的育人成效可通过反馈机制及时获取育人实况，适时调整方式方法。如果得到的是正向反馈，将会正向刺激管理者进一步达成育人目标；如果是反向反馈，也会促使管理者作出相应调整。及时的体验感能够促进管理者的积极性。最后，强化育人实效反馈机制有利于健全学校育人机制。高校育人功能的实现，结果很重要，过程很关键。高效的管理会进一步完善反馈机制，有利于高校整个育人体系的建立和完善。

（三）强化育人成效评价机制的运行

评价即评估，"是指主体依据一定的原则和标准对客体进行测定、评议、估价的活动。"[1]管理育人的评价机制是根据一定的评价标准，采取特定的评价方法，对管理育人过程中的各要素、过程和效果及其影响进行价值判断的过程的体系。管理育人的评价机制是管理育人制度的重要组成部分，它直接影响管理育人各个环节的具体设计和调整。因此，强化管理育人评价过程建设，有利于高校管理育人机制的完善。首先，优化评价指标体系和权重系数。指标体系是运用于评价机制中最多最广泛的方式，通过确定评价标准、分解目标、选择权重、试点测试、完善体系来优化管理育人的评价机制。习近平总书记指出，"要坚决克服唯分数、唯升学、唯文凭、唯论文、唯帽子的顽瘴痼疾，从根本上解决教育评价指挥棒问题。"[2]由此可见，在高校教书育人过程中，育人目标是明确的，评价标准也是明晰的。其次，组织管理育人评价过程。一是组建领导决策机构的相关领导和协调人员，此类人员可由高校分管领导及相关综合职能部门负责人担任；二是组建

1　骆郁廷.思想政治教育原理与方法［M］.北京：北京师范大学出版社，2019：291.
2　习近平.习近平谈治国理政：第三卷［M］.北京：外文出版社，2020：348.

具体评价实施人员，此类人员可抽调相关部门或学院具备一定素养的人员担任；三是确定评价对象分组，此时应根据职能职责和业务联系情况进行分组，便于开展工作；四是明确评价规则，将分类评价作为重要方法，结合评价标准细化相应指标，注重评价的激励功能，以评促改、以评促建、评建结合，体现高校管理育人评价指导思想。再次，整合育人评价材料。一是汇总各评价工作组工作资料，由领导决策机构办公室负责汇总；二是整理相关资料和信息，分门别类进行归纳；三是初步分析评价指标，并草拟评价报告，以供领导小组进行研判。最后，总结育人评价结果。一是领导小组对评价报告进行研判，形成统一性意见；二是对不涉密的结果进行公示；三是对被评价的学院（部门）或负责人进行结果反馈；四是按照相关制度对相关责任部门和负责人进行奖惩。在评价过程中，高校可根据自身实际采用以上以学校自我为主体的评价机制，也可以聘请第三方专业评估机构对学校育人成效进行评价。"之所以需要第三方参与评估，恰恰是为了评估的客观与公允。从乡村脱贫攻坚战的第三方评估的成功经验看，对高校的'三全育人'工作引入第三方评估是有其可借鉴之处的。"[1]

总之，建立健全高校管理育人机制是高校管理者和管理组织的"主责主业"，是高校管理育人的组织保障，而强化管理育人机制的运行，是管理者和管理组织在其中发挥主导、协调、落实作用的体现。

第四节　高校管理育人方法探究

随着新时代我国教育事业的不断发展，"立德树人"作为高校根本任务的总基调已巩固下来。在高校育人战略体系中，管理育人的方法备受重视，愈来愈体现方法论层面的重要性。既有管理育人方法对巩固育人成效起到强基固本的作用，而面对新要求，也需要不断加强和完善管理育人的方法创新，保证高校管理育人目标的实现，提高管理育人的成效。

一、高校管理育人方法的含义

方法是人们认识和改造世界的活动方式、手段和程序的总和。高校管理育人的方法即高校管理育人过程中采用的方式、手段和程序的总和，主要指高校管理

1　王习胜.以"三全育人"为导向构建高校思想政治工作管理体系［J］.思想理论教育，2021（4）：101.

育人的思想方法和工作方法，具有思想政治教育实践的特质。[1]

在高校管理育人的实践中，根据高校的特色和受教育对象的特点，运用的方法不一，主要运用的方法包括制度管理、平台管理和自我管理。而随着社会发展和高等教育规律的进一步深化，高校管理育人方法演化并创新出一些新的模式，例如：显性管理、隐性管理、科学化管理。

二、高校管理育人方法的发展

高校管理育人方法从整体上提出了育人思路，是高校立德树人要求的目标内化，而在育人实践中，结合高校育人基础设施的更新和育人条件的完善，高校管理育人的目标也需与时俱进，外化于相应的育人方法。

（一）载体育人

载体，在现代汉语中的含义是指某些能传递能量或运载其他物质的物质。管理育人载体是指"把思想政治教育内容融入管理中，融入人们的具体工作中，通过运用一定的组织纪律、规章制度等来约束、规范协调人们的行为，从而逐渐养成良好的思想品德和行为习惯"[2]。载体育人作为高校管理育人的一种理念，逐步在实际工作中借助于贴近大学生学习、生活、交往的场所，以"润物细无声"的形式进一步拓展育人成效。管理者在具体的实际工作和现实生活中，在促进其他各项业务工作的发展过程中获得良好的育人效果。

管理育人的具体载体是多方面、多层次的，以贴近大学生日常学习、生活的载体来说，主要有图书馆、寝室、食堂等。作为管理育人的载体之一，图书馆主要"通过管理来优化馆内外自然环境和人文环境，收获环境育人；秉承公正平等尊重责任的原则，关照生活细节，实现服务育人；策划高品质的活动，创设有效性的道德情境，完成活动育人，情境育人"[3]。学生寝室（公寓）是大学生大学生活及其人格养成的重要活动场所，由此带来的寝室文化和寝室生活所承载的管理育人成效更为突出，良好的寝室文化可以带给大学生安全感、归属感，并且能够锻炼他们的沟通能力，从而建立一种正向循环的人际关系，更好地完成"人的

1　骆郁廷.思想政治教育原理与方法［M］.北京：北京师范大学出版社，2019：205.

2　骆郁廷.思想政治教育原理与方法［M］.北京：北京师范大学出版社，2019：233.

3　敬坤.大学生日常生活管理育人研究［D/OL］.武汉：武汉大学，2015：123-125［2022-06-22］.https://kns.cnki.net/kcms/detail/detail.aspx?dbcode=CDFD&dbname=CDFDLAST2017&filename=1015305251.nh&uniplatform=NZKPT&v=24vObJG1zspdO2KSrMXeucgFah3NLxVgqcMKx5KRHAk-kMNS1_zaLA14DF30-cYF.

社会化"。食堂作为高校基建必不可少的重要组成部分，是大学生的每日必达之地，也是育人的主要载体之一。丰富的食堂文化、规范的食堂管理、良好的用餐礼仪，能够树立和培育大学生尊重劳动、热爱人民、爱惜粮食、勤俭节约等基本价值观和行为美德，进而渗透社会主义核心价值观等教育内容，达到"内化于心、外化于行"的载体育人作用。

（二）情感育人

情感育人是建立在"以生为本"的基础上的"升级版"育人方法，"强调在育人主客体间建立起情感交流的通道，它既可以作为独立的育人手段发挥情感教育的作用，也可协助其他育人方法更好地完成育人工作任务"[1]。在高校的各种关系中，师生关系最为重要，也较为复杂。教育者与被教育者之间可以是亦师亦友的关系，而人与人的关系中最为直接也最为真诚的就是情感。教育者通过真情实感平等地与受教育者沟通、交流，交心谈心，认真梳理和引导他们在学习、生活、情感等方面的问题，成为他们的知心人、引路人。此时双方之间的情感达到"情真意浓"，高校管理育人的目标达成便会事半功倍；而此种师生情感也会促进大学生更好地学习、生活，处理相关问题，大学生就业后，师生情感也会伴随他们一生，充分复刻其感染力和影响力，从而使育人成效具有传承性和持久性。

（三）环境育人

环境育人是通过专门的设计，制造或安排特定的育人环境标识和内容要件以完成特定育人目标的方法，是在物质条件得到进一步提升和改善的基础上管理育人的新方法。环境包括硬环境和软环境，硬环境指校园教学楼、实验室、图书馆、寝室、食堂等实体建筑的风格设计、后期装修、校园风格呈现等；软环境指学校多年办学风格和实践沉淀的育人氛围、校风学风等隐性环境。恰到好处的环境设计和改造能够对管理育人的成效上起到"推波助澜"的作用，起到"春风化雨、润物无声"的作用。在环境育人新方法的作用下，管理者将目标导向和环境优势充分融合，进而与其他育人实践相配合和补充，形成高校管理育人的循环圈，最终形成高校育人的大系统。

1　敬坤. 大学生日常生活管理育人研究［D/OL］. 武汉：武汉大学，2015：159［2022-06-22］. https://kns.cnki.net/kcms/detail/detail.aspx?dbcode=CDFD&dbname=CDFDLAST2017&filename=1015305251.nh&uniplatform=NZKPT&v=24vObJG1zspdO2KSrMXeucgFah3NLxVgqcMKx5KRHAk-kMNS1_zaLA14DF30-cYF.

（四）案例育人

案例育人亦可称为特殊事例育人，是通过对特殊案例或事件的解析，对大学生进行正面引导或负面警示，从而达到管理育人的效果。案例育人亦是近年来高校立德树人运用较多较新的管理育人方法。近年来，世界局势纷繁复杂，我国面临着诸多机遇和挑战，意外和偶然事件比比皆是，"灰犀牛"和"黑天鹅"事件时有发生。管理者通过对诸如此类的事件进行剖析，通过管理的过程向大学生阐明其中之意，引导其透过现象看本质，及时扩充他们的知识面，提升他们的认知能力，实时做到价值引领，有助于他们更好地成为"建设者"和"接班人"。诸如一些西方社会思潮和社会热点问题，在揭露其本质的同时，管理者以专题报告、热点解析或案例分析的形式给大学生们剖析不良社会思潮的背后企图，向他们传递主流价值观，避免大学生们只能通过一些混淆视听的网络舆论得到不实的信息而产生误导。通过案例的解析和价值引领，管理育人的成果也会非常显著。

第五节　高校管理育人实践探索

高校培养与管理学生的最终目的是育人。立足新发展阶段、贯彻新发展理念，必须进一步推进管理育人的实践路径。建立规章制度是高校管理育人的基础保障，在实际育人中还需积极拓展管理育人的途径，整合管理育人的多方力量，方能形成育人合力，从而使高校管理育人工作取得实质性进展。

一、建立高校管理育人的规章制度

管理育人，制度先行。规章制度是高校管理育人的依据，也是实现管理育人的最主要路径。高校管理育人的一个重要手段就是通过制度的设计和完善，建立健全各项规章制度，受教育者在遵守制度的过程中实现制度育人。"健全的规章制度是提高管理效率和管理育人的基础。管理制度本身具有鲜明的导向作用，是管理育人的重要手段。"[1] 制度管理能够达到育人效果，是因为制度本身具有行为规范、关系协调、秩序稳定和价值引领等诸多作用。"制度之中凝结着历史经验、蕴藏着文化的基因、包含着规范的力量。"[2] 因此，制度管理始终承担着高校育人的重要作用，作为育人的一种根本性的途径，是管理育人的

1　赵建华.关于加强高校管理育人工作的几点思考［J］.思想理论教育导刊，2011（2）：103.
2　沈壮海.新编思想政治教育学原理［M］.北京：中国人民大学出版社，2022：242-243.

重要方法。如果没有规章制度或规章制度不完善，必然导致行动不一致，目标分散，难以实现育人目标。学校管理除了按要求和属性依据国家法律法规、相关条例和实施办法、上位文件进行依法依规管理外，还需要结合学校实际制定相应的规章制度，对各项规章制度进行宣讲并严格执行。高校在制度实施过程中，促使学生树立正确的法治观和纪律意识，充分保障规章制度奖惩绩效实施，以助于学生良好品行的养成，进而形成良好的校风学风。规章制度能育人，首先需要制度本身"好用、管用"；其次需要管理者"会用、善用"；再次是被管理者"受用、能用"。完善的规章制度得以有效地发挥，对高校管理育人将起到"定海神针"的作用。

二、拓展高校管理育人的途径

高校管理育人是管理和育人的结合。随着我国高校育人目标和体制机制的不断完善，围绕立德树人根本任务，在教育教学过程中，始终坚持"育人为本、德育为先"的理念，通过加强校风学风建设和管理、教学管理、班级管理和网络管理，进一步拓展高校管理育人路径。

（一）校风学风育人

校风即学校的风气，是体现在学校整个教学、科研、学习和教职工生精神面貌之中的氛围和态度。具体指教师的教风、学校干部的作风、各班级的班风、学生的学风。良好的校风有一股巨大的同化力、促进力和约束力，既是教育和管理的成果之一，也是育人的重要路径之一。学风即学校的学习风气，体现在学校教师的治学精神、治学态度和治学方法上，也体现在学生学习的态度、运动的活跃度、考试的勤奋度等方面。优良的校风是培育优良学风的根本条件，是大学生正确接受并认同社会主义核心价值观念的基本保证。优良的校风学风建设离不开各类人物的共同合力。首先是学校的领导层，他们是学校的组织者和领导者，优良的校风要靠他们去倡导。以主要领导为首的学校领导层的工作作风是影响优良校风形成的关键因素。其次是教师，他们是党的教育方针、学校办学思想、政策制度的执行者，他们的思想言行直接影响着学生的品行和知识的积累、才能的增长，因此，教风对于学风具有鲜明的导向性，是校风建设中的主导因素。再次是学生，他们是受教育者，是高校"生产"的"产品"，检验着高校的"生产"水平和能力，他们受学校领导干部工作作风和教师的教风的影响，形成自己一定的学习态度和方法、学习习惯、生活习惯、卫生习惯、行为习惯等，进而凝结成独特的学风。因此，学风受工作作风和教风的间接和直接影响，是校风建设中的重要因素。高校校领导以扎实的工作作风、广大教师培育形成优良的教风，带动形成优良的学风，进而形成优良的校风，以提高管理效率，增强育人效果。

（二）教学管理育人

教学活动本身的育人功能毋庸置疑，而教学管理过程育人也是育人路径之一。教学管理育人是指高校对教学过程进行管理中，运用管理科学和教学论的原理与方法，充分发挥计划、组织、协调、控制等管理职能，施以育人目标和要素，对教学过程各要素加以统筹，使之有序运行，从而达到管理育人的一条路径。教学管理育人以教学目标为宗旨，以教学大纲为统领，采用一定教学方法，除了把教学知识和要点灌输给学生外，也把育人要素渗透到教学的全过程和各个实践环节。教学管理育人的过程也是过程育人的有机统一。教学管理涉及教学计划管理、教学组织管理、教学质量管理等基本环节。教学管理育人主要涉及教学管理人员、教师、学生。教学管理人员设计和制定科学的教学管理育人体系，教师在教学活动中以"为党育人、为国育才"的责任感和事业心履行育人职责，学生在教学活动中主动思考、认真学习，从而促成教学管理育人的良性内循环。

（三）班级管理育人

班级作为高校管理育人的重要路径，是大学生进行社会化过程的重要场所，能够鼓励大学生在班级建设管理中实践自我管理，张扬自身的个性，发展自己的兴趣特长，帮助学生树立远大的职业规划目标和理想。班级管理是作为培养独立的、具有主观能动性的大学生的重要基本单位之一，一直是高校管理育人基础而又非常重要的一条途径。在班级管理中，不可避免存在一些小问题，例如：班主任管理方式的单一，使得学生自我管理盲目性增加，或者一些学生又缺乏自主性，从而造成学生在班集体学习和生活中的一些障碍，不利于学生成长和成才。改进和创新的班级管理是"以满足学生的发展为目的、确立学生在班级中主体地位、有目的地训练学生进行班级管理的能力"的育人过程。良好的班级管理有助于提升学习氛围，形成良好的班风；有助于锻炼学生自主能力，形成较为全面的综合素养；有利于学生社会角色的塑造，形成完善的人格。

（四）网络管理育人

"网络的本质在于互联，信息的价值在于互通。"[1] 网络因其具有"信息的数字化与信息环境的虚拟性、开放性与平等性、丰富性与多元性、主体性与互动性"[2] 的特点，拓展了人与自然、人与社会、人与自己的活动和发展的领域，已成为现代人的活动与发展开辟的新领域，也是大学生学习和生活的重要平台之一，是高校管理育人的最重要路径。然而，网络也是一把"双刃剑"，网络在为实现人的全面发展提供新的认知领域和活动领域的同时，也使一些"网民"陷入困境，陷入虚拟与现实之间的"纠缠"。尤其是在高校，大学生的世界观、人生观和价值观还未完全成熟，更容易受到来自网络的影响和冲击。比如：网络的开放性使大学生们接触到的信息更多元、更复杂，这容易造成与社会主义核心价值观的矛盾与冲突；网络的主体性使得大学生在定位自己的社会角色与行为规范时容易产生混淆与错乱；网络的丰富性和虚拟性也正使网络具有潜在的安全风险，一些网络诈骗、网贷问题便是其产物。因此，要做好网络管理，避其风险，扬其长处。首先，网络管理要"增强阵地意识，主动把思想政治教育工作延伸至网络空间；增强网络思维，加强和改进传统思想政治教育工作；统筹网上网下，形成思想政治教育工作合力"[3]。其次，在网络管理中做到正确分析、对待网络舆情，提升学生的鉴别能力和信息处置能力；引导学生善用、辨别、选择网络信息，培养和提高他们的网络信息素养和能力；教育学生避免"网瘾"，提高网络使用水平，提升自主运用和掌控网络的能力。

三、整合高校管理育人力量

高校在坚守第一课堂、活跃第二课堂、延伸第三课堂中，不断优塑育人模式、育人空间，拓展育人阵地；在遵循大学生思想政治教育规律和人才成长规律，结合学校改革发展的实际和特点的同时，逐步整合高校的管理育人力量，进一步建立高校稳固的育人模式。

（一）全员合力育人

高校的管理在本质上是"育人的管理"。管理的职能就是动员和组织全体教

1　习近平. 习近平谈治国理政：第二卷［M］. 北京：外文出版社，2017：534.
2　《思想政治教育学原理》编写组. 思想政治教育学原理［M］. 北京：高等教育出版社，2018：253-254.
3　沈壮海. 新编思想政治教育学原理［M］. 北京：中国人民大学出版社，2022：229-230.

职员工行动起来，把单个人的力量组织起来，发挥出整体的育人功能。高校的育人目标是一致的，但在育人过程中因承担着的角色不同，分工也不同。在"三全育人"和"高校十大育人体系"的指导下，全校教职员工的育人意识的增强、育人能力的提升、育人水平的提高，是形成育人合力，营造良好的育人环境和育人条件的重要保障。全员合力育人重在全员、贵在合力。全员全在全校教职工，包括校领导，各学院、综合职能部门干部职工、全体教师和后勤保障人员；全在所有社会资源，包括校友、实习实训单位和基地、学生家长。合力要合班级与学院、学院与学校之力，合学生与社团、社团与相关职能部门之力，合学校与相关政府职能部门之力、合地方规定和国家政策之力。通过全方位、全链条的合力，必定能使达成管理育人的目的更加有保障。

（二）科学化管理育人

整合高校管理育人力量，需要将管理的过程和环节推向科学化。"这里的科学化首先要有开阔的管理视野，要以世界眼光、中国情怀密切关注管理境况的变化，在应对境况的变化之中坚守设定的管理目标。"[1] 从管理的角度看，高校各级各层面形成点面结合、互联互通的管理网络，是管理走向系统化、科学化的出发点和落脚点；从育人的角度看，面对"主渠道"和"主阵地"，公共课、专业课和思想政治理论课等不同岗位和课程的育人责任，成立思想政治教育工作领导小组、建立育人工作机制、统一育人理念和育人方法、组建专业团队、搭建育人平台、开展具体育人工作，将是形成科学化管理育人的重要实施办法。在此基础上，借鉴管理工程中常用的"工作清单制"，以"时间表""路线图"和"负面清单"的工作思路完善管理育人的科学化谱系，对全员在全程和全方位育人中承担其职责的联动责任机制进行督办和考核，进而形成高校管理育人科学化的创新目标。

本章小结

高校的管理育人工作是一项复杂而又系统的工程，是一个有着自身独特育人特点和功能的体系，又与高校其他课程育人、科研育人、实践育人等育人方法合成为高校育人大系统。管理育人的本质是为社会主义现代化建设

1　王习胜.以"三全育人"为导向构建高校思想政治工作管理体系［J］.思想理论教育，2021（4）：101.

服务，将管理育人的内容和要求转化为大学生的认识和行为实践，实现管理育人的最终价值。高校管理育人在育人理念、育人机制、育人方法和育人路径方面不但在实践中发展，守好高校立德树人根本任务的底线，也在实践中创新，不断开拓培养堪当民族复兴重任的时代新人的管理育人之路。

第八章 / 高校思想政治工作服务育人创新与发展

习近平总书记在北京大学师生座谈会上的讲话指出："要把立德树人的成效作为检验学校一切工作的根本标准，真正做到以文化人、以德育人，不断提高学生思想水平、政治觉悟、道德品质、文化素养，做到明大德、守公德、严私德。要把立德树人内化到大学建设和管理各领域、各方面、各环节，做到以树人为核心，以立德为根本。"[1] 高校办学的终极目标是育人，根本任务是立德树人，扎根中国大地办教育，是要培养德智体美劳全面发展的社会主义建设者和接班人。作为高校"十大"育人体系之一的服务育人，是落实高校"立德树人"根本任务的主要抓手，是高校思想政治教育的重要补充，是促进大学生全面发展的有益渠道。党的十八大以来，随着"三全育人"实践工作的开展，高校服务育人工作取得了很大成绩，但也存在着对服务育人重视不足、服务育人机制不健全、服务育人实践亟待创新等问题。站在面向第二个百年新征程的历史起点上，总结高校服务育人工作经验，推进高校服务育人工作创新发展，对于高校落实"立德树人"根本任务，推进"三全育人"工作深入发展，具有重要的理论意义和实践价值。

第一节 高校服务育人的内涵、特征与现实困境

概念是帮助我们认识自然社会现象的原初范畴，是反应客观事物本质属性的思维形式。把握好概念就等于抓住了问题的本质。在新发展阶段，如何科学界定服务育人的内涵意蕴，把握服务育人的显著特征，明确服务育人的现实困境，都会影响服务育人工作的科学有效开展。为此，需要我们深刻解析服务育人的本质内涵，把握服务育人的固有属性，为整体研究奠定必要的科学理论基础和逻辑框架。

一、高校服务育人的内涵

《中华人民共和国教育法》指出：教育应当坚持立德树人，对受教育者加强

---

1 习近平.在北京大学师生座谈会上的讲话［M］.北京：人民出版社，2018：7.

社会主义核心价值观教育，增强受教育者的社会责任感、创新精神和实践能力。高等院校肩负着培养德智体美劳全面发展的社会主义建设者和接班人的重要使命，应始终以立德树人作为学校办学的终极目标和价值追求。

服务育人是高校落实立德树人根本任务的重要抓手。早在 1950 年，中国教育工会第一次全国代表大会就提出了"教书育人、管理育人、服务育人"的教育思想。此后，党和国家多次对服务育人提出要求。1986 年 5 月，《关于加强高等学校思想政治工作的决定》指出："高等学校的职工是办好学校的重要力量。他们的优质服务、文明风尚能对学生的思想发生积极的影响，因此，加强职工思想政治工作也是高等学校思想政治工作的重要一环。"[1] 明确了高校职工在学校思想政治工作中的重要地位。1987 年 5 月，《关于改进和加强高等学校思想政治工作的决定》指出："高等学校的职工对培养学生有着重要的作用。加强职工思想政治工作，帮助他们进一步树立为人民服务、为教学科研服务的思想，勤勤恳恳做好本职工作，搞好服务育人，这也是高等学校思想政治工作的重要方面。"[2] 进一步肯定了高校职工服务育人的重要价值。1994 年 8 月，《中共中央关于进一步加强和改进学校德育工作的若干意见》指出："进一步发挥全体教职工的育人作用……学校各项管理工作、服务工作也要明确育人职责，管理育人，服务育人。"[3] 1995 年 11 月《中国普通高等学校德育大纲》（试行）指出"学校各项服务工作都应有德育功能，全体业务人员都应热爱本职工作，以身作则，优质业务，使学生从中受到感染、激励和教育。"[4] 明确了高校服务工作的育人功能。2004 年 8 月，《关于进一步加强和改进大学生思想政治教育的意见》指出："广大教职员工都负有对大学生进行思想政治教育的重要责任。要制定完善有关规定和政策，明确职责任务和考核办法，形成教书育人、管理育人、服务育人的良好氛围和工作格局……后勤服务人员要努力搞好后勤保障，为大学生办实事办好

1　教育部思想政治工作司.加强和改进大学生思想政治教育重要文献选编：1978—2014［M］.知识产权出版社，2015：51.

2　教育部思想政治工作司　加强和改进大学生思想政治教育重要文献选编：1978—2014［M］.知识产权出版社，2015：72-73.

3　教育部思想政治工作司.加强和改进大学生思想政治教育重要文献选编：1978—2014［M］.知识产权出版社，2015：145-146.

4　教育部思想政治工作司.加强和改进大学生思想政治教育重要文献选编：1978—2014［M］.知识产权出版社，2015：157.

事，使大学生在优质服务中受到感染和教育。"[1]点明了服务育人中后勤服务工作肩负的育人使命。2005年4月，《教育部关于整体规划大中小学德育体系的意见》指出："明确全员育人的要求，把德育落实到教学、管理、服务的各个方面……学校管理和服务人员要在严格管理和优质服务中体现育人导向，使学生从中受到感染和教育。"[2]2017年2月，《关于加强和改进新形势下高校思想政治工作的意见》强调，要坚持全员全过程全方位育人，要在服务引导中加强思想教育，把解决思想问题与解决实际问题结合起来，做到既讲道理又办实事，并要求"把思想价值引领贯穿教育教学全过程和各环节，形成教书育人、科研育人、实践育人、管理育人、服务育人、文化育人、组织育人长效机制"[3]。为了进一步贯彻落实全国高校思想政治工作会议和《中共中央国务院关于加强和改进新形势下高校思想政治工作的意见》精神，大力提升高校思想政治工作质量，2017年12月中共教育部党组印发《高校思想政治工作质量提升工程实施纲要》，强调要充分发挥课程、科研、实践、文化、网络、心理、管理、服务、资助、组织等方面工作的育人功能，在服务育人方面，强调构建服务育人质量提升体系，"把解决实际问题与解决思想问题结合起来，围绕师生、关照师生、服务师生，把握师生成长发展需要，提供靶向服务，增强供给能力，积极帮助解决师生工作学习中的合理诉求，在关心人、帮助人、服务人中教育人、引导人。"[4]并明确了后勤保障服务、图书资料服务、医疗卫生服务、安全保卫服务、校园综合信息服务中育人工作的主要内容，进一步指明了服务育人的核心要求和重点领域。上述文件中可以看出，从重视高校服务人员的育人属性，到明确服务工作的德育功能，再到拓展服务育人工作领域，构建服务育人长效机制，党和国家不断深化着对服务育人的认识，不断丰富着服务育人的内涵和外延，服务育人在高校育人体系中获得了崭新的定位。

学术界对服务育人概念的分析大体倾向两个方面，一类是广义层面的"大服

1　教育部思想政治工作司.加强和改进大学生思想政治教育重要文献选编：1978—2014［M］.知识产权出版社，2015：269.

2　教育部思想政治工作司.加强和改进大学生思想政治教育重要文献选编：1978—2014［M］.知识产权出版社，2015：318.

3　中共中央、国务院印发《关于加强和改进新形势下高校思想政治工作的意见》［EB/OL］.（2017-02-27）［2022-06-22］.http：//www.gov.cn/xinwen/2017/02/27/content_5182502.htm.

4　中共教育部党组.中共教育部党组关于印发《高校思想政治工作质量提升工程实施纲要》的通知：教党〔2017〕62号［EB/OL］.（2017-12-05）［2022-06-22］.http：//www.moe.gov.cn/srcsite/A12/s7060/201712/t20171206_320698.html.

务"理念，指高校教学、管理、服务等各个部门在为学生提供各项服务的过程中，以育人为宗旨，帮助学生树立正确的世界观、人生观、价值观的实践活动。在"大服务"理念中，服务育人应渗透于高校教学、管理、科研、后勤等各个方面，高校的各个工作部门都具有服务学生的义务，其"通过自己的工作来服务学生，并在工作之外尽可能为学生提供必要的服务。这无疑是一个有意义的育人过程"[1]。另一类是狭义层面的服务育人，主要指后勤系统在提供优质服务的过程中，通过规范的工作、热情的态度、文明的行为等影响大学生，使大学生在接受服务的过程中养成优良品质的实践活动。无论是广义层面还是狭义层面的服务育人，都始终强调在服务中教育人、引导人，"特别是通过增强对学生的服务意识来达到育德育人的目标"[2]。服务作为育人的前提和载体，具有天然的育人功能，一方面，服务是一种付出和给予，其以特有的教育形式和价值传导方式感染学生，本身就是一种正能量的教育，因而一开始就便于为学生所接受。另一方面，服务围绕着大学生生活学习的方方面面，隐藏在服务中的情感、态度、价值观随时随地影响着大学生。服务育人在满足大学生特定需要的过程中提供精神食粮，通过提供优质服务这一载体，发挥育人的作用，最终达到育人的目的，育人是服务的终极目标和价值导向。

为此，结合党和国家系列文件中对服务育人的指向，本节倾向于对服务育人做以下定义：服务育人是指学校教辅部门、后勤机关等从事服务工作的广大教职工，在日常工作中以育人为宗旨，在为教学、科研和师生员工提供服务的过程中，以一定的形式提高学生思想政治水平、道德品质和文化素养的实践活动。服务育人的主体不再局限于高校后勤，而是由教辅部门、高校后勤、服务企业以及高校其他工作中的服务环节等共同组成。"服务本身也被细化为服务活动、服务环节、服务行为、服务文化等多个维度"[3]，全范围、多领域地嵌入大学生活。可见，服务育人作为高校的基本育人活动之一，正以非智力性教育的形式，实现对大学生的熏陶和教育。

二、高校服务育人的特征

进入新发展阶段，从高校服务育人的范围、途径、形式、过程、时间、效果

1　刘建军.论高校思想政治工作的育人格局[J].思想理论教育，2017（3）：17.

2　刘建军.论高校思想政治工作的育人格局[J].思想理论教育，2017（3）：17.

3　王胜本，李鹤飞，刘旭东.试论服务育人的新时代内涵[J].中国高等教育，2020（11）：48.

等多维度进行归纳，服务育人具有以下几个方面的显著特征：一是育人范围的广泛性。从服务育人的内涵可以看出，高校服务育人的主体是多方面的，服务工作围绕着大学生学习生活的方方面面，蕴藏在大学生活的每个角落。服务育人范围的广泛性意味着高校可以通过开发更多的服务领域对大学生的思想、行为进行熏陶和影响。二是育人途径的潜在性。服务育人属于隐性思想政治教育范畴。所谓隐性思想政治教育，是"指寓于实体性的思想政治教育之外的社会实践活动中开展的、不为受教育者焦点关注（甚或不为受教育者明确感知）的一种思想政治教育存在类型"[1]。隐性思想政治教育具有渗透性、生活性、开放性、潜隐性的特点。而高校服务育人正是于大学生活中潜移默化、一点一滴地影响大学生思想行为的实践过程，彰显着"生活即教育"的育人理念，追求"润物细无声"的育人效果。三是育人形式的多样性。高校服务育人范围的广泛性决定了育人类型的丰富性、育人形式的多样性。在不同类型的服务育人过程中，大学生往往通过视觉感官、亲身实践、精神感染等多种形式受到教育。四是育人过程的示范性。服务是育人的载体和前提，在服务过程中，服务工作者往往通过言行的示范作用，引发大学生的效仿，从而对大学生的人格和价值观进行塑造，达到育人目标。同时，良好的示范还可以加速循环机制，推动极化效应的形成，最终强化育人效果。五是育人时间的持久性。任何教育活动都不是一蹴而就的，教育的效果需要经过长期的沉淀才能显现。新阶段的高校服务育人工作，贯穿大学生入学前乃至毕业后的全过程，通过长期的育人过程服务于大学生的全面发展。六是育人效果的深远性。服务育人是一种情境教育、体验教育。"服务育人使受教育者通过无意识、非特定心理反应接受道德影响，其自然习得的过程更符合情感体验的需要，更易激起受教育者内在情感的运动，产生情感共鸣。"[2]服务育人于无形中对大学生产生深刻、持久的影响，最终促使大学生形成良好的道德品质和坚定的道德意志。

三、高校服务育人的现实困境

自《高校思想政治工作质量提升工程实施纲要》印发以来，各高校充分发挥课程、科研、实践、文化、网络、心理、管理、服务、资助、组织方面工作的育人能力，大力提升高校思想政治工作质量。在服务育人方面，高校确立了服务育

1　白显良.论隐性思想政治教育的独特品性［J］.学校党建与思想教育，2007（9）：11.

2　吴春笃，陈红.新时代高校服务育人理论与实践［M］.镇江：江苏大学出版社，2021：34.

人在大学生思想政治教育中的重要地位，明确岗位职责、完善资源配置、落实制度保障，初步构建了服务育人体系，服务育人工作取得了很大的成绩，但同时在实践中也暴露出一些问题。一是在新阶段还未树立起科学的服务育人理念。这主要表现在服务育人主体的育人意识、服务育人工作中存在盲点等方面。受传统服务工作的影响，很多从事服务工作的教职工还只是停留在事物性工作的层面，没有意识到自身工作的育人属性，不能以崇高的事业心和责任感选择自己的服务行为和育人行为。一些服务工作者只注重所谓的"口碑"，或把"相安无事"作为育人目标，忽视在服务中进行育人。或有些高校虽然明确了服务工作的育人属性，但是却只将育人目标停留在较低层次的教育上，降低了服务育人的标准和规格。理念是行为的先导，随着经济社会的发展及党和国家对大学生思想政治教育的新要求，需要及时革新传统的服务育人理念，以科学的服务育人理念来引导新阶段服务育人工作的开展。二是服务育人机制建设不健全。目前，大部分高校都初步建立了服务育人体系，但在育人机制方面，还存在机制不健全、机制运行不顺畅等问题，导致服务育人效力不强。比如有些高校在某些服务工作领域没有引入竞争机制，服务育人资源配置不合理；有些高校支持服务育人的资源不足，还没有形成全面的服务育人保障机制；还有些高校服务育人评价激励机制未建立，使得育人工作流于形式等。三是服务育人实践形式普通，亟待创新。如在服务育人实践中，部分高校仍秉持传统思维开展服务育人工作，不能及时开发新的服务领域，填补服务育人空白，不能丰富服务育人内容，创新服务育人形式，服务育人实践的新颖性不够、创新性不足，服务育人效果欠佳。

第二节　高校服务育人理念创新

马克思主义认为，人是有意识的存在物，具有主观能动性；人的实践活动是认识的来源，认识又反作用于实践，对实践具有指导作用。理念作为人类的主观认知，是人类实践活动的产物，同时又指导着人类的实践活动。"理念是实践活动哲学层面上的指导思想，综合反映实践活动的价值观、信念和行为准则，是一切实践活动的理论先导，决定着实践活动的思维活动方式及发展方向。"[1]理念

1　彭晓琳，陈钧.创新驱动下的高校服务育人模式研究——成都学院学生事务管理改革的理论与实践[M].北京：光明日报出版社，2018：37.

不是固定不变的，而是随着环境和条件的变化而变化，随着实践发展而不断发展，不断完善。用刻舟求剑、守株待兔的僵化思想对待理念，就会使理念失去引领性，从而对行动产生不利影响。理念是行动的先导，理念是否正确，从根本上决定着实践活动的成效乃至成败。

高校服务育人理念，是对高校服务育人实践活动本质和规律的认识，是对高校服务育人立场、目的、方式、途径等一系列问题的回答。站在新的历史起点上，我们需要结合经济社会发展、高等教育体制转变、大学生自身发展等因素构建符合时代要求的新理念，为新阶段高校服务育人高质量发展提供科学指南和基本遵循。

一、潜心服务育人

"潜心"一词出自西汉扬雄《法言》一书，意谓专心一意，用功于所追求的目标。潜心服务，意指用心服务、专一于服务。潜心服务育人理念的提出来自于"工匠精神"，是"工匠精神"在服务领域的延伸。习近平总书记在十九大报告中指出"弘扬劳模精神和工匠精神，营造劳动光荣的社会风尚和精益求精的敬业风气"[1]。"工匠精神"是"职业道德、职业能力、职业品质的体现，是从业者的一种职业价值取向和行为表现"[2]，其以敬业、精益、专注、创新为基本内涵，是新时代的职业精神。潜心服务育人要求在服务育人实践中，从事服务工作的教职工，以敬业、精益、专注、创新的职业精神专一于本职工作，在提供优质服务的同时，用忠于职守、认真负责、精益求精、乐于奉献的工作态度感化大学生，让大学生在体验服务中养成良好的道德品质。

此外，潜心服务育人还要求服务工作者高度重视服务工作的育人属性，以强烈的使命感和责任感投入到"立德树人"工作中去。随着高校服务部门的社会化改革，市场经济中的功利化因素也渗透其中，使得服务保障部门事务性、营利性意识增强，育人意识减弱。大多数从事服务工作的教职工没有育人意识，认为服务工作只是单纯的事务性工作，与育人无关。实际上，高校服务部门与高等教育的目标是一致的，都以"立德树人"为根本任务。高校服务部门在满足学生的多

1　习近平.决胜全面建成小康社会 夺取新时代中国特色社会主义伟大胜利——在中国共产党第十九次全国代表大会上的报告［M］.北京：人民日报出版社，2017：31.
2　徐耀强.论"工匠精神"［J］.红旗文稿，2017（10）：25.

样化需求的过程中教育人、引导人，是隐性思想政治教育的典型范式。潜心服务育人，就是要使从事服务工作的教职工认同自身工作的育人属性和实践价值，以极大的热情、高度的责任感和使命感投入本职工作，在潜移默化中教育引导大学生明大德、守公德、严私德。也就是说，服务工作者不仅要时刻"用心服务"，努力提供用心谋划、别具匠心的服务内容，而且要"用情服务"，通过真诚、真情的服务，体现人文关怀，于温情中彰显服务价值，实现育人目标。

为此，高校服务部门一方面要加强宣传教育，培养部门员工的育人意识，使他们充分认识到本职工作的育人属性和实践价值，增强员工职业的认同感、使命感和责任感，促使员工以更大的热情投入到育人工作中去；另一方面，高校服务部门要加强员工的专业技能培训、职业道德培训，不断提高员工的工作能力和解决新问题的能力，以一流的服务为"立德树人"保驾护航。

二、多元服务育人

多元服务育人理念，即通过开发多领域的服务，开发多样化的服务内容和服务形式于潜移默化中影响大学生的思想和行为。传统的高校服务工作具有单向性、机械性、被动性、等待性特点，这与过去高校的办学理念、培养目标、管理模式等相关联。随着高等教育大众化的推进，以及高校"立德树人"根本任务的确立，多元服务取代传统的单一服务，成为高校服务工作的新标准。多元服务育人理念是我国高等教育迈入大众化阶段的必然要求，也是新时代高校服务育人工作深入发展的内在要求。

在大众化教育时代，学生的自主意识和自我意识都相对较强，个性化发展的要求较高，需求十分多元，这就要求服务部门改变传统的"等靠要"思想，主动提供多元的服务满足大学生的不同需求。此外，从高校服务育人的内在特点来看，一方面，服务育人范围的广泛性内含多元服务的要求。大学生在校学习生活的顺利开展都离不开各项服务工作，它如同空气一样包围着大学生学习、生活的方方面面。服务工作者与学生长期接触，深刻影响着大学生自身。服务育人范围的广泛性意味着可以通过不同领域的服务工作来影响大学生的思想和行为，多元化的服务不仅可行而且十分必要。另一方面，服务育人形式的多样性内蕴多元服务的要求。服务育人范围的广泛性、内容的多样性必然导致多样的育人形式。对大学生而言，无论是感官体验，还是亲身实践，抑或精神感染、新颖别致的多样化服务都能使学生达到良好的受教效果。

为此，高校各服务部门应勇于开发新的服务阵地，不断拓展服务领域，争取为学生提供全方位多领域的服务。同时，各服务部门应详细梳理各自的服务岗位，充分挖掘各岗位的育人元素，并将其作为岗位工作职责加以明确，落实到部门招聘、考核、培训、奖励等各项环节中，为多元服务育人的顺利开展提供制度保障。此外，高校服务工作者也应勇于创新，寓立德树人于新颖多样的服务形式中，为大学生明德立志贡献自己的力量。

三、精准服务育人

"发端于扶贫脱贫的'精准'，已延展到全面深化改革、创新社会治理等方方面面，逐步成为习近平新时代中国特色社会主义思想的重要组成部分，成为与战略思维、创新思维、辩证思维、法治思维、底线思维具有同等地位的一种重要思维方式。"[1] 习近平总书记多次强调要在高校思想政治工作中贯彻"精准"理念，切实提高立德树人效果。精准服务育人理念是对新阶段高校服务育人发展要求的积极回应，是高校思想政治工作的应有之义。

精准服务育人是指在精准思维理念指导下，广泛应用大数据、云计算等现代信息技术手段，对学生群体和个体的现实需求与潜在需求等进行精准识别和预测，从而提供精准的靶向服务，在温馨的服务中教育人、引导人。精准服务将传统服务中的"统一供给"向"个性化服务"转变，坚持问题导向，充分挖掘大学生的现实需求与潜在需求，为大学生提供差异化、个性化的服务。精准服务提高了高校以需求为导向的供给侧服务能力，打通了服务育人"最后一公里"。

"传统意义上的服务育人理念更多的是指各部门联系在一起，以资源为中心，将学生作为服务对象，面向学生的、单方面的、灌输式的服务与教育。"[2] 传统服务具有单向性、机械性、被动性、等待性等特点，其主要采用以人工为主的传统方法，忽视学生个体差异化的需求状况。随着大数据时代的到来，大数据的量化技术一定程度上能够分析出大学生的需求现状，从而为高校精准服务的开展提供了可能。此外，对服务对象来说，新时代的大学生主体意识较强，心智水平和个性发展各有不同，大学生的个体需求多样化明显，这就要求高校服务部门要以

1　韩庆祥.习近平新时代中国特色社会主义思想中的"精准思维"［N］.新华日报，2020-06-09（13）.
2　邓军等.高校思想政治工作质量提升理论与实践（服务育人卷）［M］.桂林：广西师范大学出版社，2019：7.

学生为本，充分尊重学生的个体差异，在提供精细准确的服务过程中让大学生充满获得感，从而达到教育人、引导人的目标。

为此，高校服务部门应充分认识大学生的个体差异，正视大学生个体的多样化需求，转变传统粗放式服务育人理念，树立千人千面的精准化服务意识。同时，高校服务部门应充分将大数据等现代先进技术应用于服务育人实践活动，构建精准识别、精准分析、精准服务的育人流程，努力为大学生提供精细化、个性化的服务，使育人活动更具有针对性、有效性，让大学生在体验优质服务的过程中成长成才。

四、长效服务育人

"十年树木，百年树人。"作为一项教育实践活动，服务育人工作不是一蹴而就的，而是一项长期的、持续性的过程，需要经过时间的积淀才能产生良好的育人效果。长效服务育人理念，就是要在时间维度上把握服务育人的长期性、持久性，在效果维度上把握服务育人的实效性，使服务育人成为高校重点关注的一项常抓不懈的工作，最终达到良好的育人效果。

从时间维度来看，传统的服务工作只关注大学生在校的实际学习阶段，而往往容易忽视其他一些重要的时间节点：比如新生入学前、法定节假日、寒暑假、毕业后等。育人是一项持续的过程，阶段性地进行服务育人工作只会影响育人效果的达成。为此，高校各服务部门应该注意关注节假日、入学前、毕业后等重要时间段，充分挖掘相关阶段的服务工作，使各项服务工作做好时间上的有效衔接，形成长期性、持久性的服务育人工作机制。比如新生入学前，可通过提供便利的入学信息服务，增强新生的归属感；学生毕业以后，为身在外地的学生贴心办理档案传递、成绩证书翻译、学位学历认证等毕业生急需的各项工作，增强毕业生的获得感和幸福感。

从效果维度来看，新阶段的服务育人工作应从"管理性"思维向"服务性"思维转变，把好育人"质量关"。通过规范化服务，深入推进工作标准化建设，认真落实各项规章制度，强化服务的规范性。通过精细化服务，时常自检、自省、及时补充、完善，提高服务层次和效果。通过现代化服务，站在学生角度答疑解惑，急学生所急，做学生所需，尽可能提供方便。通过"在做中学"，让大学生参与服务育人实践，发挥大学生主体作用，在体验中培养优良品质，达到育人目标。

第三节 高校服务育人机制建设

"机制"一词最早出现在希腊文，指的是机器的构造和工作原理。后被广泛应用于社会科学领域，意指事物各要素之间的结构关系和运行方式，这种运行方式旨在把事物各要素协调起来以达到最佳的效果。科学合理的机制，可以促进制度的有效落实，推动资源的有效配置，最终推进事物高效运转。高校服务育人机制，是指有效协调高校服务育人活动各要素并使服务育人工作高效开展的相互关系和运行方式。随着经济社会的发展，高校服务育人主体、客体、环体、载体等要素都发生着相应的变化，对服务育人机制建设也不断提出新的要求。创新服务育人机制，是高校服务育人精细化发展的内在要求，也是高校服务育人工作高质量发展的必然要求。当前，随着高校服务育人工作的开展，服务育人机制建设已初步形成，但仍存在重视度不足、保障协调不够、有效性减弱等问题。进入新阶段，我们需要以人为抓手，创新服务育人机制，为高校服务育人工作的高效开展提供有力保障。

一、引入竞争机制

竞争机制原指市场上为争夺有利的生产条件和地位而进行斗争的商品生产者或商品经营者之间的相互依存和相互制约的有机联系和运行方式。竞争机制是市场机制的内容之一，是商品经济活动中优胜劣汰的手段和方法。高校服务育人工作领域引入竞争机制，可以最大限度地优化服务育人资源配置，保证服务育人资源的效益化、集约化。同时，引入竞争机制可以发挥服务工作者的能动性，激发其内驱力，激活工作热情，从而促使服务工作者改进技术，改善经营管理，提高服务质量，于潜移默化中激发大学生的奋斗意志，完成服务育人目标。

为此，一方面，要树立服务工作人员的群体竞争意识。在岗位聘用上坚持"能者上，庸者下"原则，竞争上岗，择优聘用。实行岗位目标管理，目标设置要有挑战性，体现竞争原则。同时建立完善的员工激励机制，岗位与育人实效挂钩，激励工作人员勇担育人使命，不断提高服务品质，探索多样化的服务形式，提高服务工作效率。另一方面，要适当增加外包服务。高校应及时发现服务领域的垄断现象或关系现象，及时发现服务育人领域的空白点。同时根据服务育人工作的性质和特点，吸纳社会优质资源外包部分服务，合理配置服务资源，为师生增加多样化、专业化的服务供给，带来更好的服务体验。此外，高校还应形成有效的监管机制。建立政府、高校、服务部门、师生等多层次监管主体，完善服务领域的进入机制和退出机制，构建竞争有序、监管严密的管理体系。

二、健全保障机制

保障机制为事物的顺利运行提供物质、人力、精神等条件保障。高校服务育人工作的顺利开展，需要从人员队伍、制度、资源、经费等方面建立全方位的保障机制。目前，个别高校在服务育人工作中保障力度不够，存在空白和薄弱领域。为此，在新发展阶段需要多方面健全服务育人保障机制。一是强化服务育人工作队伍建设。使命感高、专业化强的服务育人工作队伍是高校服务育人工作有效开展的坚实基础。要加强对工作人员育人意识的培育，增强工作人员的责任感和使命感。建立不同层次的员工培训体系，开展持续性的专业技能、职业道德培训工作，加强服务工作人员综合素质的培养力度。制定科学合理的服务工作人员保障政策，增强人员的归属感和认同感，使其以更多的精力投入实际工作中。加强人员的选聘与考核，提高岗位吸引力，实行岗位动态管理，储备德才兼备的高素质服务人才。二是建立服务育人工作专项经费，加大财政支持力度。财政经费是服务育人工作能否顺利进行的重要影响因素。为此，高校应在财政预算中设立服务育人专项经费，同时，积极拓展社会资源，吸纳社会资金保障服务育人工作开展。此外，高校还应对经费使用进行有效的监管，不断完善和调整经费的使用，实现对经费的合理利用。三是完善服务育人制度建设。制度是管理的标尺，是育人的保障。加强制度建设，是激活服务育人工作活力，增强服务育人工作规范，提高服务育人工作质量的基础。一方面，要不断发现及时破除阻碍服务育人工作有效进展的旧制度。另一方面，要主动适应新变化，建立、完善、创新相应的具体制度，构建科学、高效、规范的制度体系。如通过建立服务质量标准体系、日常管理考核指标体系促进服务育人工作规范化、科学化发展；通过建立服务质量监督制度、意见反馈制度等，畅通沟通环节，改进服务质量。四是优化高校服务育人资源配置。服务育人资源的合理配置能够提高资源利用效率，提升服务保障能力，从而促进育人功能的实现。一方面，充分发挥市场作用优化外部资源配置，建立社会广泛参与的服务育人新模式。另一方面，优化校内资源配置，提升资源集约力。根据校内服务育人资源的不同特点，引进竞争机制，实现资源的优化配置，促进育人目标的实现。

三、优化评价反馈机制

在事物运行中，评价反馈环节发挥着重要的作用。通过评价反馈，可以了解事物运行的成效，及时发现运行中存在的问题，并进一步改进完善，促使事物运行达到更优的效果。高校服务育人评价反馈机制的建立，是对服务育人工作成效的总结和工作过程的完善，它使服务育人工作形成动态的闭环，不断推进服务育人工作有效开展。

随着高校服务育人工作的深入进行，建立科学的评价反馈机制势在必行。目前，一些高校并没有注意到评价反馈环节的重要性，没有建立相应的服务育人评价反馈机制，使得服务育人工作的开展流于形式，效果不好。还有一些高校虽然初步建立了服务育人评价反馈环节，但由于评价过程不规范，不能有效地评估服务育人效果。进入新阶段，高校需要建立一套科学合理的评价反馈机制，促进服务育人质量的提升。首先，建立科学的评价指标体系。高校服务育人工作涉及多个部门，每个部门的服务育人工作不同，其评价指标也不相同。高校服务育人部门应根据各部门实际情况，明确岗位职责，挖掘岗位育人元素，并据此制定相应的评价指标。建立多层次的评价指标体系，高校各服务部门可以通过定量评价与定性评价相结合，横向评价与纵向评价相结合的方法，建立多层次评价指标，以保证评价结果的准确性。同时，评价指标的建立还要关注学生的个性特点、实际需求，还要结合学校的资源配置情况、办学传统等影响因素，探索更多具有实效性的新指标，并科学设置权重比例，以确保评价的真实性。此外，引入发展性评价理念，建立发展性评价指标。发展性评价理念关注个体差异，通过系统地搜集评价信息并进行分析，对评价对象的实践活动进行价值判断，不断形成对被评价者发展变化过程的认识，并在此基础上针对被评价者的优势和不足给予激励或者建议，旨在促进被评价者不断地发展。高校服务育人工作具有层次性，建立发展性评价指标，在激发服务工作人员的内在动力的同时，还使评价工作更具人性化，保证了评价工作的客观性和真实性。其次，要对评价过程进行优化完善。一是建立一支专业的评价队伍。评价队伍的专业性、稳定性和评价队伍组成的科学性直接影响着评价结果的精确性。从专业性角度来看，高校可以邀请相关领域的专家、学者、工作人员组成评价队伍，确保评价工作的科学有效。同时，评价队伍的构成应该全面。服务育人的落脚点是学生的成长成才，家长和教师都是学生成长的参与者与评判者，为此，学生、指导教师、家长也要加入服务育人评价队伍，并给予科学的权重比例，确保评价结果的客观、有效。此外，还应保持好评价队伍的稳定性。高校应对评价队伍进行科学的管理和激励，以保持其稳定性，最终确保评价工作的完整和连续。二是建立良好的评价环境。高校要营造公开、公正、认真、负责的评价氛围，建立良性的评价环境。在评价过程中，认真、负责，不搞形式主义，全程公开、接受监督，面对质疑及时回应，力保评价过程的公正有效。最后，要对评价结果进行准确解读，科学运用。要注意规避过分依赖主观经验而导致对结果的误判，也要规避过度量化造成结果的偏差。此外，评价体系的建立不只是为了考核绩效，更重要的是发现问题并予以改进和完善。根据评价结果及时发现工作中的问题，进一步了解大学生的实际需求，从而提供精准服务，促进学生的健康成长，才是建立评价机制的意义所在。

第四节　高校服务育人实践探索

《高校思想政治工作质量提升工程实施纲要》指出，要不断深化服务育人，在后勤保障服务中，持续开展主题教育活动，切实提高后勤保障水平和服务育人能力。在图书资料服务中，建设文献信息资源体系和服务体系，提高馆藏利用率和服务效率，开展信息素质教育，维护信息安全。在医疗卫生服务中，制订健康教育教学计划，开展专题健康教育活动，培养师生公共卫生意识和卫生行为习惯。在安全保卫服务中，全面开展安全教育，提高安保效能，培养师生安全意识和法治观念。增强供给能力，建设校园综合信息服务系统，充分满足师生学习、生活、工作中的合理需求。[1]进入新发展阶段，高校服务育人工作始终以育人为最终目标，不断拓展服务阵地、创新服务形式、提升服务质量，努力提高服务育人效果，呈现出新颖多样的服务育人实践。

一、后勤保障服务

后勤集团是承担学校后勤保障和后勤服务经营的部门。根据高校后勤社会化

1　中共教育部党组 . 中共教育部党组关于印发《高校思想政治工作质量提升工程实施纲要》的通知：教党〔2017〕62 号［EB/OL］.（2017-12-05）［2022-06-22］.http：//www.moe.gov.cn/srcsite/A12/s7060/201712/t20171206_320698.html.

改革相关文件精神，高校后勤服务要纳入社会主义市场经济体制，建立由政府引导，以社会承担为主，适合高校办学需要的法人化、市场化后勤服务体系。高校后勤社会化改革有利于提高服务质量和管理水平，有利于降低服务成本，减轻学校和学生个人负担，提高办学效益。虽然高校后勤服务按照后勤社会化改革和现代企业制度的要求来建立，但后勤服务始终坚持"三服务、三育人"宗旨，扎实做好为教学服务、为科研服务、为师生员工服务工作，服务属性与育人属性不变。随着高校服务育人工作深入进展，高校后勤集团强化责任意识，不断创新服务形式，优化服务质量，为大学生健康成长筑牢保障。

案例：打造一碗"青春饭"，寓教其中乐不停

××大学后勤集团以用心、用情、"化作春泥更护花"的精神开展服务工作，努力将服务工作做精、做细、做好。在学校餐饮服务领域，开展多项活动为学生做好一碗"青春饭"。这碗青春饭，不仅让同学们吃得好，还让同学们有长进。为了做好这碗"青春饭"，该校后勤集团餐饮管理部弘扬传统文化，努力将各地美食送到在校师生的餐桌上。

后勤集团策划开展了"我是大厨""客厨××""学厨××"等系列活动，是该校特色餐饮服务品牌项目之一，在高校和社会都形成了一定的影响力。"客厨"活动自2017年9月推出以来，迄今为止已成功举办了五季，几十道各具特色的菜肴为本校师生提供了优质的餐饮供给。"客厨"活动邀请著名大厨"做客"，为同学们带来拿手的经典菜肴。这些美味菜肴以平价在食堂窗口售卖，受到学校师生的热烈欢迎。"客厨"活动还注重在食材使用方面践行一料多用，有效减少在生产加工环节上的浪费现象，将制止餐饮浪费落到实处，实现在源头上厉行节约，制止浪费。如在第五季"客厨"活动上，客厨将制作葱香海鲈鱼所产生的鱼骨和鱼头，经蒸、炒、熬处理，烹调出鲜香浓郁的鱼汤，免费赠送给师生。鱼汤不仅味道鲜美，而且做到了对原材料的充分利用，在生产源头上做到了物尽其用，避免了生产环节的浪费。

"客厨"活动不仅丰富了校园餐饮文化，而且打造了餐饮从业人员提高技能的新平台。更重要的是，通过提供优质的供给，助力构建制止餐饮

浪费长效机制。在满足本校师生多样化餐饮需求的同时，帮助同学们树立"勤俭节约"的意识，增强学生的获得感。活动期间就有同学表示，"客厨"活动的精致菜肴让同学们感受到家一样的温暖，同时，客厨活动带同学们领略饮食文化，让学生更懂得餐食的来之不易，激励同学们更加积极践行美好"食"光。

"学厨"活动，旨在邀请同学参加美食的"学与做"，拉近食堂与学生的距离。通过这种寓教于乐、寓学于趣的方式丰富校园文化生活，培养学生健康的饮食习惯，增强大家的动手能力，使大家掌握必备的生活技能。同时，"学厨"活动围绕中华民族传统节日，以饮食为载体与同学们进行互动，带领同学们参与传统节气美食的制作，在丰富校园餐饮文化的同时，引导同学们通过节日美食感受中华民族传统节日的魅力。

此外，部门还邀请学生参与餐饮服务产品的设计与推介，开创了"民主办伙"的模式。学生们实现了学以致用的同时，还从餐饮服务的接受者转变为餐饮服务的提供者，于实践中促进他们的自我成长。

××大学后勤集团推出的"客厨××""学厨××"等系列活动，通过餐饮工作提高服务质量的同时，还能让学生参与到学校餐饮优质供给的工作实践中来，感知一粥一饭的来之不易，体会食堂工作人员精益求精的工匠精神，不仅培养了学生"崇尚节俭、反对浪费"的餐饮习惯，而且营造了爱粮节粮、反对浪费、热爱传统文化的校园文化氛围，于服务中爱人、育人，促进大学生的全面成长。

二、图书资料服务

《普通高等学校图书馆规程》指出：高等学校图书馆（以下简称"图书馆"）是学校的文献信息资源中心，是为人才培养和科学研究服务的学术性机构，是学校信息化建设的重要组成部分，是校园文化和社会文化建设的重要基地。图书馆具有教育和信息服务的职能，在学校人才培养、科学研究、社会服务和文化传承创新中发挥着重要作用。新阶段随着高校服务育人工作的深入发展，图书馆充分发挥第二课堂的作用，在改善环境的基础上，创新形式开展服务育人工作，教育大学生成长为全面发展的高素质人才。

案例：搭建平台，书香育人

××大学图书馆在服务育人过程中，除了通过升级阅读空间、完善图书馆制度建设等工作提高服务质量，还通过搭建丰富的活动平台，提高育人的实效性。一是利用"湖畔讲坛"平台讲座育人。"湖畔讲坛"是该校图书馆的一张名片，自建立以来，广邀校内外专家学者、社会知名人士为学校师生举办各种学术讲座，至今已开办了一百多期。讲座内容涉及政治经济、历史文化、时事热点等，拓展了学生的视野，深受本校师生的喜爱。二是利用"读书沙龙"文化平台服务育人。通过"读书沙龙"平台，定期举办经典阅读活动。通过邀请老师主讲、同学主讲、视频播放等形式，引导学生热爱阅读。同时邀请同学提交感悟、随笔，整理后以"集锦"的形式发布，引导和启示学生通过阅读陶冶情操、启迪智慧。"读书沙龙"每一期活动参与者约 200 人，取得了很好的育人效果。三是定期举办阅读推广月活动。图书馆每年的阅读推广月都开展多项活动，其主旨是"阅读成就梦想，营造书香大学"。图书馆广泛吸取其他高校的活动经验，不断创新阅读活动内容，取得了很好的效果。四是建设特色文献资源，开展特色文化教育。××大学图书馆是全国社会科学普及基地。图书馆利用××文化展厅平台以多种形式开展地域特色文化教育：引导学生参观、宣传××书院文化、××地域文化、××族地方文化，开展××族传统技艺培训"传帮带"，开展地方民族传统技艺教学实践培训等，教育本校学生热爱传统文化，保护传统文化。同时，建成较为完善的特色文献资源体系，通过书库开放、特色文献资源电子化，提高了特色文献的借阅率，为在校大学生了解地方文化、弘扬优良传统、增强文化自信提供了平台。

××大学图书馆通过发挥自身文化、资源优势，丰富平台建设，不断增强服务育人的吸引力和感染力，实现了"引人以大道，启人以大智"的育人目标。

三、医疗卫生服务

校医院是高校直属单位，负责为全校师生提供预防保健、医疗卫生服务，为师生健康保驾护航。随着服务育人工作深入发展，校医院充分发挥专业特长，在提高医疗服务质量的基础上，以开展健康生活宣传教育、培养健康生活方式为己任，拓展服务领域，创新校医院服务育人新形式。

案例：发挥专业特长，培养健康理念

《"健康中国 2030"规划纲要》指出，要加强健康教育，加大学校健康教育力度，把健康教育作为所有教育阶段素质教育的重要内容，构建相关学科教学与教育活动相结合、课堂教育与课外实践相结合、经常性宣传教育与集中式宣传教育相结合的健康教育模式。[1]

××高校校医院，作为保障学生健康的专业机构，积极响应国家健康要求的同时，认真落实学校服务育人职责，采取多项措施提供优质服务，发挥育人功能。一是提高医疗服务质量。校医院医疗水平的高低直接影响学生康复的效果。为此，××校医院非常重视对医院医疗卫生从业人员的定期培训，提高业务水平。同时，鼓励支持员工继续深造，营造不断学习的业务氛围。加强对医疗质量的监管，不定期对门诊病历、处方等进行检查，找出问题和隐患，确保医疗安全。此外，校医院支持开展科学研究，医院科研教学成效显著。二是提高医院内部管理水平，为学生提供规范的预防、医疗、康复等方面的服务。医院始终秉承"规划、特色、服务、安全"的办院理念和"精医精诚、立业立人"的医院精神，加强各项规章制度建设，落实岗位责任，不断提高医院职工的服务育人意识。三是做好防控工作。对学校容易发生的传染病、食物中毒等事件做好预防和监测，及时消除存在的隐患，确保在校大学生安心地学习、生活。四是积极开展健康生活宣传教育，开设健康教育课程。校医院为在校本科生开设 3 门通选通识课、2 门专业课，为研究生开设 3 门专业课。所开设的课程精心选派医术高、医德好的医生担任主讲，在讲授卫生健康知识、防疫知识、应急救护技能的同时，引导学生树立健康防疫理念，培养学生救死扶伤的人道主义精神和社会责任感。五是培养大学生健康的生活方式。增强大学生体质，促进大学生健康成长，是关系国家和民族未来的大事。当前，我国大学生普遍

1　中共中央 国务院印发《"健康中国 2030"规划纲要》［EB/OL］.（2016-10-25）［2022-06-22］.http://www.gov.cn/xinwen/2016-10/25/content_5124174.htm.

重视自身的健康问题，但同时也容易忽视一些不良的生活习惯。校医院通过新媒体宣传、公益讲座等方式，从营养搭配、睡眠质量、规律作息、科学健身等方面带领大家认识不良生活方式的危害，通过加强大学生健康意识，培养大学生健康生活的能力。

身心健康是实现大学生全面发展的必然要求。××校医院通过发挥自身专业特长，帮助大学生学习卫生健康知识，培养公共卫生意识和卫生行为习惯，树立健康生活理念，培育学生救死扶伤的人道主义精神和社会责任感，为大学生的健康成长保驾护航。

四、安全保卫服务

保卫处是学校负责防范、制止和协助处理针对教职工和学生的不法侵害，维护学校的教育教学秩序和安全稳定的职能部门。保卫处身处服务学生的一线岗位，一方面打击违法犯罪，保护学生人身财产安全，建立平安校园；另一方面对学生进行各类安全教育，提高学生安全意识，培养学生自我保护的能力。随着高校服务育人工作的深入开展，保卫处不断加强安保服务能力建设，创新安保服务形式，改变"刻板"形象，探索高校安全保卫服务育人的新途径。

案例：改变"刻板"形象，"呆萌"育人赞不断

高校保卫处因肩负维护学生人身财产安全、建设平安校园的重任，常常与各种违规违纪违法行为打交道，天长日久形成了严厉、刻板的形象，拉开了与大学生的距离。为了扎实推进安全保卫服务育人工作，××大学保卫处从改变形象入手，创新安全保卫育人新形式。一是重建新形象，努力接地气。××大学保卫处借鉴大学生喜爱的某电影主人公形象，构建出亲和力极强的安全保卫群体新形象。保卫处以"阿保"自称，采用大学生喜爱的话语方式进行形象推介和安全教育宣传，受到大学生的热情追捧。保卫处在形象推介方面下足了功夫，为了让更多大学生接纳自己，保卫处协调学校各个部门，利用官方微博、微信公众号、易班等新媒体平台推介自己，同时通过推出学生喜欢的各类活动如"抢红包""扫码关注有奖"

等在全校进行宣传推介，获得了很多关注。保卫处通过加强理论学习，激发安保人员的责任感和使命感，提高了安保人员的育人意识，改变了工作作风。同时想学生所想，急学生所急，以问题为导向，深入调查研究，及时解决学生反映的问题，努力展现"热心、憨厚、可爱、负责任"的新形象。二是利用新媒体，加强线上安全教育宣传。保卫处充分运用新媒体新技术，使日常严肃的服务工作充满了活力和吸引力，增加了关注度。保卫处成立了新媒体小团队，负责新媒体宣传工作。该团队由喜爱"阿保"的大学生组成，针对各种校园安全问题，用大学生喜爱的视频、动画等形式进行宣传，不仅增强了大学生阅读的乐趣，提高了关注度，同时还保障了安全教育信息的覆盖面，起到良好的育人效果。建立"阿保"微信公众号、微信群，及时更新动态，发布相关信息，方便大学生第一时间接收到所需要的信息；及时发布安全防范知识、教育案例等，方便大学生随时学习安全知识，了解身边的安全隐患，使安全宣传教育开展的持续性和及时性，收到了良好的教育效果；及时转发宣传好人好事等优秀事迹，传播正能量，经常发表有关"阿保"的极具吸引力的专题报道，增强育人效果的同时进一步提高了宣传。同时，通过微信公众号、微信群与大学生沟通交流，了解大学生的实际需求，接受大学生的意见、看法，并及时调整完善，育人效果显著增强。

保卫处通过重塑"呆萌"新形象，融入到大学生之中，不仅提高了大学生的安全意识，增加了大学生对安全知识的学习兴趣，而且锻炼了大学生的自我保护能力，促进了大学生的全面发展。

五、校园综合信息服务

信息化服务中心是学校信息化建设的管理部门与技术支持服务部门，负责数字化校园的总体规划、信息化标准的研究制订、校园计算机网络的建设管理、各类信息系统的统筹协调等工作，为全校师生能够便捷、快速地享用网络服务。随着高校服务育人工作的深入开展，信息化服务中心通过改善网络信息的软硬件环境、扩展信息系统应用范围、开发与整合各类信息资源、推动信息化教学改革与创新等工作服务于全校师生，努力为全校师生提供更为优质的网络信息服务。

案例：发挥技术特长，做好服务育人

突如其来的新冠肺炎疫情，为学校正常教学秩序的开展带来了很大影响。为了保障疫情期间学校教学工作的顺利开展，满足大学生在疫情期间对网络信息服务的新的需求，使大学生能够安心学习、科研和生活，××大学网络信息中心发挥技术特长，做好项目设计，丰富服务内容，为疫情期间大学生的正常学习生活保驾护航。

××大学网络信息中心明确工作责任，做好项目设计，采取多项措施确保大学生学习生活的正常运转。一是调整网络服务资源配置，做好网上教学系统建设。网络信息中心对网络教学需求提前做好研判，扩容并优化网络教学平台的服务器性能，及时调整网络服务资源配置，为教师的线上教学提供技术支持。同时，主动开展网络教学培训，保证了网络教学工作的顺利开展。二是创新学生返校管理系统。疫情期间，网络信息中心做好学生返校系统信息服务工作。为了确保学生平安返校，网络信息中心通过紧急上线"辅导猫""今日校园""钉钉"等学生信息系统，为本校学生返校前、返校中、返校后的管理工作做好信息服务和技术支撑。同时，通过详细的信息调研，获取准确数据，及时开展风险评估，为分类处置学生信息做好技术支持。三是建立视频会议系统，实现远程办公。为了配合疫情防控要求，避免人员聚集，减少病毒传播风险，网络信息中心为师生提供网络视频会议服务，保障了疫情期间师生工作的顺利进行。四是部署新版VPN（虚拟专用网络）远程访问系统，实现远程业务服务。疫情期间，网络信息中心对VPN系统进行升级，加强对VPN系统的技术支持，方便校外学生远程访问校内网站、图书馆、学术资源信息系统，满足了校外学生的科研学习需求。

疫情期间，××大学网络信息中心坚持"停课不停教、停课不停学"理念，通过多项措施，有效满足本校大学生的学习、科研、生活需求，以"一技之长"做好服务育人工作。

六、档案服务

档案部门是高校的直属单位，是高校档案、校史、文博工作的业务部门和归口管理部门。随着服务育人工作的深入发展，档案服务成为高校拓展的服务育人新阵地。"档案具有留史、资政、育人、存凭的特殊价值，档案服务在学生成长成才中具有特殊作用。"[1] 做好档案服务利用工作，发挥档案特殊价值，挖掘档案服务的育人功能，可以更好地为大学生成长成才服务。

案例：弘扬校史文化，推进校史育人

校史记载着学校的发展历程，前辈的奋斗之路。××高校通过挖掘校史资源中的历史传承和人文积淀，在教育学生了解学校历史的过程中，激励学生"强国有我"的使命感，弘扬学校爱国奉献、艰苦奋斗、不懈探索、改革创新、开放包容、团结协作的大学精神，使本校学生成长为爱党爱国、敬业奉献的优秀人才。

中华人民共和国成立之初，西方国家对我国战略物资进行封锁。为了打破帝国主义对我国天然橡胶的封锁，国家创办了A大学。在当时极其艰苦的环境和条件下，A大学前辈们以深厚的家国情怀、严谨的治学态度、无私的奉献精神，创造了北纬18°~24°地区大面积种植橡胶的神话，使我国由原来的植胶空白国，奇迹般地崛起为世界第五大产胶国，奠定了A学校在橡胶和热带农业研究领域独一无二的地位。改革开放以后，为了发展全国最大的经济特区，国家筹建了B大学。进入新世纪，两校合并，共同组成B大学。在学校漫长的历史中，忠于祖国、敬业奉献、勇担责任一直是该校的优良传统。为了发挥校史资源的育人功能，B校档案馆采取了多种措施。一是加强校史馆的建设。在展览内容方面，档案馆不断对展览内容进行补充、更新，及时调整展览布局。在接待工作方面，做好日常接待工作的同时，根据惯例安排好新生入学期间校情校史教育工作。在队伍建设方面，建立学生讲解员队伍。讲解员在全校招募，经过礼仪培训、演讲培训、校史专题学习等过程，安排上岗讲解服务。讲解员服务平台的设置，使学生锻炼了口才、拓宽了视野、升华了情感、明确了责任、提高了综合素质。二是启动名人档案收集工作，丰富育人素材。校史馆广泛收集了建

1　邓军等 . 高校思想政治工作质量提升理论与实践（服务育人卷）［M］. 广西：广西师范大学出版社，2019：96.

校以来著名专家、学者的个人自传、主要经历、主要成就、主要著述和成果等内容，并对挖掘到的文字材料、照片、录像资料、音频材料进行保护和抢修，对重要的往来文书、电报、信件、奖章、证书、新闻报道等资料进行整理、鉴定、归档，一大批学校历史上的珍贵资料得以保存，成为教育全校师生的鲜活素材。三是加大校史文化宣传力度。通过向学生发放校史馆宣传手册、制作校史文化内容视频、组织或接待学生参观校史馆等方式，营造校史文化氛围，教育学生向历史学习，激发学生的责任感和使命感。

B校通过对学生开展校史教育，培养了学生对学校的深厚感情，增强了对学校的认同感、归属感、自豪感；培养了学生的家国情怀，引导学生将个人发展与建设祖国紧密联系，树立"强国有我"的使命感；培养了学生发奋努力、不畏艰难，不拘成规、敢为人先、一丝不苟、认真负责的优良品质，激发他们积极上进、奋发图强，努力继承学校优良传统，时刻保持良好的学风。

案例：用心填补服务空白，无声处中真育人

××大学档案馆档案教育岗教师×老师，以服务学科、服务学生为中心，对待本职工作兢兢业业、一丝不苟，对待学生暖心周到、全心全意。服务于细微间，育人于无声处，是对×老师服务育人工作最好的阐释。

在一次工作中，一位毕业生咨询在校成绩单等学籍资料的翻译事项，因为该毕业生申请的国外高校需要提供在校中英文学籍材料，且要求材料由国内学校直接寄出。由于当时学校档案馆只提供国内快递邮寄，并没有此项服务。这位毕业生只能亲自从老家赶回学校办理，时间上恐怕来不及。×老师知道学生的情况后，急学生所急，立即向有关领导进行了汇报，研究解决的办法。为了帮助学生节省时间，在领导的支持下，×老师在核实该毕业生身份后立即着手翻译工作，在完成该毕业生所需的翻译材料后，及时寄往国外高校，确保对方学校能够如期收到该同学的中英文学籍材料。这件事情之后，×老师认真研究了本校档案利用情况，发现去国外留学的毕业生日益增多，且很多学生都会遇到相关的情况，只能亲自返校办理。同时，×老师还调研了国内很多高校的档案馆，发现几乎没有提供国际快

递服务的先例。为了方便广大毕业生同学，提高服务质量，在领导的支持下，档案馆开通了学籍材料翻译国际快递业务。并在×老师的设计下，规范了翻译名称，细化了服务流程，受到了毕业生同学的热烈欢迎。

"涓涓细流汇成海，点点纤尘积就山。"服务育人工作者只有时刻将学生装在心中，想学生所想，急学生所急，不断丰富工作内容，创新工作形式。那么每前进一小步，汇聚起来终会形成强大的育人力量，于无声处静待花开。

本章小结

习近平总书记指出，"抓住了创新，就抓住了牵动经济社会发展全局的'牛鼻子'"[1]。创新是高校服务育人工作深入发展、持续发展的核心动力和关键支撑。为此，高校服务育人工作要时刻把创新摆在核心位置，以潜心服务育人、多元服务育人、精准服务育人、长效服务育人为引领，不断推进服务育人理念创新；引入竞争机制，健全保障机制，优化评价反馈机制，不断推进服务育人机制创新；及时填补空白领域，丰富服务育人方式，不断推进服务育人实践创新。服务无止境，育人恒久远。站在新的历史起点上，我们要不忘为国育才的初心，牢记立德树人的使命，让创新引领发展，不断推进高校服务育人工作迈上新的台阶。

1　习近平.习近平谈治国理政：第二卷［M］.北京：外文出版社，2017：201.

第九章 / 高校思想政治工作资助育人创新与发展

　　高校资助育人是以保障困难学生群体的基本教育权利为前提，以资助为载体，对高校困难学生群体全面发展进行引导的育人体系。作为一个有机整体，高校资助育人在资助的同时做到育人，始终把育人这条主线贯穿资助工作全过程。经过多年发展，国家奖助学金、助学贷款、学费减免、补偿代偿、勤工助学和绿色通道等多元混合的资助体系正逐步完善[1]，我国高校资助工作得到进一步落实，高校资助育人体系建设在新时代开启了新征程。但是我国高校资助育人工作在育人理念、育人机制以及育人实践方面还存在着许多有待完善的地方，如部分高校对资助育人的本质认识不到位、资助育人评价监督机制还不够健全、高校资助工作的育人成效不足等。因此，高校资助育人工作要坚持育人为本，德育为先，切实加强和改进高校思想政治教育工作，在资助育人理念、机制与实践等方面进行积极探索，力求提升高校思想政治工作的实效性，以满足国家与社会对于人才培养的要求。

第一节　高校资助育人理念创新

　　理念是行动的先导，理念是否科学在很大程度上会影响实践的成效。高校资助育人工作是一项综合性的实践工作，经过了多年的发展，高校资助育人工作不断完善。然而，高校资助育人工作也仍然面临着一些挑战，比如怎样才能实现"资助"与"育人"平衡发展的问题已然成为了资助育人工作实施过程中目前亟待解决的重大现实问题。因此，高校资助育人工作要想解决实际问题、取得一定成效，首先就要有先进创新的理念作为指导。

　　一、体系化：三项扶助 + 五维助力

　　新时代高校资助育人工作始终坚持以习近平总书记关于教育及扶贫工作的重

1　杨振斌.做好新形势下高校资助育人工作的实践与思考［J］.中国高等教育，2018（5）：17-20.

要论述为指导。教育是脱贫治困的重要内生动力，抓好了"教育"这一先手棋，就能更好地解决贫困问题。高校资助育人工作不仅是要做好"扶贫"的工作，更要落脚于育人，即要做好"扶志""扶德"与"扶智"的工作。教育部党组在2017年发布的《高校思想政治工作质量提升工程实施纲要》中明确强调要"把'扶困'与'扶智'，'扶困'与'扶志'结合起来，……形成'解困——育人——成才——回馈'的良性循环"。[1] 当前各种不确定因素快速增加，高校资助育人工作不仅要解决好学生的经济贫困问题，更要注重对学生进行价值引领，帮助学生成人成才，并最终成长为中国特色社会主义事业的建设者和接班人。

（一）三项扶助

三项扶助是指高校资助育人工作要以"扶困"为核心，以"扶志"为关键，以"扶智"为重点，以"扶德"为枢纽，促进"扶志""扶智"与"扶德"工作协同发展，推动资助育人工作有效开展。

第一，"扶志"是"扶困"的关键，"扶困"必"扶志"。高校资助育人工作如果只注重"扶困"，则不能从根本上有效地解决学生经济贫困、教育贫困的问题。常言道"树怕烂根，人怕无志""有志者事竟成"，部分学生因贫困而变得消沉、懦弱，丧失斗志并且对自己缺乏自信，进而导致贫困固化。"脱贫致富贵在立志，只要有志气、有信心，就没有迈不过去的坎。"[2] 高校学生资助育人工作亦是如此，高校应高度重视"扶志"工作，注重在资助家庭经济困难学生的过程中帮助他们增长志气，引导家庭经济困难学生树立主动脱贫的意识，并且帮助他们树立远大志向、增强信心与勇气，最终帮助他们通过自身的努力实现人生梦想。

第二，"扶智"是"扶困"的重点。"扶贫"必"扶智"，治贫先治愚。高校学生资助育人工作是一项综合性的工作，其中促进家庭经济困难学生的全面发展是资助育人工作的最终落脚点。因而高校学生资助育人工作关键在于引导学生立志，但立志工作的重点又在于增强学生的智力效能。习近平总书记曾强调："贫穷并不可怕，怕的是智力不足、头脑空空，怕的是知识匮乏、精神委顿。"[3] 由

1　中共教育部党组.中共教育部党组关于印发《高校思想政治工作质量提升工程实施纲要》的通知：教党〔2017〕62 号［EB/OL］.（2022-12-05）［2022-06-22］.http://www.moe.gov.cn/srcsite/A12/s7060/201712/t20171206_320698.html.

2　中共中央党史和文献研究院.习近平扶贫论述摘编［M］.北京：中央文献出版社，2018：132.

3　中共中央文献研究室.习近平关于社会主义经济建设论述摘编［M］.北京：中央文献出版社，2017：232.

此可见，智力对于摆脱贫困至关重要。"扶智"是"扶困"的重点环节，高校在解决学生物质贫困问题的同时，还要注意提升学生能力，将物质的"资助"与育人的"扶智"贯通起来。同时，还要充分利用自身资源优势，在校内开展一系列适合帮助学生成长成才的活动，在实践活动中提高学生知识能力素质，努力为国家培养高素质人才。

第三，"扶德"是"扶困"的枢纽。立德树人，立德为先，树人为本，意在强调教育最基础的任务是引导学生树立正确的价值观、养成良好的行为习惯、塑造高尚的道德品质。学生的德行是联结"资助"工作与"育人"工作的桥梁与纽带，是"资助"工作与"育人"工作实现统一的中心环节。德行于个人于国家而言都至关重要，习近平总书记就强调要"立德"，他明确指出："国无德不兴，人无德不立。"[1]高校资助育人工作的一个关键是要培养学生养成高尚的品德、使学生能够做到"德行天下"。总之，高校资助育人工作要有效开展，就要推动"扶困"与"扶德"工作协同发展，最终实现"育德"与"增智"相交融。在开展资助工作的过程中融入德育，以道德浸润学生心灵，致力提升学生知恩感恩、诚实守信、奋发进取的品质，引导受助学生"明大德、守公德、严私德"，要在启迪智慧中融入德育，竭力培养德才兼备的社会主义建设者和接班人。

（二）五维助力

五维助力指的是高校学生资助工作应秉承从生活、学业、就业、思想、健康五个维度贯通资助的理念。

第一，开展生活帮扶，为家庭经济困难学生提供日常生活保障。生活帮扶是要在生活上给予家庭经济困难学生一定的物质资助，保障其正常生活，因为家庭经济困难学生只有能稳定生活才能顺利完成学业。目前我国的资助政策形式多样，家庭经济困难的学生可以通过助学贷款、奖助学金、勤工俭学等途径解决学费、住宿费、生活费等。除了最基础的国家、学校资助保障外，相关部门还应该积极提倡企业以及个人共同参与贫困帮扶，助力家庭经济困难学生圆梦。

第二，提供学业辅导，提升家庭经济困难学生学业成绩。学生最主要的任务是学习，大学学习是开放自由的，信息资源是丰富多元的，更加考验学生的思维

1　中央文献研究室．十八大以来重要文献选编：中［M］．北京：中央文献出版社，2016：3.

能力、创新能力等。但不少家庭经济困难学生由于从小接受到的教育资源有限，因而对新鲜事物的接受度不高、创新意识和能力不强，他们可能会抓不住重点、跟不上进度，进而产生学习上的焦虑。由此，高校学生资助育人工作应时刻关注家庭经济困难学生的学业情况，成立学业帮扶组，为家庭经济困难学生进行学业辅导，增强他们学习的兴趣和信心、提高学业成绩，促使其以更加昂扬的姿态面对学习与生活。

第三，提供就业指导，增强家庭经济困难学生就业的能力。目前高校毕业生逐年增加，就业形势严峻，学生的就业压力突增。高校资助育人工作的最终目标是使家庭经济困难学生能够按时完成学业、顺利就业，而且家庭经济困难学生只有通过就业发展才能帮助其家庭"脱贫致富"，走向幸福生活。但是，部分家庭经济困难学生由于自身发展受限，核心素养不强、就业竞争力稍弱、就业能力不强。因而，高校应加强对家庭经济困难学生的就业指导，提升其就业竞争力，增强其就业能力。高校可以充分利用学校教育资源，在学校开设多方位的勤工俭学岗位，为家庭经济困难学生提供更多参加创新创业活动的机会，提升他们解决问题和管理事务的能力，并对家庭经济困难学生进行专门的职业规划，引导他们树立正确的就业观、择业观。

第四，进行思想引领，提高家庭经济困难学生的思想深度。思想指引着行动的方向，思想上"差很多"，行动上就会"差更多"。在这个物欲横流的时代，人人皆可被物欲所迷惑，特别是思想尚不成熟的青年大学生，更容易被各种非主流的价值观所影响。倘若高校学生资助工作对家庭经济困难学生只进行经济上的"浅资助"，而忽略对其进行思想上的"深资助"，就可能会导致家庭经济困难学生沉迷于不劳而获的快感、产生一些不正确的价值观。因而，在资助育人过程中，必须对家庭经济困难学生进行思想引导，关注其存在的思想问题，引导其养成正确的价值观，使其从"被资助者"转变为"自助者"。

第五，提供健康服务，促进家庭经济困难学生身心健康。高校在资助育人过程中既要关注家庭经济困难学生的身体健康又要关注其心理健康状况。家庭经济困难学生由于经济物质贫困，在学习之余往往会通过兼职或者勤工俭学来补贴生活费用，因而缺乏体育锻炼，以致其可能处于亚健康状态。与此同时，在物欲横流的大环境下，他们可能会产生自卑、焦虑等消极的情绪，长此以往可能还会导致抑郁。因此，高校需高度重视家庭经济困难学生的健康问题，一方面可以为家庭经济困难学生提供免费的健身场所、健身器材，并为他们提供健康训练指导。另一方面可以为家庭经济困难学生提供专门的心理咨询服务，推动家庭经济困难学生身心健康发展。

二、融合化：保障型资助 + 发展型资助

融合是指事物与事物之间互相取长补短的动态过程。在这一过程中，事物之间能在借鉴彼此优点的同时改善缺点，最终达到互相促进、互相成就的最优结果。将融合引入高校资助育人体系中，通过推动保障型资助与发展型资助融合化发展，打破惯性思维，创新资助育人理念，加快推动新时代高校资助育人方式转型升级，激发资助育人活力，开辟新的发展空间。

（一）高校保障型资助与高校发展型资助

高校保障型资助是目前主要的资助形式，主要是指通过物资补给、资金发放等以物质为基础的资助方式，以保障高校家庭经济困难学生正常学习生活为宗旨的一类资助体系。保障型资助重点是"保障"，目标是缓解高校家庭经济困难学生学习生活面临的资金困难。高校发展型资助是高校资助育人工作转型的主要方向，是指以保障家庭经济困难学生基本生活为前提，以满足学生成长发展需求为目标，以校内外多方资源与多层次渠道为依托，力图促进高校家庭经济困难学生的全面发展与推动青年社会化进程的一类资助体系。

由于社会资助与自助资助是发展型资助的重要组成部分，因此，实现保障型资助与发展型资助融合发展，可以从社会资助与自助资助入手，以总结融合中的优秀经验，注意融合中遇到的困难，为"保障型资助"与"发展型资助"的融合化提供丰富的理论与实践经验，更好地促进两者的融合，实现"1+1>2"的效果，推动高校资助育人的理念创新与实践发展。

（二）促进社会资助与高校保障型资助融合

社会资助是指以社会组织、群体作为资助发起人，为高校家庭经济困难学生提供一定的资金支持，以提升其综合能力，丰富其社会实践经验，促进其全面发展的一种资助方式。将社会资助与学校保障相融合，是保障型资助与发展型资助融合化发展的初步尝试，因为社会资助既具有一定的保障型资助特征，同时又可以不断地向发展型资助转化，这为发展型资助与保障型资助融合化发展奠定了基

础。社会资助与高校保障型资助融合具体体现为社会资助与高校保障的结合。学校能为高校家庭经济困难学生提供较为稳定的物质保障，而社会资助能为学生提供多元化的实践机会。将社会资助与高校保障结合，既可以为社会资助提供稳定、便捷的平台，又可以为高校家庭经济困难学生提供多样、可靠的资助渠道。高校可以确保社会资助的可靠性，社会资助方也能通过高校提供的平台，避免资源的浪费和资金的流失。这样的互助共赢模式能够为高校家庭经济困难学生与社会资助方建立起稳定、高效的双向交流互动平台，进而推动社会资助与高校保障的深度融合，使得高校保障型资助与高校发展型资助的融合化成功迈出第一步。

（三）促进自助资助与高校保障型资助融合

自助资助是指高校家庭经济困难学生在资助平台上依据自身的发展需求、个人综合能力以及自身特点自主地选择符合自己发展方向资助项目的资助方式，这种资助方式有助于推动实现高校资助育人自主化发展。自助资助在给予家庭经济困难学生经济资助的同时，更加注重学生的全面发展需求以及自我价值的实现，是高校发展型资助类型中一种极具代表性且发展较为成熟的资助形式。将自助资助与高校保障型资助融合是高校保障型资助与高校发展型资助融合化发展的进一步尝试。自助资助与高校保障型资助融合具体表现在自助资助与国家保障的结合过程中。一方面，国家是保障型资助中最为稳定的资助主体，能够为高校家庭经济困难学生提供最广阔的资助平台、最雄厚的资助扶持、最多元的资助渠道，并为其建设最全面、最安稳的扶助空间。另一方面，自助资助使高校家庭经济困难学生能够自主选择个性化发展方向，继而推动其实现自主性发展。因此，将自助资助与国家保障结合，既能够发挥保障型资助的保障功能，又能够激发发展型资助所独有的育人活力，这就是高校发展型资助与高校保障型资助融合化发展带来的巨大优势。

三、信息化：互联网思维＋精准资助

我国资助规模不断扩大，国家、学校、社会对家庭经济困难学生的资助投入越来越高，但是家庭经济困难学生的认定与评定方式还比较单一，评定的有效性、精准度不够，在资金分配与发放上也存在着一定的滞后性。互联网思维是在互联网＋、大数据、云计算等科技不断发展的背景下重新去思考问题、审视问题的思维方式，能够打破传统思维的局限性。基于此，高校应革新传统资助理念，融合互联网思维，树立行之有效的精准资助理念。

（一）运用互联网思维，落实精准认定

认定的含义是承认并确定，资助的认定是指确定真正家庭经济困难的学生。资助对象的认定是开展资助工作的前提、是确保学生资助工作有效运行的重要条件。当前高校学生资助认定大部分是单一的、机械的，通常是依靠学生填写的纸质申请、社区开具的贫困证明等进行认定，认定信息和资料可信度不高。因此，加强互联网思维在资助认定工作中的应用是十分有必要的，它可以提高家庭经济困难学生认定信息的准确度和真实性。

高校要加快家庭经济困难学生资助信息档案建设，认真有效做好认定工作。2017 年，财政部、教育部等多个部门联合发文，强调"高校等培养单位要逐步建立学生资助数据平台，融合校园卡等信息，为家庭经济困难学生认定提供支撑"[1]。大数据的运用不仅有利于提高认定的科学性、可信度，加强学生身份信息的保护，而且有利于认定信息的动态化管理，能更加全面地了解资助对象。因此，在认定过程中充分运用大数据是十分可行的，在一定程度上能使认定过程更加规范化、精确化、高效化，促进资助工作开展更加公平和公正。

首先，运用大数据构建家庭经济困难学生家庭情况信息共享平台，增强认定信息的可信度与科学性。高校可与家庭经济困难学生生源地的民政部门实现资源信息互通，了解学生家庭经济实际情况。其次，运用大数据构建家庭经济困难学生信息动态化管理体系，增强认定的全面性。高校对家庭经济困难学生的认定不应局限于学生所提供的贫困材料，还应关注到其自身的消费情况。高校可通过考察其校园一卡通消费情况、在校勤工助学情况、社会兼职情况等，增强认定工作的准确性与全面性。

（二）运用互联网思维，落实精准评定

评定是指通过评判或审核来决定，资助的评定是指对认定的家庭经济困难学生的困难程度等进行分类并确定其所获资助等级。认定影响着评定，认定过程的不完善会导致评定不准确，对家庭经济困难学生评定的准确度决定着资助工作的成效。目前，高校家庭经济困难学生评定过程中还存在着评定标准不具体、评定

1　财政部、教育部、人民银行、银监会.财政部 教育部 人民银行 银监会关于进一步落实高等教育学生资助政策的通知：财科教〔2017〕21 号［EB/OL］.（2017-03-28）［2022-06-22］.http://www.moe.gov.cn/jyb_xxgk/moe_1777/moe_1779/201704/t20170413_302466.html，2017-03-28.

效率不高等问题。如今是互联网时代，对于互联网中的信息资源应该加以有效利用，将互联网思维运用至资助评定过程中将有效提升其规范性、精确性、高效性，促使资助工作更有效地开展。

一是运用互联网平台，使评定过程更加规范化。规范化是指评定过程与评定标准的匹配程度。目前大多数高校在评定过程中多是基于班主任、班级小组对学生进行认定后所作出的评定结果，在此过程中多依据纸质文档，评定工作比较机械化且容易陷入无序化状态。运用互联网平台将家庭经济困难学生的相关材料在可视化媒体上进行有序整理与排序，便于评定操作，也能使评定过程更加规范。二是运用大数据，使评定过程更加精确化。精确化是指评定结果更加准确、评定过程更加公平、公正。在认定过程中运用大数据能充分收集、了解家庭经济困难学生的基本情况。三是运用互联网媒体，使评定过程更加高效化。高效化是指提升评定效率，在评定过程中运用互联网媒体，便于操作，节省评定时间。例如借助新兴的云办公软件等，通过线上会议的方式，直接评定，免去线下一些繁琐而又不必要的程序，既节约了评定人员的时间，又能使家庭经济困难学生更快地获得资助。

（三）运用互联网思维，强化资助资金精准分配与发放

全国学生资助管理中心印发的《2022年学生资助工作要点》明确指出要"加快推进以应用为导向的学生资助信息化建设"[1]。如今是互联网时代，信息获取方便快捷，政府、教育部等相关资助部门与高校也应具备互联网思维，充分运用好互联网信息技术等，合理、灵活地强化资助资金精准分配与发放。

一是运用互联网手段，精准分配资助资金。由于地区的差异性，各地的经济发展水平各不相同，人们的收入消费情况存在着一定的差异，教育发展水平也存在着一定的差距。因此，政府部门在划拨资助资金时，要考虑到各地区发展不平衡的问题，不能一刀切，亦不能有失公允。要在分配资助资金时，充分运用互联网手段，对各地区的贫困人数、贫困情况、贫困等级与当地的经济教育发展水平进行评估，从而按照一定比例向各地区分配资助资金。二是运用互联网技术，精准发放资助资金。将资助资金精准地分发给每一位受助学生标志着资助工作的基

1　全国学生资助管理中心.关于印发《2022年学生资助工作要点》的通知：教助中心〔2022〕10号〔EB/OL〕.（2022-03-07）〔2022-06-22〕.http://www.xszz.cee.edu.cn/index.php/shows/6/7506.html.

本完成。传统的资助资金发放方式多采取将资金发放到由学校统一办理的银行卡或校园一卡通中，但当学生的相关卡遗失后，不是受助学生本人也有可能使用。因此，在资金发放时，可以利用新技术给受助学生做一个信息匹配，比如利用生物识别技术自动采集受助学生的指纹或面部信息，自动验证是否是受助学生本人，以此作为资助发放的依据等。

第二节　高校资助育人机制建设

在高校资助育人体系建设中，资助育人机制是高校资助育人工作有序开展的根本保障，只有通过建立有效的机制才能真正推进育人工作。[1]同时，创新发展资助育人机制，能够让高校家庭经济困难学生拥有相应的保障，使高校资助育人工作获得更多的支持。因此，本节从高校资助育人机制的创新优化角度出发，为推进新时期高校资助育人建设打下坚实基础。

一、健全资助育人队伍一体化工作机制

健全资助育人队伍一体化工作机制，是指将各流程、各项目的负责单位与负责小组统筹于一个工作体系中，并在重组后的工作体系中设立专项小组，整合育人资源，简化工作流程，使各专项小组同向并行，避免育人资源的浪费，实现队伍建设的"串联+并联"。

（一）建立"三扶五助"专项小组

建设"三扶五助"专项小组是指在高校资助育人过程中，贯彻落实"扶志""扶智"与"扶德"的理念，根据五个不同的育人维度与要求，建立对应的五个专项小组。这五个专项小组分别从五个育人维度出发，深入探索不同育人维度的资助育人理念，推动资助育人机制建设，采用合适的育人方式。正所谓"集中力量办大事"，通过建立"三扶五助"专项小组，集中相关专业人才，提升专项育人队伍的专业化能力，推进资助育人工作的深入发展。至于如何建设好"三扶五助"专项小组，这需要育人队伍进行实践探索。面对学业、就业、健康、思想、生活这五个维度，由于存在的育人问题不同，对应的专项小组应具体问题具体分析，深入研究相关理论，创新资助育人方式，继而体现育人队伍的"并联"建设。以

1　黄建美，邹树梁.高校资助育人创新视角：构建多维资助模式的路径探析［J］.中国高教研究，2012（4）：81-85.

"健康"育人专项小组为例，应积极网罗体育健康与心理辅导相关专业人才，组成"健康"育人专项小组，从理论与实践两个方面出发，为受助学生群体提供辅导咨询，加强身体的锻炼和心理问题的自我疗愈。

（二）推进育人工作流程化建设

高校资助育人工作存在着由于工作流程衔接不流畅导致的申请过程繁琐的现象。这不仅浪费育人资源，还影响育人成效。面对这一问题，高校要重视资助育人工作流程化建设。所谓高校资助育人工作流程化建设是从受助学生需求出发，不断完善优化资助育人工作流程接洽，使部分或整体的资助育人工作流程衔接更加流畅。同时，通过推进高校资助育人工作流程化建设，促进高校资助育人工作流程的简约化与高效化。育人工作流程化，旨在缩短工作交接时间的同时，使复杂的问题简单化，简单的问题条理化，从而优化工作流程，提高工作效率。具体而言，加强高校资助育人工作流程化建设，应从两个方面出发。一方面，整合资助育人工作环节，取消不必要的环节，合并部分必要工作。在这一过程中，首先考虑资助育人工作中是否存在不必要的环节，即工作内容是否存在重叠、交叉部分。其次，要斟酌资助育人工作中是否存在可以合并的部分，最终实现育人工作环节的整合。另一方面，优化资助育人工作流程，即将整合后的资助育人工作环节按照一定逻辑或者工作重点重新排序，使重组后的育人工作流程更加科学合理，育人工作更加高效。

二、构建育人内容整合机制

进入新时代，我们强调高等教育要实现内涵式发展，内涵式发展强调在发展的同时，要更加注重内容和质量的提升。高校要实现资助育人工作行之有效，就不得不推动资助育人内容的革新。目前，高校资助育人多进行诚信教育、感恩教育、爱国主义教育等。但是，当今社会时事纷扰、世间万物复杂多变，在进行基础教育的同时，更应该给学生开展安全教育、挫折教育以及劳动实践教育等，丰富育人内容，更好地为党育人、为国育才。

（一）融入安全教育

安全是关乎个体和国家稳健发展的重要因素。高校资助育人安全教育的内容主要包括以下两个方面：第一，引导家庭经济困难学生树立安全意识。当今社会多元的思想观点、价值观念不断影响着大学生，而家庭经济困难学生由于自身成长环境、缺乏社会见识与阅历等原因，更易受到各种非主流价值观念如消费主义、享乐主义等的影响。不法分子在掌握家庭经济困难学生基本信息的情况下，更容易抓住其不良消费心理并对其进行诈骗。因而，需要高校引导家庭经济困难学生在思想上树立正确的消费观并培养其具备一定的安全意识，同时可以通过督促其学习反诈宣传知识、安装反诈 APP、牢记反诈部门电话信息等方式，帮助其提高反诈能力，并维护好自身财产安全。第二，帮助家庭经济困难学生筑牢心理健康安全防线。面对复杂的社会环境和人际关系，部分家庭经济困难学生比较容易产生攀比心理、自卑心理，长此以往，这种消极的心理状态甚至有可能导致其产生自杀心理或者伤害他人的心理。因此，高校需重视家庭经济困难学生的心理健康，可以通过开展专门的心理咨询，引导其树立正确的金钱观、消费观等途径帮助其筑牢心理健康安全防线。

（二）融入挫折教育

所谓在家庭经济困难学生中开展挫折教育，就是指高校资助育人工作者有意识、有目的地运用一定的教育方式与手段，开展一系列有利于帮助与引导家庭经济困难学生正确对待挫折、从容应对挫折并保持积极乐观健康心态的活动。最近几年，我们可以发现越来越多的学生因受不了在学习生活等方面所遇到的挫折，而选择结束自己的生命，这些悲剧的发生不得不引起高校对学生挫折教育的思考。而家庭经济困难学生作为高校学生中的较特殊群体，在高校这一特殊环境中，他们在学习生活中会面临着更多的挫折与挑战。由此，在高校资助育人内容中融入挫折教育是十分必要的，并且也是紧迫的。近年来，高校连续扩招导致大学生人数增加，在新冠肺炎疫情与国内外复杂局势的影响下，高校大学生特别是家庭经济困难学生所面临的内外环境变化颇大。在这些复杂环境下，一些家庭经济困难学生由于性格相对自卑、孤僻、不够乐观等，可能会面临人际关系受挫、恋爱情感受挫、能力拓展受挫、就业学业压力大等问题。在这些挫折影响下，他们可能会变得消极、自卑、颓废，甚至抑郁。所以，在资助育人过程中开展挫折教育是十分重要的，有助于帮助与引导家庭经济困难学生养成健康的人格、坚强的品格。

（三）融入劳动实践教育

习近平总书记曾指出："劳动是财富的源泉，也是幸福的源泉……生命里的一切辉煌，只有通过诚实劳动才能铸就。"[1]这告诉我们幸福都是靠自我劳动获得的，没有一劳永逸、不劳而获，而是要勤勤恳恳地付出劳动才能收获幸福与财富。高校资助育人的最终落脚点应是在"育人"上，只依靠单纯的"资助"不能根除学生的贫困，必须引导学生通过自我努力与奋斗去摆脱贫困。劳动实践教育能够在一定程度上激发家庭经济困难学生的感恩之心以及拓展高校资助工作的全面育人渠道。

例如，山东大学持续推进劳动教育与资助育人融合创新，积极拓展勤工助学岗位，为家庭经济困难学生搭建劳动教育平台。围绕劳动体验、专业实习等方向开展劳动教育实践，如设立"新心向荣"小农场，组织学生分组认领责任地，种植瓜果蔬菜，让学生切实经历劳动过程。同时，拓展校外实习基地开展专业实践，为家庭经济困难学生提供专业实习机会，积累实践经验。此外，还建设"田园心语"心理实验室，组织学生开展校园院落生态系统建造，在劳动体验中融入心理学、生态疗愈的相关理念，提高学生的审美和生态意识。

三、厘革资助审核机制

高校资助项目是国家为了保证高校困难学生顺利完成学业并获得个人发展的一项育人措施。要使资助项目真正地帮助到有需求的困难学生群体，解决有关资助育人公平性、公正性缺失的问题，厘革资助审核机制是实现这一目标与促进教育公平的重要途径。

（一）制定资助对象的正负清单

制定高校资助对象的正负清单，即制定高校困难学生群体的正面清单与负面清单，通过正负清单的同步建立，以致在高校资助审核过程中，资助对象的详细情况得以立体化地展现，使得审核结果更加客观与公正，从而实现高校教育公平的深入推进。

第一，制定资助对象的正面清单。由于部分高校存在偏重经济上的资助，忽略育人作用的现象，导致高校资助育人工作出现功利化倾向，影响资助学生群体正确价值观的形成。这需要采取一定措施来引导资助对象价值观的回归。因此，制定资助对象的正面清单的重要性不言而喻。所谓正面清单，是指在资助审核过

1 习近平.习近平谈治国理政［M］.北京：外文出版社，2014：46.

程中，对资助对象列出的一份正向引导的行动指南。它既能在资助审核过程中，为区分不同资助对象的实际情况提供清晰的审核标准，同时也能为高校家庭经济困难学生促进个人全面发展提供明晰的指引。除此之外，还使得育人在资助工作的每个细节都发挥作用。而制定资助对象的正面清单，应坚持以培育社会主义建设者和接班人为根本任务，同时正面清单中的所有标准都应围绕着新时代育人目标进行制定，从学生的"德智体美劳"五个方面出发，正向引导资助对象，指明什么是作为新时代青年应该具备的素质。

第二，制定资助对象的负面清单。因为目前高校资助工作存在着影响学生群体正确价值观形成的不良现象，为了消除这种现象的影响，不仅要制定资助对象的正面清单，还需要增设资助对象的负面清单。所谓负面清单，是指在高校资助审核过程中，对资助对象列出的一份对于高校学生全面发展过程中的警示录。它如同一条红色的警戒线，横跨在不端行为与资助对象之间，与正面清单互相呼应，形成一种完整的高校资助审核机制，使得资助对象的实际情况得以立体化展现。除此之外，资助对象的负面清单还有助于激发高校资助育人活力。建立负面清单有利于形成有序的育人环境，为育人工作提供更大空间。制定资助对象的负面清单应从"不利于高校学生全面发展的影响因素"角度出发，从法律法规到校纪校规，从校纪校规到个人道德规范，层层递进，为高校资助对象拉起个人发展的警戒线。

（二）建设动态化评审标准

在高校资助育人工作体系中建设动态化评审标准，是对"具体问题具体分析"原则的贯彻。只有灵活动态的标准才能使高校资助育人充满活力。而动态化评审标准的建设主要体现在两个方面。一方面是对不同资助对象的动态化评审标准，另一方面是对同一项目不同时期的动态化评审标准。

第一，建立资助对象动态化评审标准。由于不同地方、不同区域家庭经济困难学生群体的困难程度不同，或者其表现出的困难情况与实际情况存在差异，最终导致评定的标准不尽相同，这需要高校资助育人队伍根据实际情况对资助评审标准进行实时变动调整，实现评审标准的动态化。这样的动态化标准既方便动态监测学生的实际困难情况，筛选出真正需要资助的学生。同时又能避免"一刀切"的资助评审标准，提高学生参与资助项目的积极性。而要具体实现不同资助对象评审标准的动态化，则需要高校资助育人队伍走入困难学生群体中，深入地走访了解困难学生的实际情况，收集大量案例与数据，掌握不同程度困难情况的具体特征，才能制定出更加科学的动态化评审标准，切实发挥扶助与育人的功效。

第二，建立资助项目动态化评审标准。由于部分高校存在一直沿用一套资助评审标准的现象，没有根据不同时期的不同要求变更评审标准，导致资助工作逐步僵化，育人工作也受到影响。因此，制定资助项目动态化评审标准的重要性得以凸显。制定资助项目动态化评审标准是指坚持以发展的眼光看待高校资助工作以及资助评审标准，紧抓时代脉搏，了解不同时期对于资助育人的不同要求，以不断调整资助评审标准，使得评审标准与这些要求相契合，从而实现资助项目评审标准的动态化。这有益于突显新时期的新要求，让高校资助育人紧跟时代步伐，并促进资助评审标准灵活多变，激发扶助动力与育人活力，避免高校资助评审标准的僵化。

四、创新资助育人评价机制

高校资助育人工作是否具有成效，需要通过评价来显现。随着高校资助育人体系的不断扩大，高校资助育人工作也逐步表现出不平衡、不充分的问题，尤其体现在资助育人成效上。然而，如今大部分高校对于资助育人工作的评价停留于队伍内部的评价，客观性、真实性不强。鉴于此，要增强高校资助育人工作实效性就必须着力构建一套科学、有效的资助育人评价体系。

（一）全员评价

所谓全员评价，是指既包括学校所有教师工作者、学生，同时还包含家庭经济困难学生的家人以及就业单位的评价。全员评价具有多元化、民主性、广泛性的特征。从整个体系来看，全员评价对于高校资助育人工作有两方面的促进作用：一是可以促使资助育人工作者和资助对象不断反思，有效提升资助育人工作成效；在全员评价中，所有人员皆可为主体，资助育人工作者与资助对象也不再是单纯的客体，同时也发挥着主观能动性，更积极主动地参与评价活动，能够主动对自己的活动进行调控、完善与修正。二是通过全员评价，能更好地调动社会对资助育人活动参与的积极性与创造性。

具体而言，一是受助学生评价。受助学生是对资助育人工作评价最具话语权的主体，一方面要评价资助工作是否公平公正，如自身所受资助是否同自身情况相符。另一方面要评价育人工作是否行之有效，在所开展的育人活动中是否有收获、是否对其有所帮助。二是非受助学生评价。非受助学生是接触受助学生最多的群体，他们对资助育人工作也具有一定的可视性。一方面是评价资助育人工作是否公开透明，例如在开展认定与评定工作时是否将相关政策通知到每一位同学；另一方面是评价受助学生家庭经济情况是否与同学们所了解的一致、受助学生接受资助后是否滥用资助金等。三是资助育人工作者评价。资助育人工作者是开展资助育人工作的重要主体。一方面要评价资助育人活动成效，可以通过在资助育人活动中同学生交流以及观察学生的日常生活行为，判断资助育人活动是否促进学生思想与行为的转变。另一方面，资助育人工作者应评价资助育人方式，评价所采取的资助育人方式是否有效地帮助学生、是否适合现阶段的学生。四是受助学生家长评价。受助学生家长是同受助学生联系最为紧密的，资助育人成效也应在受助学生家庭中呈现。家长要评价学生是否勤俭节约、孝顺、知恩感恩、自信乐观等。五是社会人员评价。学生最终是要走向社会的，社会人员的评价主要是指受助学生就业后的用人单位对其的评价。一方面要评价受助学生的工作能力以及其职业素养，另一方面要评价受助学生的工作态度以及工作生活方式与其品行。

（二）全方位评价

全方位评价是指在资助育人工作评价中要对受助学生进行全面的评价。全方位评价具有过程连续性、层次性、综合性的特征。此评价所体现的作用有两个主要方面：一方面是可以从多个角度出发对受助学生进行更全面、更客观、更科学的评价，促进受助学生全面发展。另一方面是可以为资助育人工作提供发展方向，通过全方位对资助育人活动进行评价，了解在资助育人活动中存在的不足，厘清发展思路。

具体而言，全方位评价包括以下四个方面：一是对受助学生思想层面进行评价。受助学生思想的转变是资助育人工作取得良好成效的关键一环，只有从思想上接受了资助，才算整个资助育人工作得以顺利完成。因此，应充分评价受助学生的感恩意识、责任担当意识以及受助学生是否形成了坚定的理想信念等。二是对受助学生身心层面进行评价。良好的身心是受助学生完成学业的最基础条件，同时也是资助育人工作得以开展的先决条件。不仅要通过定期开展的资助育人活动观察受助学生身体状况，还要通过心理健康测试评价学生的心理状况。三是对受助学生学习工作层面进行评价。学生最基本的任务是学习，资助育人最基本的工作就是要保障困难学生完成学业、助其成长成才。通过评价受助学生的学业情况及其学习表现是否符合大学生基本发展要求，进而检验资助育人工作方式是否有效。学生学习的最终目标是为了就业，通过评价其就业后的工作表现，反馈资助育人工作的路径体系。四是对受助学生生活层面进行评价。一个人的日常生活能反映其生存心态、生活风格、文化品位，同时也能在一定程度上反映其思想认同和行为状态。通过评价受助学生的生活层面，了解受助学生生活现状，分析其生存心态是否积极健康，判断其文化品位是否在育人活动中有所提升等。

（三）全过程评价

全过程评价是指高校资助育人评价参与并且渗透到高校资助育人工作运行与高校资助育人体系建设的整个过程之中。从理念的创立到制度、项目的构建，从资助育人工作的具体实施到对实际育人效果的评测，对这一整个过程的方方面面都进行细致的评估，更加客观、全面地认识了解高校资助育人体系的整体运作情况，为育人队伍提供有效推进资助育人体系建设的依据。

高校资助育人全过程评价的运用，要落实到资助育人体系的四个层面，以实现资助育人评价的全过程把控。一是对资助育人理念的评价。符合资助育人发展要求的理念，能为资助育人体系建设指明正确的道路，能够使制度制定、工作实施、效果评价等发挥真正效能。因此，要做好源头把关，综合而全面地评估相关资助育人理念及其发展潜力，通过详细评估，得到认可的资助育人理念才能在新时代实现其内在的育人价值。二是对资助育人制度的评价。制度是对理念的贯彻，是实践的上层制度，起着承上启下的作用。资助育人制度的评价是对资助育人制度本身质量的考核，也是提高制度可行性的有效手段。加强对育人制度的评价，重点应集中在育人制度的可操作性、科学性以及对理念的贯彻性等，以此来综合评估资助育人制度。三是对资助育人实践的评价。这是最需要全过程跟进的一个环节，因为在这一环节中，理念与制度如何具化到实际工作中，工作中面临的困境如何化解，都考验着资助育人队伍的工作能力。实现实践环节的评价，要做到"时时评价、处处评价"，才能真正动态化掌握资助育人实践过程中的详细情况。四是对资助育人效果的评价。效果评价是资助育人全过程评价的最后关口，肩负着重要责任。在评价资助育人效果时，要紧密联系对于资助育人理念、制度、实践层面的评价，这样能够得出最全面、客观的评价结果，并发现其中值得学习推广的优秀经验，或者精确找到某个工作环节出现的问题，得以及时改正。

（四）育人队伍持续追踪问效

资助育人队伍的持续追踪问效，是指高校资助育人队伍对于资助育人工作实施的持续关注，并在对育人工作的持续关注中及时发现与纠正问题，保证工作质量。这是一种非常基础但贵在持之以恒的评价方式与监督手段，它的核心就是要资助育人队伍树立"穷追不舍"的问责精神，这需要资助育人队伍有足够的责任心和耐心，对从自己手中流过的每一分钱、每一个资助项目、每一场育人活动都要一追到底、一问到底，直至资助育人工作落到实处、资助育人成果得以充分体现。同时也要贯彻"钉钉子"的督导精神。如同钉钉子一样，高校资助育人队伍在对资助育人工作监督指导过程中，保证资助育人工作这颗"钉子"处在正确的方向上，并且持续发力，均匀敲击，最后使这颗"钉子"变得更稳固、更牢靠。而要实现高校资助育人持续追踪问效，必须关注两个重点，一是追踪问效的持续性，二是追踪问效的制度化。据此，提出了对高校资助育人队伍持续追踪问效要做到"三度""三追"与"三问"。

第一，找角度、提精度、强深度。首先是找准持续追踪问效的角度。即解决问题最先着手的地方，即资助育人工作的中心点。只有从该角度入手，才能找准资助育人工作中的痛点，使追踪问效的影响效果最大化。其次是提高持续追踪问效的精度。因为在有限的精力中，全方位地持续追踪问效一时难以实现，因而需要抓住高校资助育人工作的主线进行精准发力。最后是加强持续追踪问效的深度。要求对于育人队伍的主线工作情况一追再追，绝不停留于表面的问询工作，而是要充分酝酿，制订方案，深入开展专题调研，做到对资助育人工作进程烂熟于心。

第二，事前追、事中追、事后追。首先是事前追，指在资助育人队伍开展工作之初就参与监督和给予指导。这样有助于了解工作的准备情况，保障工作方向的正确，也方便出现问题后进行溯源。其次是事中追，通过时时追踪，不断问效，参与到资助育人工作的过程之中，掌握每一环节育人工作的各项细节，达到持续追踪问效的目的。最后是事后追。在资助育人工作告一段落时，不能放松对资助育人队伍的持续追踪问效，应该加强对育人工作成效的持续关注，以求完成最后的"问效"，同时也能直观反映资助育人工作的成败与得失。

第三，问效果、问效率、问原因。首先是问效果。育人效果是检验资助育人队伍工作成效的最终标准。因此要在监督的过程中一问再问，一问到底。其次是问效率。工作效率与育人成效有着密切联系，强调工作效率能够使资助育人成效显著，在此基础上还能促进育人队伍自身能力的发展，强化资助育人队伍建设。最后是问原因。它既要问成功的原因，也要问存在问题的成因。通过问成功的原因，育人队伍能够总结先进经验并进行推广，而问存在问题的成因也能及时解决问题，优化育人工作。

第三节　高校资助育人实践探索

教育的目的是使教育对象能全面发展，这也是高校资助育人体系建设的终极目标。要实现这一终极目标，优化创新资助育人实践过程是必经之路。同时高校资助育人实践的创新发展使资助育人理念、机制得到贯彻落实，从而推进高校家庭经济困难学生的全面发展和社会化进程。因此，本节从创新高校资助育人工作实践出发，以期为高校学生群体的成长成才提供更多渠道与途径。

一、扩大政策宣传的"四度"

宣传高校资助育人政策，能够为高校学生阐明详细的资助政策，增强困难学生群体对于参与资助项目促进自身发展的自觉性。扩大资助育人政策宣传应从政策宣传的力度、广度、高度、温度四个维度出发，以求达到落实育人政策宣传、促进育人政策推广的目的。

（一）增强宣传力度

扩大资助育人政策的宣传，增强宣传的力度至关重要，主要表现在三个方面。一是增强资助育人宣传队伍精力的投入。在宣传过程中，针对不同学生群体，宣传与之相关的高校资助政策，实现精力投入"点对点"，达成宣传效益的最大化。二是加大资助育人政策宣传过程中物力的投入。只有拥有坚实的物质保障，才能使高校资助育人队伍在宣传政策的过程中大展拳脚，选择更加多元的宣传方式与宣传渠道。三是提升资助育人政策宣传队伍的执行力。即贯彻高校资助育人理念，完成预计宣传目标的操作能力。[1] 高校要加强资助政策宣传力度，还需切实关注资助政策的落实情况，确保资助工作公开透明。以西北工业大学的资助宣传工作

1　凌峰，赵丹，汪文哲.基于目标的高校学生资助绩效考核研究［J］.辽宁行政学院学报，2010（12）：105-107.

为例，学校在入学前设立学生资助热线电话，对各类资助问题答疑解惑，并通过印制精美的资助政策简介以及家庭经济困难学生认定申请表、"绿色通道"申请表等，随录取通知书寄送到每一名新生手中，让学生提前了解国家资助政策体系。入学后，学校开设资助政策宣传专栏，常态化宣传各类资助政策。在新生入学、奖助学金评定、疫情汛情、贷款办理、学生毕业等时间节点，及时开展冬寒送温暖、金融知识进校园、"翱翔榜样力量"等活动，第一时间宣传资助政策，第一时间办理资助业务，第一时间反馈资助咨询意见，确保学生"心中有底"。[1]

（二）扩展宣传广度

高校资助育人政策宣传是高校资助育人队伍的一项重大任务，要完成这一任务，扩展资助育人政策的宣传广度是必不可少的。随着全球移动终端的普及和网络的广泛应用，高校资助育人宣传工作也需要紧跟时代潮流，利用互联网信息传播高速、便捷等优势，打破传统的工作思路和方法，占领网络宣传主阵地，并合理运用"线上＋线下"宣传模式，在线上宣传打破空间的束缚，在线下宣传获得双向的信息反馈，从而高效、准确、全面地解读资助政策和开展资助育人，打开高校资助政策宣传的格局。而要落实"线上＋线下"资助育人政策宣传模式，应注意契合高校困难学生的社交特点，围绕学生群体关注的热点，用学生群体喜闻乐见的方式进行高校资助育人政策宣传。以中南民族大学资助育人工作为例，为提升资助政策知晓度，学校"出实招""见实效"，一方面构建学生资助新媒体矩阵，打造学生资助网站、微博、微信公众号、抖音等宣传平台。另一方面制作《民大资助 与我同行》等学生资助政策宣传作品，以学生青睐的方式宣传资助政策，提升宣传时效。[2]通过这样的宣传方式，既能实现宣传广度的提升，也能潜移默化地融合有关网络安全的教育，为高校学生树立正确的网络安全观，凸显资助育人在政策宣传过程中的育人作用。

（三）提高宣传高度

所谓"站得高，看得远"，高校资助政策宣传的高度深深影响着高校资助育人体系建设的长久发展，这具体通过两个"高"来达成。一是高校资助育人政策

1　全国学生资助管理中心．西北工业大学以价值塑造为引领构建发展型资助体系［EB/OL］．（2022-04-12）．［2022-06-22］．http：//www.csa.cee.edu.cn/index.php/shows/5/7508.html．

2　全国学生资助管理中心．中南民族大学多措并举解决困难学生"急难愁盼"问题［EB/OL］．（2022-02-24）．［2022-06-22］．http：//www.csa.cee.edu.cn/index.php/shows/5/7493.html．

宣传队伍自身思想素质要高。主要通过强化宣传队伍自身的责任感和使命感来实现，其重点在于提升思想站位，从而发挥好在宣传过程中把方向、管大局、促落实的领导作用，抓好资助育人政策宣传工作的贯彻执行，以达到预期成效。以华侨大学开展"助力乡村振兴"周宁县研习营活动为例，学校组织学生资助宣传大使深入福建省重点开发县，通过实地观摩与校友分享，引导学生赓续传承伟大民族精神和时代精神，从而增强学生资助宣传大使责任感和使命感。[1]二是资助育人政策宣传过程中宣讲立意要高。这要求在政策宣传过程中，讲出高校资助育人的深刻价值意蕴。即讲清楚怎么形成的高校资助育人，说明白为什么要进行高校资助育人，着重点明高校资助育人政策中的"育人"价值，让学生深刻认识到高校资助育人的最终目的是培育更多堪当民族复兴重任的时代新人。以西南交通大学开展资助政策宣讲服务为例，同学们在"学生资助宣传大使"全面且细致地讲解下，认真学习国家及学校的相关资助政策，了解各项资助政策的重要意义，感受国家、学校对学生的关心关怀。[2]

（四）增加宣传温度

在加强资助育人政策宣传的力度、广度与高度后，为使资助育人政策更能被高校学生群体所接受，增加政策宣传的温度是重中之重。想要资助育人政策宣传有温度，关键在于接地气。要用最贴近新时代学生群体的语言，将高校资助育人扶助政策与育人案例转化为生动的故事讲述出来，让学生听得懂、听得明白，才能真正使资助育人政策走进学生的内心。除此之外，还要善于运用学生宣讲员。学生宣讲员能够在宣讲过程中以学生群体喜爱的形式，用学生能接受的话语以及列举学生熟悉的事例来详细解读高校资助育人政策。以华中农业大学2022年寒假开展的家庭经济困难学生家访活动为例。该活动共组织百余名专业教师、思政专业学生干部和学生资助宣传大使，以"暖心人，递'农'情"为主题奔赴全国25个省市开展家访活动。在活动中，华中农业大学破立并举，采用"学生家访学生"的创新家访方式，是善用学生宣讲员的体现。同时，资助宣传大使们走进受访学生家庭，与学生和家长面对面交流，为他们讲解学校资助政策，有针对性地解惑

1　全国学生资助管理中心.华侨大学组织学生资助宣传大使开展"助力乡村振兴"周宁研习营活动［EB/OL］.（2022-07-13）［2022-06-22］.http：//www.xszz.cee.edu.cn/index.php/shows/5/6262.html.

2　全国学生资助管理中心.宣讲资助政策 服务学生成长——西南交通大学广泛开展资助政策宣讲服务［EB/OL］.（2021-12-08）［2022-06-22］.http：//www.xszz.cee.edu.cn/public/index.php/shows/5/7353.html.

答疑，将政策文件转化为鲜活的语言，让家庭经济困难学生愿意听、听得进、听得懂，使资助育人政策宣传不断"升温"，从而使宣传工作深入学生心中。[1]

二、革新资助育人方式

高校资助育人的成效是否显著与所采取的资助育人方式有较大的联系。当今社会复杂多变，信息更新迭代十分迅速，高校资助育人手段、方式也要随着时代的发展而发展。目前，高校对于资助育人的方式创新不够，不同程度地存在依靠"经验"，育人方法老化、简单化、同质化等问题。[2]资助育人工作是一件长期的、综合性的工作，必须与时俱进、紧跟时代步伐，在保留"经验"的基础上不断创新适合当下、适合学生的新方式。

（一）运用互联网思维，打造资助育人新途径

如今生活的方方面面已经离不开互联网，手机、电脑、平板也逐渐成为大学生的标配三件套，新媒体的快速发展给高校资助育人工作带来了全新的发展机遇。新时代的大学生大多数生长于互联网时代，享受着互联网红利，是网络的主力军，他们呈现出在互联网时代独有的特征，高校应把握好家庭经济困难学生的特点与独特需求，更好地做好资助育人工作。互联网思维是一种运用大数据、互联网＋等技术重新思考问题的思维方式，更能打破传统思维的局限性。因此，高校资助育人工作应运用互联网思维，打造资助育人新途径。一是充分运用互联网进行资助育人政策的宣传以及开展相关资助育人活动。二是有效利用新媒介开展资助育人工作。如利用腾讯课堂、钉钉等开展资助育人工作。新媒介传递消息是及时的，可以利用其开展资助认定、评定等相关工作。三是利用互联网加强学生全过程资助。

譬如，学生因新冠肺炎疫情无法返校学习生活，北方工业大学通过微信群、QQ群、小程序等方式，精准把握每位学生的身体健康状况、实际困难和思想动态等。对于学习困难的同学，采取学霸一对一"键对键"辅导，与此同时，利用"云技术"打造各种平台，广泛开展"云勤工助学"活动，设立云教学助理、云科研助理等岗位，让学生参与到教学和科研中。

（二）加强校际交流，促进共同发展

校际交流是指不同学校的教师、学生等人员之间的互相交流与学习。人是社

---

[1]　全国学生资助管理中心.寒冬家访暖人心，资助育人递"农"情——华中农业大学开展家庭经济困难学生家访活动［EB/OL］.（2022-04-12）［2022-06-22］.http：//www.csa.cee.edu.cn/index.php/shows/5/7509.html.

[2]　宋传盛.新时代高校资助育人的定位、问题与策略［J］.教育探索，2021（9）：47-53.

会的人，在现实生活中是有许许多多的社会关系的，人不能脱离社会而独立发展，高校亦是如此。高校不能囿于自身现状，实行封闭式的发展，而应该在相互交流中不断反省自身问题并加以改正。一方面，高校之间可以互派资助育人队伍进行交流学习，在交流中学习其他院校资助育人工作的创新点，改正自身的不足。另一方面，高校可以相互利用教育资源，例如师范类的院校可以发挥自身优势，接收非师范类院校的师范专业的同学来校学习。同时，高校之间还可以互设勤工助学岗位，增强校与校、学生间的交流，在互相学习中，促进共同发展。

例如，2020 年 12 月在东华大学举办了上海高校资助育人工作沙龙，各高校资助育人队伍围绕着自身工作的典型经验展开讨论与交流，切实提高了资助育人成效。

（三）设置学生资助育人信息员，强化朋辈帮扶

学生信息员制度原是为了保障高校教学质量而设立的一个制度，其实，资助育人工作效果本质上是和教学质量相一致的，同样是为了实现立德树人的根本任务。高校资助育人工作要想取得好的成效，就必须充分了解资助对象，但是一般情况下，学生很难与老师敞开心扉交流，多是与同学进行交流、诉说。因此，高校应充分把握学生的心理特点，设置学生资助育人信息员，强化朋辈帮扶。只有掌握好资助对象的基本身心特点与基本状况，高校才能更好地进行资助育人工作、有效地为国家和社会培养全面发展的人才。

例如，西南大学设立学困帮扶勤工助学岗位，在此之下材料与能源学院成立"材子助学团"，选拔高年级学习成绩优异、有助人为乐的优秀学子组成朋辈帮扶团，旨在为有考研咨询、日常学业困惑的低年级同学答疑解惑，实现一对一的长期有效帮扶。商洛学院学生党支部开展"共产党员＋资助"系列资助育人实践活动，先后开展了"共产党员＋模范资助宣传大使"推选、"共产党员＋获奖受助学生党史学习感悟短视频"评选等系列活动，不仅发挥了学生党员的示范引领作用，还引导了受助学生积极向党组织靠拢，做知恩感恩的践行者。

本章小结

在不同的时代，我们背负着不同的使命，要想取得成功，就得顺应时代潮流。如今我们已处于新时代，高校资助育人工作也要顺应时代发展而

变化，打破原有局限，推动资助育人的理念、机制及实践实现创新发展，让资助育人成为高校落实立德树人根本任务的重要抓手。在如今纷繁复杂的社会中，资助育人更要锐意创新，以体系化、融合化、信息化的理念，推动精准资助，努力实现"资助"向"自助"转化。在资助育人工作创新发展中，努力实现"资助"与"育人"两手并抓，齐头并进，让高校广大家庭经济困难学生在资助育人工作下能够健康成长并实现全面发展。

第十章 / 高校思想政治工作组织育人创新与发展

习近平总书记在全国高校思想政治教育工作会议上提出要求，要"把思想政治教育工作贯穿教育教学全过程，实现全程育人、全方位育人"[1]。"组织育人质量提升体系"作为"十大"育人体系的重要一环，承担着"把组织建设与教育引领结合起来，强化高校各类组织的育人职责"的重要工作。站在新的历史方位，顺应时代潮流、把握未来走向，必须推进高校组织育人的创新与发展，在新的历史条件下不断开创新时代高校思想政治工作的新局面。

第一节 高校组织育人概述

高校组织育人的理论与实践，既是源自中国共产党作为马克思主义政党的优良传统，具有深厚的思想渊源和理论基础；更是立足于新时代国际国内情况的深刻变化带来的全新挑战，是对培养担当民族复兴大任的时代新人的现实回应。因此，明晰高校组织的内涵，厘清其创新发展的时代依据，对我们推进组织育人理论与实践的创新发展至关重要。

一、高校组织的内涵

高校组织的科学内涵是高校组织育人创新与发展研究的逻辑起点。组织是人类社会的基本单元之一，推动着人类社会的前进与发展。高校各级各类组织承载着实现高校思想政治工作育人目标的重要任务，深入剖析高校组织的内涵，明确其具体指向，有利于我们对高校组织在理念创新、机制创新和载体创新方面的深入探索。

（一）"组织"的含义

组织是当代人类社会最普遍的社会征象。从一定意义上讲，组织是构成现代社会的基本单元和细胞。从词源意义上看，"组织"一词最初见于《礼记·内则》中"织纴组紃"的记载，其指的是将丝麻纺织成布帛，也即组织编织的意思。唐

---

1 习近平在全国高校思想政治工作会议上强调 把思想政治工作贯穿教育教学全过程 开创我国高等教育事业发展新局面［N］.人民日报，2016-12-09（1）.

代著名经学家孔颖达率先将"组织"一词引申到行政管理上来，他说"又有文德能治民，如御马之执也，使之有文章如组织矣。"在英文中，组织（organization）一词来源于器官（organ），牛津大辞典将"组织"解释"为特定目的而进行有系统的安排"。《现代汉语词典》认为，组织是指"按照一定的宗旨和系统建立起来的集体"。从名词解析的角度来说，广义上，组织指的是由诸多要素按照一定方式相互联系起来的系统；狭义上，组织就是指人们为实现既定的目标互相协作联合而成的整体或集体，如党团组织、工会组织、企业、军事组织等。

（二）高校组织的界定

高校组织并非一个明确的概念，而是以场域作区分，特指在高校中存在的各级各类组织或团体。就本书所探讨的高校组织而言，它有其确定的范畴和界定，《高校思想政治工作质量提升工程实施纲要》中明确提出了"发挥高校党委领导核心作用、院（系）党组织政治核心作用和基层党支部战斗堡垒作用，发挥工会、共青团、学生会、学生社团等组织的联系服务、团结凝聚师生的桥梁纽带作用"。[1]因此，在本书中所探讨的高校组织主要包括以下几类：党的组织；党领导下的群团组织，如工会、妇联、学生会（研究生会）等；党的统一战线组织，如各民主党派组织和统战团体等；学术组织，如学术委员会、专家委员会等；基层自治组织，如学生社团、教工社团等；与学校工作相关的其他社会型活动组织。在高校各类组织中，起统率作用的是党的组织。

二、创新与发展组织育人的时代依据

高校组织育人是高校思想政治工作的重要组成部分，是一个长期性的系统工程，也是高校全员育人、全过程育人、全方位育人的重要内容。它强调的是高校党组织在遵循学生成长成才规律的基础上，引领和带动高校各级各类组织和团体发挥各自的组织、管理、服务功能和优势，有目的、有计划地开展工作，落实好立德树人根本任务。新时代高校组织育人的主体、客体和社会环境都发生着巨大的变化，组织育人的理念、机制和载体等都亟待创新和发展。

（一）组织育人创新是高校思想政治工作适应新形势的内在要求

《国家中长期教育改革和发展规划纲要（2010—2020年）》中指出："提高

1　中共教育部党组.中共教育部党组关于印发《高校思想政治工作质量提升工程实施纲要》的通知：教党〔2017〕62号〔EB/OL〕.（2017-12-05）〔2022-06-22〕.http：//www.moe.gov.cn/srcsite/A12/s7060/201712/t20171206_320698.html.

质量是高等教育发展的核心任务，是建设高等教育强国的基本要求。"[1]高校的根本任务是立德树人，人才的质量是高校思想政治工作的生命线。随着经济全球化、社会信息化的不断发展，高校思想政治工作面临的国内外环境更为复杂。

从国际环境来看，西方资本主义国家借助其在技术方面的优势，极力鼓吹所谓民主、人权问题来对社会主义国家进行思想和文化的渗透。特别是随着当今信息化的日新月异，更是加剧了价值观念在互联网上的冲突和对立。各种社会政治力量希冀借助网络提升自己的"话语权"和"影响力"，力图将自身价值观念占领青年人的头脑，这给高校组织育人工作带来了极大挑战。

从国内环境来看，党的十八大以来，以习近平同志为核心的党中央从坚持和发展中国特色社会主义全局出发，提出了谋划工作的基本出发点是胸怀两个大局，一个"大局"是世界百年未有之大变局，另一个"大局"就是中华民族伟大复兴的战略全局，同时还提出"创新、协调、绿色、开放、共享"五大新发展理念，稳步推进我国经济、政治、文化、社会、生态等各领域的改革。随着改革的不断深化，社会深层次矛盾不断凸显，人们的思想观念也随之发生着深刻变化。高校如何通过组织育人工作的创新发展引领大学生思想，筑牢思想防线，坚定道路自信、理论自信、制度自信、文化自信，科学、有效地帮助青年大学生建构起社会主义核心价值观，是当前高校思想政治工作需要面对的现实问题。

（二）组织育人创新是高校思想政治工作实现现代化的必由之路

"所谓现代化，是指社会和人的现代特性发生、发展过程的现实活动。现代化是一个发展过程，是现实的创造性活动。"[2]高校思想政治工作的现代化内在地包含了两个层面的含义：一方面，指的是由传统高校思想政治工作运行模式向现代高校思想政治工作模式转型的过程，更新旧观念、革新旧方法、改变旧模式，根据新时代发展的要求对传统高校思想政治工作中阻碍发展的、滞后的、不合理的因素进行全面创新；另一方面，指的是要立足当下中国的发展实际和正在走的中国式现代化新道路，回应高校大学生群体发出的新疑问、出现的新问题，紧密贴合国际国内实际和最新的发展要求，帮助青年大学生及时纠偏、坚定正确的价

1　国家中长期教育改革和发展规划纲要工作小组办公室.国家中长期教育改革和发展规划纲要（2010—2020 年）〔EB/OL〕.（2010-07-29）〔2022-06-22〕.http://www.moe.gov.cn/srcsite/A01/s7048/201007/t20100729_171904.html.
2　张耀灿，郑永廷，吴潜涛，等.现代思想政治教育学〔M〕.北京：人民出版社，2006：458.

值观念，促进高校思想政治工作由"以高校本位"向"以学生为本"转变。

高校思想政治工作的现代化是一个全面、深刻的变革过程，涉及教育过程的现代化、队伍的现代化、机制与方法的现代化、载体的现代化等。高校思想政治工作要朝着现代化方向发展，必须通过各个环节的创新才能实现，高校组织育人创新就是其中最重要的一个环节。高校组织育人工作所承载的政治领导功能、思想引导功能、行为教导功能和协同疏导功能规定性，决定着高校组织育人创新与发展的好坏是高校思想政治工作能否顺利实现现代化的关键所在。

（三）组织育人创新是高校思想政治工作实现科学化的迫切需要

科学性是高校思想政治工作凝聚力和生命力的源泉活水，是其永葆生机与活力的根本保障。《高校思想政治工作质量提升工程实施纲要》中明确提出，"发挥各级党组织的育人保障功能，进一步理顺高校党委的领导体制机制，明确高校党委职责和决策机制，健全和完善高校党委领导下的校长负责制，推动学校各级党组织自觉担负起管党治党、办学治校、育人育才的主体责任。"[1] 其中，将高校各级党组织的育人保障功能提到了极其重要的位置。高校各项工作的推进都离不开党组织的决策和监督，高校思想政治工作科学化的实现也依托于组织工作的科学化。因此，高校组织育人创新与发展为高校思想政治工作实现科学化提供了重要的组织保障，也推动着高校立德树人根本任务的科学实现。

组织育人创新是高校思想政治工作实现理论科学化的迫切需要。马克思主义完整的科学理论体系为高校思想政治工作提供了坚实的理论基础，从根本上指导着高校各项工作的顺利推进。马克思主义不是僵化的教条，它的整个理论体系是随着时间和空间的变化而不断创新与发展的。适应中国各个阶段的新情况、新问题，马克思主义中国化的科学理论正在不断地创新发展中。高校组织育人工作创新内在地包含了理念创新、机制创新和载体创新三大部分，若其中一个部分的运行缺乏活力与生机，甚至与时代的要求发展不一致，将直接影响着组织工作的有效开展，高校思想政治工作的理论创新发展更无从谈起。

组织育人创新是高校思想政治工作实现实践科学化的迫切需要。理论指导实践，实践检验理论。高校思想政治工作的对象是青年大学生，适应大学生的身心

1　中共教育部党组.中共教育部党组关于印发《高校思想政治工作质量提升工程实施纲要》的通知：教党〔2017〕62 号［EB/OL］.（2017-12-05）［2022-06-22］.http：//www.moe.gov.cn/srcsite/A12/s7060/201712/t20171206_320698.html.

发展特点，采取多样化的育人方式将有助于教育目标的实现。其中，采用最多、效果最佳，同时又最易被大学生所喜爱和接受的育人方式就是实践。不管是组织工作，还是课程建设、科学研究、实践锻炼、文化建设、网络工作、心理工作、管理工作、服务工作和资助工作，都内在包含了实践的育人形态。作为承载着顶层设计、组工人才配备和统筹协调功能的组织育人工作，是各项育人实践工作开展的指导性环节。落后于时代的高校组织工作将导致落后的高校实践育人形态。

第二节　高校组织育人理念创新

"理念"是一个哲学名词，最早是从英语单词"idea"翻译过来的。理念一词在西方的解释众说纷纭，不同哲学家从不同角度都对"理念"一词进行过解读和定义。苏格拉底认为，"所谓理念正是思想想到的在一切情况下永远有着自身同一的那个单一的东西"。[1] 黑格尔则认为，"理念是自在自为的真理，是概念和客观性的绝对统一。"[2] 哲学家对"理念"的不同解读各有其侧重点，但都承认一个客观事实，那就是人在理念形成的过程中是能动的，理念一经形成就可以作为一种间接的实践形式，并为新的理念创造条件。因此，本书所指的"理念"强调的是人们对于某一个事物或现象的理性的观念体系。

理念是行动的先导，教育需要创新，关键是要在理念上予以创新。高校组织育人的理念创新，不是简单地添加、改变几个新的观点或引用几条新的材料，而是要在教育理念和思维方式上更新。高校组织育人应体现教育的价值取向，实现教育目的。因此，要创新发展高校组织育人实践，高校各级各类组织首先要确立并坚持正确的育人理念。

以"创新、协调、绿色、开放、共享"组成的新发展理念是对马克思主义科学方法论的创造性运用，是对马克思主义发展理念的进一步创新，它具有鲜明的问题意识和丰富的时代精神。新发展理念不仅是经济、社会发展的新理念，同时也是引领大学生思想政治工作的行动指南。当前大学生的思维方式和行为特点与新发展理念的高度契合，决定了新时代高校组织育人的教育理念也应将着力点用在构建组织育人的新发展理念上，把新发展理念有机融入高校思想政治工作的育

1　颜一.流变、理念与实体——希腊本位论的三个方向［M］.北京：中国人民大学出版社，1997：93-94.
2　黑格尔.小逻辑［M］.贺麟，译，北京：商务印书馆，2011：399.

人全过程，通过创新从根本上促进高校思想政治工作提质量、增效能。

一、创新发展理念

每个时代都会产生体现自己时代主要矛盾、历史主题、突出特征和总体精神状况的育人理念。新时代需要创新型人才，而创新型人才需要通过创新教育来培育。教育唯有通过打破传统落后的思维模式和教育理念，创新符合时代要求的教育方式，才能源源不断地为国家和社会输送创新型人才，才能解决时代矛盾、推进社会发展。坚持创新发展理念是解决高校组织育人工作由"组织大国"走向"组织强国"的关键，是决定我国高校思想政治工作实现育人目标的关键所在，同时，也为高校文化建设提供了理论层面的源头活水。

高校组织育人坚持创新发展理念，并非意欲全盘推翻、全面重启，而是在深刻总结经验教训基础上，以科学发展、长远发展为目标的再创新、再创造，这涉及到高校组织育人全过程的方方面面，既有纵向层面的顶层设计、实施开展、评估反馈，又有横向层面的机制建设、队伍建设、载体建设等。在贯彻创新发展理念的过程中，需要特别把握住以下几个原则。

一是创新的方向不能变。改进教育理念，我国高校坚持的是社会主义办学方向，以创新发展理念引领高校组织育人的前提，就是要坚持中国特色社会主义道路、根本政治制度和指导思想不能变，把握高校立德树人根本任务不能变，将提升组织育人质量作为组织育人创新发展的落脚点不能变。创新发展理念贯彻的根本就是巩固中国共产党的领导，巩固社会主义办学方向，创新是走中国式现代化大学之路。方向一旦改变，创新就偏离了方向、误入了歧途。

二是创新的动力不能变。我国是人民当家作主的国家，国家建设和发展的动力源泉就是来自广大的人民群众。创新的主体是人民，创新的动力是人民，创新的目标是为了人民。因此，要充分依靠广大高校思想政治教育工作者和青年大学生，调动起教育者和受教育者的主观能动性，让一切有利于组织育人工作的智慧和力量充分涌动起来。

三是创新解决的根本矛盾不能变。之所以要改进育人理念，其原因就在于以往传统的组织育人格局跟不上时代的变化和发展，提供的内容供给和方法支撑已满足不了教育对象的内在需要，实现不了既定的育人目标。组织育人的现实目标会因国际国内环境的变化而不断补充和完善，但究其根本，创新发展的终极目标就是在解决一个根本矛盾，即教育主体价值供给满足不了教育对象对价值信仰内在渴求的矛盾。

二、协同育人理念

习近平总书记曾指出："新形势下，协调发展具有一些新特点。比如，协调既是发展手段又是发展目标，同时还是评价发展的标准和尺度。再比如，协调是发展两点论和重点论的统一，一个国家、一个地区乃至一个行业在其特定发展时期既有发展优势、也存在制约因素，在发展思路上既要着力破解难题、补齐短板，又要考虑巩固和厚植原有优势，两方面相辅相成、相得益彰，才能实现高水平发展。"[1]高校组织育人是一项协同育人工程，协调的主要目的是调节大学生接受价值引领不充分不平衡的问题。因此，协同育人是当代高校组织育人工作持续发展的内在要求。

协同育人理念，强调的是整合各方资源，实现优势互补，避免组织育人工作中的"木桶效应"。这就要求高校各级各类组织要注重工作的全面性、系统性、协调性。这里的协同育人，不单单强调的是组织与组织之间的外在协调，还强调的是组织内部之间的同向，以及高校作为一个独立组织的外在协同。

（一）组织与组织之间的协调

高校各级各类组织因工作分工不同，在实际的育人过程中难免会出现各自为政的情况，再加之每个组织都有与职责分工相对应的年度考核任务或目标，组织育人工作的协调性要求主要集中在组织内部对任务的合理分工上面，组织与组织之间的协调更多地体现在对资源的合理利用方面。但组织育人工作作为高校思想政治工作中一项极其重要的组成部分，本身所承载的育人顶层整体目标是非常明确的，需要各级各类组织在实际的育人工作中做到整体谋划、同步部署、系统推进。这里面既涉及各部门之间、各平台之间的协调，也涉及教育主体和教育客体之间的协调，形成多部门、多渠道育人合力，充分调动起各组织的积极性、主动性和创造性，形成育人长效机制。

（二）组织内部各要素之间的同向

组织内部的同向强调的是组织内部各要素的方向是一致的，各要素之间彼此的协作是符合规律的。从教育主客体的角度来看，就要是做到教育主体和教育客体之间的育人同向，在实际的工作中，教育主体要考虑教育客体的实际情况来采取相应的教育手段，采用适合的教育载体；从教育过程的角度来看，就是要注意做到教育准备阶段、教育实施阶段、教育总结反馈阶段之间的育人节奏符合当前大学生的思想状况，在具体的工作中，应将三个环节的情况予以整体考虑、系统谋划，制定阶段性工作目标，避免出现"所解非所惑""所答非所问""头尾不一致"等情况。

（三）高校作为一个独立组织的外在协同

高校组织育人工作并非一蹴而就的短效工作，而是一项需要久久为功的系统工程，需要全社会的共同支持和推进。高校应主动寻求各方力量的支持，构建高校与高校之间、高校与政府之间、高校与企业之间的协同组织育人机制，在工作队伍、工作平台、工作载体等多方面展开深入合作，瞄准高校组织育人的薄弱环节，跟进国家和社会的新形势，主动出击、精准发力，共建共享、共生共融，探寻高校组织育人工作和社会各级各类组织之间的最大公约数。

三、绿色生态理念

绿色代表着希望和动力，生态代表着生机和未来，绿色生态是一种具有全局观念的，并且系统化、有机化的发展过程。绿色生态理念的提出，是创新发展高校思想政治工作的全新引擎，绿色生态是高校组织育人持续健康发展的必要条件。前文指出的创新发展理念是推进组织育人工作再上新台阶的内生动力，协同育人理念强调的是组织育人的全域平衡发展，那么，绿色生态理念就是保证高校组织育人持续健康发展的价值遵循。

这里的"绿色生态"不同于经济发展层面的低碳、环保理念，更多的是从组织育人实践活动本身和组织育人成效检验之间的"绿色化"，组织育人具体目标设定和促进人的全面发展之间的"生态化"的角度而言的。

实现实践过程和实践成果科学发展的绿色生态。一方面，提升高校组织育人质量，必须树立整体意识和全局意识，要构建绿色组织目标体系、绿色组织内容体系，而不能一味只追求表面的育人过程热闹非凡，忽视了根本的育人目标。另一方面，要树立效益意识，要通过科学研究、系统分析，把握实践规律，在准确把握实践主体需求的基础上，提供高质量、高水平的组织教育服务，实现精准教育、精准服务，达到"四两拨千斤"的育人工作成效。

实现具体目标和终极目标科学发展的绿色生态。高校组织育人的可持续发展不能偏离教育的本质和初衷。组织育人从内在本质上看，是一种教育方式，要充分把握教育对象的思想发展规律、大学生的成长成才规律，有目的、有步骤、有计划地对其施以组织影响和教育。在这个过程中，组织育人工作既不能超前也不能延后，要做到合规律性、合真理性，更应讲求合目的性和合价值性，将促进大学生全面健康发展放在终极目标设定上，努力构建高校可持续发展的良好组织育人教育生态。

四、开放互动理念

"人的本质不是单个人所固有的抽象物，在其现实性上，它是一切社会关系的总和。"[1]高校组织育人理念的创新不能脱离人所处的时代环境，应在积极把握时代主题的前提下，创新探索符合时代发展规律的育人新理念。当今时代，国际化已成为世界发展的趋势和历史进程，经济全球化、教育国际化深入发展，社会开放程度越来越高，不同文化之间的交流交融交锋日益频繁，这既给高校思想政治工作带来了新的机遇，也给高校思想政治工作提出了新的挑战。开放是高等教育的发展趋势，更是高校思想政治工作适应时代发展的必然要求。

开放互动理念，不仅仅强调的是一种海纳百川的进取态度，从学理上还包含了"引进来""走出去"两个层面的内在规定性。开放互动是协调平衡的开放，是各取所长的互动；也是有担当的开放，是顺应时代发展潮流的互动。

主动引进来，以开放的视野构建组织。高校组织育人工作不是社会系统中的孤岛，从整体角度出发，高校组织育人工作的成败影响着党和国家事业是否后继有人的根本性问题。高校，作为理论和实践的最前沿，理应具备国际视野和世界眼光，立足本国，放眼世界，不断提升组织育人工作的科学性。高校组织育人工作更是应该积极关注国际国内经济社会形势的发展和思想领域的变化，比较借鉴国内外先进的成功经验，不断为我所用，提高高校组织育人的质量和水平。

主动走出去，以互动的心态构建组织。高校组织育人不是一个闭合系统，它不仅是学校内部资源之间的内循环，更是外向开放的教育体系。无论是党员实践教育、大学生志愿服务、还是组织各种创新创业培育，都需要全社会共同参与、

1　中共中央马克思恩格斯列宁斯大林著作编译局.马克思恩格斯选集：第一卷［M］.北京：人民出版社，2012：139.

共同促进、共同培育。同时，在走出去的过程中，高校组织育人工作也接受社会的检验和监督，为进一步改进工作指明方向。

需要注意的是，开放互动理念并不意味着对以往工作的否定和重置，而应在坚守中做到开放，在互动中做到去粗取精、去伪存真，为实现高校组织育人目标提供最新的教育方法和手段，构建具有世界眼光、中国情怀、时代特征的高校组织育人工作新格局。

五、共享发展理念

共享是人类社会发展的必然要求，发展是共享的基础，共享是发展的目的，二者是辩证统一的关系，只共享不发展或只发展不共享都是不可持续的。把共享和发展二者高度统一起来，有助于促进组织育人的公平公开公正，在组织育人工作中让受教育者有更多的获得感和幸福感。

共享发展理念的提出，是高校思想政治工作适应时代发展的充分体现，也是高校组织育人工作的本质要求。共享的前提条件是有可供共享给他人的内容，在此过程中，重在回应好"与谁共享"和"共享什么"的问题。

"与谁共享"强调的是享受高校组织育人成果的主体是谁。从当前社会的运行机制来看，高校组织育人成果的共享主体包括政府、企事业、学校、教育者、学生、家庭、社会等七大主体。高等教育的根本目标是要向社会输送高质量的人才，满足企事业单位对人才的需要；高校组织育人有助于解决"培养什么样的人、如何培养人以及为谁培养人"这个根本问题，这既是高校思想政治工作者的职责所在，更是事关每一个学生，每一个家庭、整个社会发展的大事、要事。因此，高校组织育人共享的主体涉及参与的全员，每一个参与者既是过程的参与者，更是成果的享有者。只有秉持共享发展理念，在组织育人的过程中凸显出每一个参与者的价值和意义，才能全面提升高校组织育人工作质量和水平。

"共享什么"强调的是高校组织育人全过程到底能提供哪些方面的内容共享。高校组织育人是立足于高校思想政治工作全局而言的，它是在提高人才培养质量的目标限定下实现工作的运行，高校组织育人共享的就是能提高人才培养质量的优质资源，即通过推进高校组织育人的创新发展，让育人主体共享优质资源，进一步提高大学生的思想政治素质，促进大学生全面发展，为国育人，为党育才，确保我国在激烈的国际竞争中始终立于不败之地，为实现"两个一百年"奋斗目标提供充足的人力支撑和人才支持。

第三节　高校组织育人机制建设

思想政治工作的实施直接关系到主体、客体和周边的环境，是一项系统性很强的工作。在组织育人的过程中，组织育人的运行机制、保障机制和评价机制是否科学和有效，直接关系到组织育人的实际成效能否落地落细，关系到组织育人工作的稳定性与连续性能否保证的现实问题。

一、建立健全高校组织育人的运行机制

高校组织育人的运行成效如何，理念是先导，规划是指南，但关键在于如何组织和实施。在组织和实施过程中，党组织的核心领导、团组织的积极动员与学生组织的广泛参与共同推进着高校组织育人工作有效运转。

（一）强化党组织育人的领导力

习近平总书记强调，"办好高等教育，必须坚持党的领导，牢牢掌握党对高校工作的领导权，使高校成为坚持党的领导的坚强阵地。"[1] 在高校组织育人中，学校党委要切实加强对高校组织的领导，明确工作理念和责任目标，做好顶层规划、统筹好具体实施，切实把组织育人工作摆在重要位置。学校党委、院（系）党组织和各党支部是高校组织育人工作的重要组织实体，在实际的运行过程中，要构建起"学校党委——院（系）党组织——基层党支部"三级党组织运行机制，切实担负起政治引领的主责主业，不断提升组织育人水平和能力。

提升高校党委领导组织育人的顶层设计能力。高校党委作为高校组织育人工作的领导核心，负责高校组织育人过程的顶层设计。只有不断优化高校党委顶层设计能力，不断提升高校党委组织育人的领导效力，高校组织育人工作才能保持良性运行和健康发展。优化党委顶层设计，需要及时对育人的方向、主要任务进行全面系统地分析、研判，对相关工作进行系统规划，以高效的党组织能力带动各级各类组织的执行力，确保高校组织育人工作实现既定的育人目标。

加强院（系）党组织的统筹协调能力。加强院（系）党组织统筹协调能力，应将重点放在政治核心地位上。只有不断强化院（系）党组织在组织育人工作中

1　习近平在全国高校思想政治工作会议上强调 把思想政治工作贯穿教育教学全过程 开创我国高等教育事业发展新局面 [N].人民日报，2016-12-09（1）.

的战斗堡垒作用，加强其统筹协调能力，才能实现高校组织育人运行方向不偏离主线，不浮于表面。院（系）党组织应在结合新时代人才培养要求的基础上，探索院（系）党组织内部各支部之间、不同院（系）党组织之间的协调运行新模式，以党建带动团建，以党建推进工作，汇聚党组织建设新力量。

提升基层党支部的沟通能力。基层党支部区别于高校党委和院（系）党组织的显著特征是基层党支部是党建工作的"最后一公里"、前沿的战斗堡垒，直接接触着广大人民群众。教育人、引领人最重要的一点就是要能与人进行有效沟通和交流，基层党支部只有与教育对象实现充分的沟通和交流，才能让教育对象充分理解其传递的教育内容，也才能主动接受其施加的教育影响。

（二）激发团组织育人的凝聚力

高校共青团建设是加强大学生思想政治教育的有效手段，是引领青年学生成长成才的有效途径。习近平总书记在庆祝中国共青团成立100周年大会上对共青团提出的希冀就是"坚持为党育人，始终成为引领中国青年思想进步的政治学校"[1]。高校大学生是青年群体中的核心力量，高校共青团在高校组织育人工作中有着特殊的地位和优势。着力激发高校青年团组织的凝聚力，就是要积极发挥高校团组织在政治、组织、人才方面的育人优势。

政治优势体现在高校共青团是由大学生中的先进分子组成，是经过党组织的精心培养和教育的；组织优势体现在高校共青团组织有自上而下严密完整的组织结构，组织纪律严格；人才优势体现在高校共青团组织中有一支专兼职相结合的高素质团干部队伍，他们政治素质高、业务能力强，是中国共产党的储备干部。因此，高校共青团要按照"凝聚青年、服务大局、当好桥梁、从严治团"的理念，着力推动组织创新和工作创新，确保团组织育人工作顺畅、科学、有效。

（三）提升学生组织育人的向心力

高校学生组织是新时代大学生生活的重要组成部分，是学校蓬勃发展的生命力之所在，也是孕育德智体美劳全面发展的大学生的关键摇篮。新时代，大学生具有鲜明的个性特征，对成长的诉求也趋于个性化。大学生通过学生组织"自我管理、自我教育、自我服务"的建设理念，开展丰富多彩的校园文化活动，拓展

1　习近平.在庆祝中国共产主义青年团成立100周年大会上的讲话［N］.人民日报，2022-05-11（2）.

学生视野，提升学生综合素质和能力，实现组织育人的最大功能发挥。

值得注意的是，虽然学生组织因其组织愿景、育人内容存在一定的差异性，但组织育人的终极目标都是为了促进人的全面发展。因此，这就要求学生组织在实际育人的过程中要注重如何在差异中求同，在充分满足学生个性化彰显的基础上，通过组织开展高层次、高质量的校园文化活动来凝聚学生价值取向和群体意识，积极传递社会主义核心价值观，培育学生爱国主义精神，增强大学生民族自信心和历史责任感。在既满足新时代学生对多彩精神文化活动的需求的同时，彰显高校组织育人工作为党育人、为国育才的使命与担当。如，2018年10月6日，北京大学、清华大学等41所高校的学生会、研究生会联合发起《学生会、研究生会干部自律公约》倡议，号召广大学生会、研究生会成员永葆理想情怀、保持务实作风，坚守责任意识与奉献精神，展现中国共产党领导下的学生组织的向上精神风貌。

二、建立健全高校组织育人的保障机制

高校思想政治工作组织育人的保障机制是指为了保证高校组织育人工作正常、有序、协调、持续地发展而提供的组织、队伍、物质等方面的条件和支撑。组织育人的保障机制是高校思想政治工作机制的一个子系统，是在高校思想政治教育目标的指引下，由高校各级各类组织育人各要素相互联系、相互制约、相互作用而构建起来的保障性机制。高校组织育人工作的有效推进必须建立健全保障机制，可以从组织保障机制、队伍保障机制和物质保障机制三个分机制来完善整个保障机制。其中，组织保障是关键，队伍保障是重点，物质保障是基础，这三个分机制既相互独立又彼此配合，共同确保高校组织育人工作系统顺利又协调运转。

（一）组织保障机制

新时代，高校思想政治工作要想取得真正的成效，就必须有一支建立在分工合作基础上的，协调各部门、各机构的领导组织机构。建立起稳定而高效的领导机制、完善组织机构是高校组织育人保障的重中之重。领导组织要在深入把握思想政治教育规律的基础上，担负起掌舵方向、谋划全局、统筹协调、整合力量的重要职责。要制定高校组织育人工作的总体规划，制定中长期部署和安排。建立横向到边、纵向到底的高校组织育人领导小组，建立相应的领导机制、工作机制

和监督机制，完善组织管理体系，提升管理能力，加强统筹协调，形成主要领导亲自抓、主管领导重点抓、责任部门分工负责领导的上下联动工作模式，确保高校组织育人工作落到实处、完成任务。

首先，高校党委应统揽全局。高校党委应用系统、全面的视角，审视组织育人中涉及的各个方面、各个层次和各个要素之间的关系，从组织愿景、战略目标到重点领域、体制机制、主要措施等方面进行筹划，明确各级党委、团委、学生自组织等不同组织之间的任务和责任。

其次，院（系）党组织落实好贯彻执行。高校院（系）党组织作为高校党委的下级组织，是组织育人决策部署的贯彻落实单位，在院（系）组织育人工作中处于政治核心地位，发挥着政治思想引领作用。

最后，团学组织做好覆盖延伸。高校团学组织在高校育人工作中具有特殊的地位和优势，它承载着为国家培养生力军的重要职责。高校团学组织应通过强化显性活动和隐性活动的系统性和实效性，来达成育人的全面覆盖性。

（二）队伍保障机制

新时代，高校组织育人工作任务重、难度大，只有通过职业化、专业化的专职队伍和综合素质高、政治立场坚定的兼职队伍相互匹配才能得以贯彻落实。加强高校组织育人队伍建设，优化各级各类组织人才梯队建设，具体而言包括以下几类。

一是选拔机制。按照德才兼备、任人唯贤的选拔原则，重点招录一些具有过硬政治素质、扎实的业务能力、擅长沟通交流的复合型人才，将其充实到高校各级各类组织的管理层级中来。二是培养机制。通过联合培养、订单式培养等多种渠道培养新时代所需的组织管理人才。根据新时代对组织人才的要求，积极组织专题研讨班、短期培训、外出学习考察、经验交流等多种形式的培训，有针对性地对组织管理人员开展理论学习和业务能力的培养。三是激励机制。有效的激励机制能提升组织管理队伍的凝聚力、向心力和战斗力。建立新时代组织管理人员的表彰制度，加大对在高校组织育人工作中取得突出成绩的人和组织的表彰力度，对其给予一定的物质奖励和精神奖励。

（三）物质保障机制

物质保障是指维持高校组织育人工作正常运作所需要的经费和软硬件设备及

技术的统称，它是高校组织育人工作整体运行的基础保障。新时代，组织育人工作是一个极具挑战性的系统工程，涉及众多的过程和环节，每一项都需要一定的物质予以支持。物质保障是高校思想政治工作组织育人创新不可缺少的条件，足够的物质保障是组织育人工作运行的基础和动力。

高校组织育人工作是围绕高校立德树人根本任务，服务于为党育人、为国育才目标任务的重点工作，因此高校必须从财政预算中划拨专项经费投入到这项极端重要的工作上来，并做到专款专用，按时调拨。同时，涉及此项工作的经费开支必须纳入高校思想政治工作的核算体系中来，高校要设立明确的投入项目，包括维护主题网站、开展实践活动、网络载体开发等费用。经费的投入项目还应包括对组织管理人员业务能力提升的培训费用、对工作过程和业绩的奖励费用等。同时，还要努力争取从高校党建工作、文化事业建设等多种渠道获得经费，并尽可能地申报国家级、省部级相关重点研究项目，形成育人和科研相结合的良好局面。

新时代，高校组织育人工作顺利推进需要有完备的软硬件设施及技术。目前，我国高校各级各类组织在实际工作中涉及软件开发和硬件使用上尚不具备较强的吸引力和感召力，还存在诸多亟待改善的地方。有些高校受技术条件的限制，加上大多数设备管理人员都是兼职或外包，平台建设滞后、管理松散、主题网站设计刻板无趣、管理服务 App 单调空洞，使得组织育人的工作只停留在"形式上到位了，但内容上没到位"的客观情况。因此，逐步改善和推进与组织育人目标、内容相配套的软件和硬件设施建设，提高高校组织育人工作的科学化、规范化水平，是建立健全高校组织育人物质保障的重点工作。

三、建立健全高校组织育人的评价机制

评价机制是指根据高校组织育人的目标，依照一定的评价标准和指标体系，运用定性分析、定量分析等评价方法，对高校各级各类组织开展育人工作过程和效果进行价值判断的过程。其目的是提升高校组织育人工作的科学化、规范化水平，构建客观、公正的高校组织育人评价体系，对进一步改进和完善高校组织育人工作具有重要意义。评价，作为高校组织育人工作的基本环节，是实现高校组织育人目标的重要保证。建立健全评价机制势在必行。其中，按照工作运行的时间进行划分，可分为过程评价机制和效果评价机制。

（一）过程评价机制

过程评价机制是对高校组织育人工作全过程要素及要素与要素之间的运行方式进行评价的机理，在实际的评价过程中，应首先明确评价主体、确立评价指标。

明确过程评价主体。评价主体是评价活动的实施者，其工作态度、责任意识、专业水平，直接关系着评价结果。高校组织育人工作的评价主体应是一元与多元相结合的，以上级组织领导为核心，以学校建设发展各项主体任务为重点，构建涵盖上级组织评定、同级组织评议、组织育人对象评价为一体的过程评价机制。上级组织可从宏观上、整体上评价组织育人工作的方向是否正确、评价指标是否合理、工作程序是否得当等方面进行把关性评定；同级组织可从协调合作是否顺畅、工作运行是否科学等方面开展配合性评议；组织育人对象可从教育引导是否到位、管理服务是否完善、服务能力是否有力等方面开展细节性评价。

明确评价指标。评价指标是对评价对象进行评价的内容和依据。评价指标的确立应遵循全面系统、突出重点的原则。根据高校组织育人的过程要素，高校组织育人过程评价指标至少应该包含以下几个方面的内容：一是组织育人工作队伍的建设情况，包括队伍的数量、组成、结构、综合能力等；二是当前高校大学生的思想观念、政治观点的提升情况，包括在组织开展工作的过程中是否有助于帮助组织育人对象确立马克思主义信仰和共产主义信念，是否有助于帮助组织育人对象在重大的政治问题面前坚定社会主义立场，是否有助于帮助组织育人对象树立崇高的道德品质等；三是组织育人开展过程中所使用的方法和载体运行情况，包括组织管理人员是否及时更新育人理念和育人目标，对某一具体内容传递过程中所采取的手段、方法是否科学，对教育载体和管理载体的使用是否具有实际效果等。

值得注意的是，高校组织育人整个过程不是单独出现的，它是一个连贯的动态过程，因此，对组织育人过程评价机制还应考虑要素与要素之间相互作用的机理是否合理、各要素内部构成是否恰当等指标。

（二）效果评价机制

效果评价机制是指对由组织育人活动而产生的教育效果的评价机理。效果评价主要反映在育人目标的实现程度、育人内容的连贯程度上。组织育人工作是否实现了既定目标、达到了教育效果，需要通过评价才能获得。对高校组织育人工作进行效果评价，既是高校组织育人工作实践创新的必然要求，同时也是高校组织育人工作理论创新的必然选择。通过效果评价可以系统全面地了解高校组织育人工作的整体情况，发掘高校组织育人工作的特色和优势，发现工作中存在的问题和不足，为进一步改进高校组织育人工作提供了客观依据。高校组织育人工作效果评价的指标体系内容设定应紧紧围绕以下几个方面开展。

一是以是否坚定了组织育人对象的政治信仰为标准。高校各级各类组织因其育人的具体目标不同，在实际的工作中采取的措施也不尽相同。但高校办学的社会主义方向和共产党领导的基本属性已决定作为高校思想政治工作一环的组织育人工作应将坚定政治信仰摆在一切工作的首位。

二是以是否提高了组织育人对象的理论水平为标准。提高理论水平是一个相对概念，是相对教育对象在接受组织育人之前和之后进行纵向对比而言的，并非不同组织的不同教育对象之间的横向比较。高校组织，作为一个具有较强组织力和领导力的育人主体，要想自身的育人目标落到实处，需要在理论和实践方面下功夫，而在这两者之间，提升教育对象理论水平是一切工作的出发点。只有教育对象的理论水平得到了提高，组织开展实践育人工作才会被教育对象所接受，组织育人的目标才能顺利实现。

三是以是否提高了组织育人对象的思想道德水平为标准。判断教育对象是否具有较高的思想道德水平应从教育对象的学习、生活、工作，甚至其在家庭和社会交往等方方面面的表现情况来加以考察。高校组织育人区别于其他育人形态的一点就在于组织育人不是以促进教育对象知识性、技能性成长为教育目标，而是更多地以政治性、思想性、道德性等内在素质能力提升为育人目标，是培育拥有先进思想、科学思维方式、社会主义核心价值观的健全的人的教育过程。

第四节　高校组织育人载体创新

所谓载体，它最先是作为一个科技词汇出现在化学领域。《现代汉语词典》将载体定义为"科学技术上指某些能传递能量或运载其他物质的物质。泛指能够承载其他事物的事物"。在社会科学领域，人们认为载体是承载和传递知识或信息的工具、手段。

组织育人的载体指的就是组织在开展活动过程中承载和传递思想政治教育信息，能够为组织教育主体操作并与组织教育客体发生联系的物质及其外在形式。按照不同的标准，组织育人载体可被划分为不同的类型，本书拟按照载体构成要素的不同，将组织育人的载体创新划分为文化载体、活动载体、网络载体三个方面的创新。

一、组织育人文化载体的创新

文化，主要是由符号和语言、价值观、规范、物质产品等因素构成，一定的价值观及其具体化规范是任何文化的核心。[1]所谓组织育人的文化载体，是各级各类组织和团体将一定的教育内容融入各种文化艺术形式和文化建设之中，以期统一成为组织所需要的思想认识，提高综合素质。从内容属性上区分，文化包括物质文化和精神文化两个层面。陈列馆、博物馆、历史文物等都是组织育人的物质文化载体；校风、校训、文化墙、标语、徽章、logo、主题音乐等艺术形式，则是进行文化熏陶的精神文化载体。这两个不同层面的文化载体有机统一于组织育人的全过程中。

（一）深入挖掘贴近实际的物质文化载体

组织育人的物质文化载体作为组织育人体系的重要组成部分，是高校落实立德树人根本任务的空间物质形态，为实现组织教育、引领目标奠定了物质基础。组织育人的物质文化载体不单指"物质性"的载体，重点强调的是承载组织文化或文明的物质载体。这里内在地包含两层含义：

首先，是发掘、利用既有文化产品中的育人因素，发挥其教育、引领功能。这里主要强调的是组织对物质文化产品的利用问题，即挖掘物质文化产品内含的思想、道德因素，运用其开展教育、引领工作，以达到育人目的。从这个意义上讲，就是要大力挖掘高校各类物质设施和物质环境的组织育人功能，物质设施包括教学、科研、生活与休闲娱乐物质设施等，物质环境主要包括校园建筑、校园园林与校园雕塑等的人文类或自然类环境，其中，以清华大学的校门、北京大学未名湖、厦门大学的芙蓉隧道、武汉大学的樱花大道等最负盛名。

其次，是将组织所需要传递的教育引领内容渗透到文化建设中，通过文化建

1　张耀灿，郑永廷，吴潜涛，等．现代思想政治教育学［M］．北京：人民出版社，2007：401.

设过程感染和教育受教育者，如通过创建图书馆、博物馆、校史馆、展览厅等文化事业表现出来。在图书馆建设中体现出办学定位和办学特色的独特建筑风格和造型，在校史馆的建设中凸显出中国共产党团结带领老一辈领导班子辛苦耕耘、砥砺奋进的发展历程，在展览厅的建设中彰显出时代品位和主题教育引领的方向等。例如，自2021年开始，西南大学档案馆、校史馆连续两年挖掘校史红色资源，整理出与学校、地方相关的37位烈士的英雄事迹和珍贵实物，并在校史馆内布置了校史英雄烈士专题展，充分发挥了高校的爱国主义教育功能。

（二）用心打造贴近生活的精神文化载体

组织育人的精神文化载体是指承载着组织方育人目标、价值观念、理想信念和优良传统等内容的观念形态。包括校风、师风、学风、校训、音乐、徽章、标识等。组织育人的精神文化载体作为组织育人文化载体的核心组成部分，对教育对象的思维方式和行为选择有着潜移默化的深远影响。这里的影响内在地包括两层含义：

首先，组织育人精神文化载体影响的渗透性。即寓于精神文化载体中的教育内容，是在不知不觉、润物无声中影响着教育对象的，教育对象往往"习而不知"，在点滴中受到感染和陶冶。例如，在推动社会主义核心价值观入脑入心的过程中，可以编写传唱社会主义核心价值观的童谣诗歌；在传统文化节庆中，积极将中国传统文化融入思想价值引领中，开展大学生"龙的传人"划龙舟比赛、"民族大家亲"包粽子活动等。

其次，组织育人精神文化载体影响的全面性。虽然组织育人精神文化载体选择的出发点是要承载组织方教育、引领的主旨目标，但同时也向教育对象普及了一些文学、艺术等方面的美育教育。例如，继续抓好共青团组织的大学生"校园之春"活动，不断提升活动的审美和人文品质，将其打造为传递主流意识形态，做好立德树人根本任务的有力阵地。以"全国党建工作示范高校"培育创建单位上海交通大学党委为例，该校以重点打造原创校史情景剧《寻声探秘·声动交大》、校史舞台剧《积厚流光》、交大版《长征组歌》等精神文化载体，引领了组织育人工作的高质量发展。

二、组织育人活动载体的创新

所谓组织育人的活动载体，是各级各类组织和团体为实现一定的教育目的所设计开展的有计划有组织的活动。马克思指出："生产劳动同智育和体育相结合，它不仅是提高社会生产的一种方法，而且是造就全面发展的人的唯一方法。"[1]在"活动"这一教育形式中，被组织者在接受组织教育引领的同时也在直接践行组织的要求，这是活动载体区别于其他载体的一个显著特征。组织方施加教育影响与被组织者践行教育要求，两者在活动中是有机统一的。

组织育人的活动载体，因其活动形式和内容都带有确定的规定性和规范性，其优势就在于紧扣组织活动主题，教育性和引领性突出，能最大程度地实现组织主旨性育人目标；但也存在着过于依赖组织者的能力和素质的问题，在实际的活动过程中容易出现多单向传输少双向互动、多单一维度教育少多向维度感染的情况，组织育人活动载体的效用未充分发挥出来，甚至起到相反作用。因此，在实际的育人过程中，应在活动载体的前期设计、活动载体的中期运用和活动载体的后期反馈上做好创新工作，使活动载体更为活泼、生动。

（一）丰富活动载体的前期设计

从活动载体运用的全过程来看，前期设计的科学与否直接关系到载体运用效果是否能如期实现。在具体活动载体前期设计环节，应针对活动对象的差异性和活动内容的深浅、多少，设计出针对不同层次、不同学科、不同类型、不同性别的具象化活动环节，而不是一个"模型式"的活动载体。

以共青团组织生活会为例，团的组织生活是共青团的重要活动之一，是对广大青年进行思想政治教育的最重要的活动，具体形式有团员大会、团小组会，以及团支部的民主生活会等。因团组织生活会的主要内容包括以思想政治学习为主题的学习教育活动、开展批评与自我批评三个板块，在具体设计环节，应紧密贴近教育对象的性别、年级、专业等，围绕教育对象当下的实际情况来科学进行前期设计，避免出现"一头热一头冷"的尴尬局面。

（二）整合活动载体的中期运用

活动载体中期运用的准确性与否，直接决定着组织方和被组织方之间能否建立起长足且相互信赖的教育引领关系。在具体的活动载体运用过程中，采用贴合新形势下活动对象思维习惯和行为养成习惯，整合多方资源，充分运用先进的活

1　中共中央马克思恩格斯列宁斯大林著作编译局．马克思恩格斯选集：第二卷［M］．北京：人民出版社，2012：230．

动手段、活动方式，不断丰富活动载体的呈现形式和表达方式，将组织育人的教育目标最大限度地予以实现。

同样以高校共青团为例，《中共中央关于加强和改进党的群团工作的意见》中明确提出：共青团组织要"动员群众围绕中心任务建功立业"，要积极帮助群众"自觉培育和践行社会主义核心价值观"。在推动高校大学生培育和践行社会主义核心价值观方面，高校共青团组织应在做好前期活动设计的基础上，整合团内外思想教育资源、智力资源，优化教育活动开展过程中的形式设计，探索出更加符合青年需要、青年特点和青年工作规律的青年话语体系。

再有以高校社团活动开展为例，清华大学学生国旗仪仗队、复旦大学天文学会、同济大学时代声音传播社、杭州师范大学闻音合唱团在开展活动过程中，充分借助网络平台、电视媒体、师资力量等资源，实现了育人效果的最大化，收获了社会的广泛好评。

（三）完善活动载体的后期反馈

活动载体的后期反馈在整个活动载体的运用过程中承担着"提意见"、"补短板"的作用。但因其大部分组织方往往只注重和强调前期环节设计和中期靶向运用，认为活动载体当下运用程序走完就意味着整个活动载体使用的结束，往往忽略了后期反馈环节发挥的关键作用，使得常态化活动载体的运用没能做到因事而化、因时而进、因势而新，运用频率越高，教育成效反而越差。因此，要高度重视后期反馈在活动载体运用中的关键地位，不断完善活动载体的后期反馈机制，实现活动载体在实际运用中不断发展和完善、育人成效不断提升的目标。

以 2021 年共青团充分运用"我为群众办实事"的活动载体为例，此项工作实现了全网晒一晒，注重网络评价和反馈。百度"我为同学做件事"搜索结果约1 亿条，微博、微信相关话题阅读量达 923.2 万，网民留言更直接促进了此项工作在推进过程中的动态优化，教育效果喜人。

三、组织育人网络载体的创新

根据组织育人网络载体的用途分类，可将网络载体分为宣传教育类网络载体、通讯社交类网络载体和管理服务类网络载体三大类。

（一）活用宣传教育类网络载体

高校各级各类组织教育类网络载体的运用，是高校组织抓住网络本质，按照网络运行规律和法则，有目的、有计划、有组织地对教育对象进行教育和引导的重要体现。如校园网、主题网站、红色网站等，承担着高校各级各类组织网络阵地、宣传媒介、信息开放的功能，是高校组织实现育人目标的重要网络载体。但在实际的运用过程中，也存在着内容供给性不够、全媒体格局不完善等现实问题，使得教育内容的感染力和引领力大打折扣。

首先，优化教育类网络载体的议题设置，增强价值引领。高校各级各类组织应针对学生和教师、普通教师和党政干部关注的舆论热点问题以及育人重点难点问题，设置灵活多样的议题，使教育内容既能契合组织的育人目标，又能贴合人们的思想动态和生活实际，增强教育内容的吸引力和引导力。例如，中国地质大学（武汉）计算机学院自2014年以来，搭建起微信、微博、人人网、QQ空间"四大新媒体"平台矩阵，以"计科微团课""E日新播报""青年工作活页""e笔话"等原创性栏目，实现了议题设置聚焦思想价值引领的积极效应。

其次，优化教育类网络载体的内容设计，讲好中国故事。教育类网络载体的开发创新必须适应时代发展的要求，围绕育人目标和育人方式的变化，结合人们的实践活动，把理论和实践创新相结合。要善于提炼高校学生和教师身边的典型故事和榜样力量来弘扬主旋律、传播正能量。特别要注重以校园故事为蓝本，创作和开发新板块，丰富内容呈现形态，充分发挥教育类网络载体宣传教育主渠道的作用。

（二）善用通讯社交类网络载体

以微信、微博、博客、QQ、BBS、论坛及易班等为代表的社交媒体是当前高校学生群体和教师群体使用最多的媒体形态，这些社交类网络载体深度楔入人们的工作和学习，与日常生活融为一体。然而，长期以来，组织育人在利用通讯社交类网络媒体时存在如对教育对象的接受适应情况关注较少、利用层次停留在事务性通知上、未及时与其他网络载体形成有效联动机制等操作层面的困境。针对这一现象，应善于将组织育人的目标溶解进通讯社交类网络载体的使用全过程，充分将通讯社交类网络载体交互性、及时性、多样态性的优势发挥出来，将组织育人工作抓稳抓实。

首先，建立以受众为主体的通讯社交类网络载体使用标准。以受众为主体指的是在通信社交类网络载体使用过程中，注重差异性信息传递和个体性思想引领，比如在利用微信、QQ、微博做好组织各类信息沟通前期，通过大数据分析受教育者学习、生活情况，生成涉及受教育者兴趣爱好、行为习惯等方面的个人报告。在具体沟通中因地制宜、因材施教、因人施策，做好不同人群、不同层级教育对象的组织服务工作。

其次，整合多样态通讯社交类网络载体，提升育人实效。不同的组织在面对不同的育人任务和目标时，会选择不同的通讯社交类网络载体，这就往往会造成受教育者同时要下载多个通讯社交类 App、关注不同社交类服务平台的情况，容易引发受教育者的反感，也不利于实际工作的高效开展。在实际的工作中，可依据教育目标，整合载体资源，打造共享型通讯社交网络载体，实现政治领导共进、思想引领同铸、行为教导明确、协同疏导到位的组织育人网络新格局。

例如，北航 ihome 网络互动社区就是典型的整合式虚拟社区。该社区采用 SNS 社交网络模式，实现了学习资源交流互通、管理服务高效闭环和舆情应对稳妥可控。[1] ihome 社区具备较为完备的社会结构与功能，满足了大学生学习工作、休闲娱乐、社会实践、管理服务等多方面的需要。

（三）巧用管理服务类网络载体

随着网络技术的不断发展，高校各级各类组织在管理和服务中也相应采取更为便捷、快速、智能的管理手段来提高育人成效。例如，活动签到采用钉钉、今日校园、学习通等进行信息收集和打卡记录；运用 Worktile、滴答清单、飞书等软件进行组织活动过程管理；运用 12371 平台、网上共青团管理平台等平台，提升组织对所辖成员信息掌握的精准度，让组织队伍管理更科学、有效。在新技术层出不穷的时代环境下，管理服务类网络载体的运用大大缩减了高校组织在常规性管理和共性化服务中所消耗的时间，但也因此带来了过度依赖数据、忽略高校组织提供管理和服务的最终目标是要育人育心的根本任务。因此，在使用管理服务类网络载体中，要强调管理的过程化、检验化，将组织管理和服务导向组织育人的主线上来。

首先，注重管理服务类网络载体过程式运用。过程式运用对应的是结果式运用，管理服务类网络载体过程式运用，指的是构建以数据生成过程为参考标准的

1　程基伟 . 把握规律 主动引导 提升网络思想政治教育科学化水平［J］. 北京教育（德育），2013（3）：12.

数据运用原则，以钉钉信息收集为例，信息收集的结果固然重要，但更要注重将信息收集的过程分解为前期说明、中期引领、中后期提醒、后期督促等具体的环节，这样才能全面发挥出组织育人管理服务类网络载体的实际功用。以"全国党建工作示范高校"之一的重庆大学为例，该校率先研发"重庆大学党建信息化平台"，面向支部、党员个人，提供党员数据管理、组织生活报送、组织关系转接、政治生日提醒、业务数据报送等功能，实现了高校组织管理服务类载体的充分运用。

其次，注重管理服务类网络载体螺旋式运用。与螺旋式运用相对的是直线式运用，管理服务类网络载体螺旋式运用，强调的是要从组织方出发动态化检验管理服务类载体的使用频率是否科学、使用中是否存在问题、使用后育人成果是否达标等问题，及时发现、及时整改，为推进组织育人工作提供切实有效的载体保障。

本章小结

组织育人是新时代高校"十大"育人体系的重要组成部分，是高校落实立德树人根本任务的重要途径。要提升新时代高校组织育人的工作成效，开创新时代高校思想政治工作新局面，就必须推进新时代高校组织育人理论和实践的创新发展。在此过程中，要坚持在马克思主义理论的指导下，梳理、总结当前高校组织育人工作中存在的痛点、难点问题，高站位、严要求，剖析原因、创新举措，不断推进高校组织育人工作的理念创新、机制创新和载体创新，切实提高组织育人工作的领导力、凝聚力和向心力，为培养能担当民族复兴大任的时代新人而不懈奋斗。

参考文献

CANKAOWENXIAN

一、经典著作

［1］中共中央马克思恩格斯列宁斯大林著作编译局.马克思恩格斯选集：第一卷［M］.北京：人民出版社，2012.

［2］中共中央马克思恩格斯列宁斯大林著作编译局.马克思恩格斯选集：第二卷［M］.北京：人民出版社，2012.

［3］中共中央马克思恩格斯列宁斯大林著作编译局.马克思恩格斯选集：第三卷［M］.北京：人民出版社，2012.

［4］中共中央马克思恩格斯列宁斯大林著作编译局.列宁全集：第四十五卷［M］.北京：人民出版社，2017.

［5］中共中央文献研究室.毛泽东文集：第七卷［M］.北京：人民出版社，1999.

［6］毛泽东.毛泽东选集：第一卷［M］.北京：人民出版社，1991.

［7］邓小平文选：第二卷［M］.北京：人民出版社，1994.

［8］邓小平.邓小平文选：第二卷［M］.北京：人民出版社，1994.

［9］江泽民.江泽民文选：第二卷［M］.北京：人民出版社，2006.

［10］习近平.习近平谈治国理政［M］.北京：外文出版社，2014.

［11］习近平.习近平谈治国理政：第一卷［M］.北京：外文出版社，2018.

［12］习近平.习近平谈治国理政：第二卷［M］.北京：外文出版社，2017.

［13］习近平.习近平谈治国理政：第三卷［M］.北京：外文出版社，2020.

二、重要文献

［1］胡锦涛.在全国教育工作会议上的讲话［M］.北京：人民出版社，2010.

［2］习近平.决胜全面建成小康社会　夺取新时代中国特色社会主义伟大胜

利——在中国共产党第十九次全国代表大会上的报告［M］.北京：人民出版社，2017.

［3］习近平.思政课是落实立德树人根本任务的关键课程［M］.北京：人民出版社，2020.

［4］习近平.在北京大学师生座谈会上的讲话［M］.北京：人民出版社，2018.

［5］习近平.在中国文联十大、中国作协九大开幕式上的讲话［M］.北京：人民出版社，2016.

［6］习近平.在省部级主要领导干部学习贯彻党的十八届五中全会精神专题研讨班上的讲话［M］.北京：人民出版社，2016.

［7］习近平.在文艺工作座谈会上的讲话［M］.北京：人民出版社，2015.

［8］习近平.干在实处走在前列——推进浙江新发展的思考与实践［M］.北京：中共中央党校出版社，2006.

［9］中共中央宣传部.习近平新时代中国特色社会主义思想学习纲要［M］.北京：学习出版社，人民出版社，2019.

［10］中共中央宣传部.毛泽东邓小平江泽民论青少年和青少年工作［M］.北京：中央文献出版社、中国青年出版社，2003.

［11］中共中央党史和文献研究院.习近平扶贫论述摘编［M］.北京：中央文献出版社，2018.

［12］中共中央文献研究室.十六大以来重要文献选编：下［M］.北京：中央文献出版社，2006.

［13］中共中央文献研究室.十八大以来重要文献选编：中［M］.北京：中央文献出版社，2016.

［14］中共中央文献研究室.十六大以来重要文献选编：中［M］.北京：中央文献出版社，2006.

［15］深化新时代教育评价改革总体方案［M］.北京：人民出版社，2020.

［16］教育部思想政治工作司.加强和改进大学生思想政治教育重要文献选编：1978—2014［M］.北京：知识产权出版社，2015.

三、学术著作

［1］罗宾斯，德森佐，穆恩.管理学原理：第3版［M］.毛蕴诗，译.大连：

东北财经大学出版社，2004.

［2］德鲁克.管理：任务、责任和实践［M］.北京：华夏出版社，2008.

［3］黑格尔.小逻辑［M］.贺麟，译.北京：商务印书馆，2011.

［4］《思想政治教育学原理》编写组.思想政治教育学原理［M］.北京：高等教育出版社，2018.

［5］本书编写组.科教结合协同育人行动计划进展报告（2012—2013年）［M］.北京：高等教育出版社，2013.

［6］边玉芳，钟惊雷，周燕，等.青少年心理危机干预［M］.上海：华东师范大学出版社，2010.

［7］陈炳等.地方应用型本科高校建设"科教+产教"双融合模式设计与实践［M］.杭州：浙江大学出版社，2020.

［8］陈华栋.课程思政：从理念到实践［M］.上海：上海交通大学出版社，2020.

［9］邓军等.高校思想政治工作质量提升理论与实践（服务育人卷）［M］.桂林：广西师范大学出版社，2019.

［10］邓军等.高校思想政治工作质量提升理论与实践（科研育人卷）［M］.桂林：广西师范大学出版社，2020.

［11］邓军等.高校思想政治工作质量提升理论与实践（实践育人卷）［M］.桂林：广西师范大学出版社，2019.

［12］冯刚.高校思想政治工作质量评价研究［M］.北京：人民出版社，2020.

［13］甘霖.高校实践育人研究［M］.北京：人民出版社，2015.

［14］高文兵等.跨学科协同教育研究——多学科大学人文社会科学的育人功能［M］.北京：高等教育出版社，2015.

［15］顾飞宇，范峻瑱.协同教育的101个视角［M］.北京：国家行政学院出版社，2015.

［16］郭广银.中国特色社会主义创新发展的探索与研究［M］.北京：人民出版社，2018.

［17］哈佛委员会.哈佛通识教育红皮书：中译本［M］.李曼丽，译.北京：北京大学出版社，2010.

［18］韩延明等. 大学文化育人之道［M］. 北京：高等教育出版社，2013.

［19］黄晓波，刘海春. 新时期高校共青团工作概论［M］. 北京：人民出版社，2010.

［20］李红，王谦. 新时代高校实践育人理论与实践［M］. 镇江：江苏大学出版社，2021.

［21］刘宏达，万美容. 高校思想政治工作前沿问题研究［M］. 北京：人民出版社，2019.

［22］刘佳. 新时期高校共青团青年工作理论与实践研究［M］. 北京：人民日报出版社，2016.

［23］骆郁廷. 思想政治教育原理与方法［M］. 北京：北京师范大学出版社，2019.

［24］吕媛媛. 新时代高校思想政治工作质量提升实际操作研究［M］. 北京：九州出版社，2021.

［25］马志强，周国华. 新时代高校组织育人理论与实践［M］. 江苏：江苏大学出版社，2021.

［26］莫坷. 创新高校学生党建工作的实践与思考［M］. 北京：中国社会科学出版社，2012.

［27］彭晓琳等. 创新驱动下的高校服务育人模式研究——成都学院学生事务管理改革的理论与实践［M］. 北京：光明日报出版社，2018.

［28］任旭东，马国建. 新时代高校科研育人理论与实践［M］. 镇江：江苏大学出版社，2021.

［29］沈建红. 执政组织资源与执政党的组织建设［M］. 杭州：浙江大学出版社，2011.

［30］沈壮海. 思想政治教育的文化视野［M］. 北京：人民出版社，2005.

［31］沈壮海. 新编思想政治教育学原理［M］. 北京：中国人民大学出版社，2022.

［32］石宏伟. 新时代高校管理育人理论与实践［M］. 镇江：江苏大学出版社，2021.

［33］泰勒. 原始文化［M］. 连树声，译. 上海：上海文艺出版社，1992.

［34］涂成林，李江涛等. 当代文化发展新趋势研究［M］. 北京：中央编译出版

社，2011.

［35］王雪峰.高校共青团工作实践探索［M］.北京：光明日报出版社，2014.

［36］吴春笃等.新时代高校服务育人理论与实践［M］.镇江：江苏大学出版社，2021.

［37］夏征农，陈至立.辞海：第六版彩图本［M］.上海：上海辞书出版社，2009.

［38］现代汉语词典［M］.北京：商务印书馆，2017.

［39］颜一.流变、理念与实体——希腊本位论的三个方向［M］.北京：中国人民大学出版社，1997.

［40］杨霄等.且行且知：重庆人文科技学院践行陶行知教育思想的探索与实践［M］.重庆：西南师范大学出版社，2020.

［41］应中正.高校学生工作组织机构科学化研究［M］.北京：北京师范大学出版社，2017.

［42］张耀灿，郑永廷，吴潜涛，等.现代思想政治教育学［M］.北京：人民出版社，2007.

［43］张耀灿，郑永廷等.现代思想政治教育学［M］.北京：人民出版社，2006.

［44］郑永廷.思想政治教育学原理［M］.北京：高等教育出版社，2018.

［45］中华人民共和国科学技术部.中国科技发展70年［M］.北京：科学技术文献出版社，2019.

［46］周三多，陈传明，鲁明泓.管理学——原理与方法［M］.上海：复旦大学出版社，2009.

［47］《中国共产党思想政治教育史》编写组.中国共产党思想政治教育史［M］.北京：高等教育出版社，2016.

四、学术论文

［1］敖成兵.Z世代消费理念的多元特质、现实成因及亚文化意义［J］.中国青年研究，2021（6）:100-106.

［2］白显良.论隐性思想政治教育的独特品性［J］.学校党建与思想教育，2007（9）:11-13.

［3］陈超.立德树人视域下管理育人的内涵厘定与实践路径［J］.思想理论教育导刊，2016（3）:140-142.

［4］陈金龙.建构"五位一体"理念助推科研为人才培养服务［J］.中国高校科技，2019（5）:50-53.

［5］陈淑丽.协同育人视域下高校课程思政建设的现实困境与应对机制［J］.教学与研究，2021（3）:89-95.

［6］陈虹，潘玉腾.立德树人视域下高校学生心理育人价值及其实现路径［J］.思想理论教育，2019（5）:86-89.

［7］陈婧.论基于混合式教学的高校创新人才培养模式［J］.中国人民大学教育学刊，2022（1）:87-98.

［8］成桂英，王继平.教师"课程思政"绩效考核的原则和关注点［J］.思想理论教育，2019（1）:79-83.

［9］程基伟.把握规律 主动引导 提升网络思想政治教育科学化水平［J］.北京教育（德育），2013（3）:12.

［10］董世坤.观念·制度·文化:高校管理育人再思考［J］.江苏高教，2019（7）:91-94.

［11］董泽芳，邹泽沛.常春藤大学一流本科人才培养模式的特点与启示［J］.高等教育研究，2019（10）:103-109.

［12］冯刚.思想政治教育创新发展的四个着力点［J］.教学与研究，2017（1）:23-29.

［13］冯刚.坚持立德树人 强化思想引领 全面提升大学生思想政治教育工作质量［J］.思想教育研究，2015（3）:6-11.

［14］冯子怡.高校心理育人面临的现实难题及其突破［J］.现代职业教育，2020（44）:194-195.

［15］高国希，叶方兴.高校课程体系合力育人的理论逻辑［J］.中国高等教育，2017（23）:10-13.

［16］高树仁，郑佳，曹茂甲.课程育人的历史逻辑、本质属性与教育进路［J］.中国大学教学，2022（Z1）:107-112.

［17］高锡文.基于协同育人的高校课程思政工作模式研究——以上海高校改革

实践为例［J］. 学校党建与思想教育，2017（24）:16-18.

［18］龚强，侯士兵. 疫情防控常态化下大学生网络思想政治教育的对策研究［J］.
思想政治教育研究，2021（6）:150-154.

［19］韩喜平，肖杨. 课程思政与思政课程协同育人的"能"与"不能"［J］.
思想理论教育导刊，2021（4）:131-134.

［20］韩照祥，朱惠娟，李强. 探索多元化实践育人模式 培育创新创业人才［J］.
实验室研究与探索，2011（1）:82-84+95.

［21］胡守敏，李森. 论课程育人生长点的困境与变革［J］. 课程·教材·教法，
2020（7）:4-11.

［22］黄红平. 高校思想政治教育中的人文关怀和心理疏导［J］. 社科纵横，
2011（3）:155.

［23］黄建美，邹树梁. 高校资助育人创新视角：构建多维资助模式的路径探析
［J］. 中国高教研究，2012（4）:81-85.

［24］黄蓉生，孙楚杭. 构建高校实践育人长效机制的思考［J］. 中国高等教育，
2012（Z1）:36-38.

［25］黄冬霞，吴满意. 近年来国内学界网络意识形态问题研究状况述评［J］.
天府新论，2015（5）:115-121.

［26］蒋德勤，侯保龙. 高校思想政治教育实践育人创新路径［J］. 思想理论教
育导刊，2016（2）:143-147.

［27］靳国庆，李人杰，王凯. 新时代高校教师思想政治素质考核评价指标体系
的构建［J］. 中国高等教育，2019（17）:16-18.

［28］敬坤，秦丽萍. 大学生日常生活管理育人的内涵分析［J］. 湖北社会科学，
2015（7）:162-165.

［29］李俊义. 高等教育质量价值取向的逻辑分歧及耦合［J］. 教育科学，2018
（4）:39-44.

［30］李世珍，郝婉儿. 习近平新时代高校教师队伍建设重要论述研究［J］. 北
京交通大学学报（社会科学版），2021（2）:141-147.

［31］李长春，罗丽华. 高校学生思想政治教育中人文关怀和心理疏导机制的构
建［J］. 保险职业学院学报，2008（2）:91.

［32］李子江，李子兵．国外高校教师队伍建设的经验与特色［J］.大学教育科学，2006（1）:59-61.

［33］梁伟，马俊，梅旭成.高校"三全育人"理念的内涵与实践［J］.学校党建与思想教育，2020（4）:36-38.

［34］凌峰，赵丹，汪文哲.基于目标的高校学生资助绩效考核研究［J］.辽宁行政学院学报，2010（12）:105-107.

［35］刘建军.论高校思想政治工作的育人格局［J］.思想理论教育，2017（3）:15-20.

［36］刘洁.高校管理育人的途径探析［J］.思想理论教育导刊，2012（8）:118-120.

［37］刘清生.新时代高校教师"课程思政"能力的理性审视［J］.江苏高教，2018（12）:91-93.

［38］刘献君.抓住四个关键问题 加强大学本科课程建设［J］.中国高等教育，2013（17）:40-43.

［39］刘在洲，谢晨霞，刘香菊，张恒波.大学科研育人现状、问题与对策——基于H省4所高校的调查［J］.高等教育研究，2019（6）:79-85.

［40］芦爱疆.基于协同理论的高校实践育人创新发展探究［J］.中国轻工教育，2019（1）:5-9, 15.

［41］龙达峰，黄近秋，孙俊丽.新建地方本科高校工科专业科研育人探索与实践［J］.惠州学院学报，2021（6）:116-119.

［42］马兵.网络意识形态工作制度的创新与经验［J］.红旗文稿，2019（24）:33-34.

［43］任燕红.大学功能整体性的内在构成［J］.国家教育行政学院学报，2018（4）:36-40.

［44］阮一帆，徐欢.高校科研育人探析［J］.思想理论教育导刊，2019（8）:152-155.

［45］申纪云.高校实践育人的深度思考［J］.中国高等教育，2012（Z2）:11-14.

［46］沈德立，马慧霞.论心理健康素质［J］.心理与行为研究，2004（4）:567.

［47］石丽艳.关于构建高校课程思政协同育人机制的思考［J］.学校党建与思想教育，2018（10）:41-43.

［48］史巍.论以"课程思政"实现协同育人的关键点位及有效落实［J］.学术论坛，

2018（4）:168-173.

［49］宋传盛.新时代高校资助育人的定位、问题与策略［J］.教育探索，2021
（9）:47-53.

［50］宋时春.论课程育人的三种逻辑与当代选择［J］.教育科学研究，2021
（12）:56-61.

［51］眭依凡.论大学的善治［J］.江苏高教，2014（6）:15-26.

［52］王习胜.以"三全育人"为导向 构建高校思想政治工作管理体系［J］.思
想理论教育，2021（4）:96-101.

［53］王晓勇.高校实践育人体系的构建与研究［J］.思想政治教育研究，2007
（6）:9-11.

［54］王杨.加强高校管理育人面临的挑战与对策［J］.思想理论教育，2019
（12）:107-111.

［55］王永友，胡义.思想政治理论课教师树人之本：政治底线、理论底子、能
力底气［J］.思想理论教育导刊，2019（8）:65-68.

［56］王永友，史君，孟鹏斐.研究生思想政治理论课教学价值理念重构［J］.
思想理论教育，2016（1）:68-72.

［57］王永友.思想政治理论课贯穿科学思维教学模式的实践考量［J］.思想政
治教育研究，2018（1）:81-87.

［58］王志新，周步昆，张根华等.新时代高校科研育人影响因素与路径探
索——以J省3所高校教师抽样调查问卷为例［J］.中国高校科技，2021
（12）:62-66.

［59］文大稷，秦在东.实践的观点是马克思主义哲学的理论基石——再读马克
思《关于费尔巴哈的提纲》［J］.社会主义研究，2010（3）:7-10.

［60］王胜本，李鹤飞，刘旭东.试论服务育人的新时代内涵［J］.中国高等教育，
2020（11）:47-49.

［61］吴远征.大数据视角下高校心理危机干预机制的构建［J］.科教导刊，
2018（23）:179.

［62］吴九君.系统思维视域下高校心理育人的实践反思与优化路径［J］.黑龙
江高教研究，2021（1）:144-149.

［63］肖香龙.思政课与其他课程须建立协同育人机制［J］.中国高等教育，2017（23）:14-15.

［64］熊匡汉.教育以育人为本与学生个性发展［J］.中国高教研究，2006（6）:50-51.

［65］徐耀强.论"工匠精神"［J］.红旗文稿，2017（10）:25-27.

［66］杨叔子.圆中国梦 育职业人［J］.深圳职业技术学院学报，2013（4）:3-6.

［67］杨小微.立德树人 纲举目张:学校课程一体化设计与运作［J］.中小学德育，2018（6）:5-9.

［68］杨晓慧.以"大思政"理念创新思政育人格局［J］.思想教育研究，2020（9）:6-8.

［69］杨振斌.做好新形势下高校资助育人工作的实践与思考［J］.中国高等教育，2018（5）:17-20.

［70］张成诗.论课程育人中思想政治育人与知识育人的关系［J］.中国青年政治学院学报，2007（3）:104-108.

［71］张大均，苏志强，王鑫强.儿童青少年心理素质研究30年［J］.心理与行为研究，2017（1）:3.

［72］张大均.论人的心理素质［J］.心理与行为研究，2003（2）:145.

［73］张丽.总体国家安全观视域下加强高校国家安全教育的多维思考［J］.思想理论教育，2021（11）:99-104.

［74］张瑞，覃千钟.课程思政教学评价:内涵、阻力及化解［J］.教育理论与实践，2021，41（36）:49-52.

［75］张燕，张靓婷，张洪斌.产学研校企合作协同育人机制构建［J］.广西教育学院学报，2017（4）:34-39.

［76］张文斌.着力构建网络育人质量提升体系［J］.中国高等教育，2017（Z2）:4-6.

［77］赵建华.关于加强高校管理育人工作的几点思考［J］.思想理论教育导刊，2011（2）:103-105.

［78］赵莉，孔凡柱.大学生心理素质及价值观相关研究［J］.中国成人教育，2003（3）:57-58.

［79］周宏武，余宙．做好新时代高校师德师风考核的策略探析［J］．中国高等教育，2022（2）:15-17.

［80］周双喜，冯俊文．以人为本构建科学有效的高校教师激励机制［J］．中国成人教育，2012（1）:56-58.

［81］朱庆葆．坚持社会主义办学方向的理论意义、时代价值和实践路径［J］．国家教育行政学院学报，2021（11）:3-4.

［82］庄西真．产教融合的内在矛盾与解决策略［J］．中国高教研究，2018（9）:81-86.

五、报纸文献

［1］习近平．关于《中共中央关于制定国民经济和社会发展第十四个五年规划和二〇三五年远景目标的建议》的说明［N］．人民日报，2020-11-04（2）.

［2］习近平在中国人民大学考察时强调 坚持党的领导传承红色基因扎根中国大地走出一条建设中国特色世界一流大学新路［N］．人民日报，2022-04-26（1）.

［3］习近平主持召开学校思想政治理论课教师座谈会强调 用新时代中国特色社会主义思想铸魂育人 贯彻党的教育方针落实立德树人根本任务［N］．人民日报，2019-03-19（1）.

［4］习近平在全国教育大会上强调 坚持中国特色社会主义教育发展道路 培养德智体美劳全面发展的社会主义建设者和接班人［N］．人民日报，2018-09-11（1）.

［5］习近平在全国高校思想政治工作会议上强调 把思想政治工作贯穿教育教学全过程 开创我国高等教育事业发展新局面［N］．人民日报，2016-12-09（1）.

［6］习近平．把培育和弘扬社会主义核心价值观作为凝魂聚气强基固本的基础工程［N］．人民日报，2014-02-26（1）.

［7］习近平．在第二届世界互联网大会开幕式上的讲话［N］．人民日报，2015-12-17（2）.

［8］中共中央国务院印发《关于新时代加强和改进思想政治工作的意见》［N］．人民日报，2021-07-13（1）.

［9］蓝晓霞．找准高校意识形态工作着力点［N］．光明日报，2019-09-03（5）.

［10］中共中央国务院发出《关于进一步加强和改进大学生思想政治教育的意见》［N］.人民日报，2004-10-15（1）.

［11］创新课堂教学 做好育人文章［N］.光明日报，2019-12-24（5）.

［12］林志芳.完善高校思政课实践教学激励机制［N］.中国社会科学报，2021-12-23（A09）.

［13］王平.把握关键环节 促进提质升级［N］.中国教育报，2020-12-21（10）.

［14］刘世清.高校书记校长要高度重视课程创新［N］.中国教育报，2022-04-14（2）.

［15］吴颖惠.构建以"育人"为核心的课程体系［N］.中国教师报，2019-03-06（14）.

［16］韩庆祥.习近平新时代中国特色社会主义思想中的"精准思维"［N］.新华日报，2020-06-09（13）.

［17］以赛促教提质量 以赛促建谋发展 贵州大学：高质量推进大学生创新创业工作［N］.贵州日报，2022-05-04（4）.

六、学位论文

［1］白永生.新时代高校文化育人研究［D/OL］.桂林：广西师范大学，2020［2022-06-22］.https://kns.cnki.net/kcms/detail/detail.aspx?dbcode=CDFD&dbname=CDFDLAST2022&filename=1021509971.nh&uniplatform=NZKPT&v=fd0vc0cBClweun1Gp_OWnmbvt-J7H80zur4Yr5CWMgQOqbm2JpRulBJnRJA0uP8y.

［2］陈步云.高校实践育人机制研究［D/OL］.长春：东北师范大学，2017［2022-06-22］.https://kns.cnki.net/kcms/detail/detail.aspx?dbcode=CDFD&dbname=CDFDLAST2018&filename=1018036975.nh&uniplatform=NZKPT&v=RkK2v5a0v5Qg0Vtllh59SW0SiWHtlSR8k4s3P1VwCF_nAoX2TNKGKnhYqf2sARo4.

［3］敬坤.大学生日常生活管理育人研究［D/OL］.武汉：武汉大学，2015［2022-06-22］.https://kns.cnki.net/kcms/detail/detail.aspx?dbcode=CDFD&dbname=CDFDLAST2017&filename=1015305251.nh&uniplatform=NZKPT&v=24vObJG1zspdO2KSrMXeucgFah3NLxVgqcMKx5KRHAk-kMNS1_zaLA14DF30-cYF.

［4］王飞.高校学生组织管理科学化研究［D/OL］.南京：南京师范大学，2014［2022-06-22］.https://kns.cnki.net/kcms/detail/detail.aspx?dbcode=CDFD&dbname=CDFDLAST2017&filename=1016295257.nh&uniplatform=NZKPT&v=gswG

EDynQJJGBzr8SNbYxK4uR01uwpLklh_KKs2sowQuvVeMKgaiPnSbkpdZHYk5.

［5］徐丽曼 . 高校思想政治教育实践育人模式研究［D/OL］. 大连：辽宁师范大学，2009［2022-06-22］.https://kns.cnki.net/kcms/detail/detail.aspx?dbcode=CDFD&dbname=CDFD0911&filename=2010017340.nh&uniplatform=NZKPT&v=L3z8vGW6mc-ieeINYBu4VS0xkOs_Kwxl5-d-8FPsD_ULPpRhYD5TPJAvBAnuwLe5.

［6］于欧 . 中国特色社会主义理论体系普及载体研究［D/OL］. 武汉：武汉大学，2017［2022-06-22］.https://kns.cnki.net/kcms/detail/detail.aspx?dbcode=CDFD&dbname=CDFDLAST2020&filename=1017170032.nh&uniplatform=NZKPT&v=2LiJDDx7mKc15fGOazTOcGFT47Zl2hHQ5mEqJrJ9h4jkG9xJBgCTkVgQR7pR-B6a.

［7］邹慧 . 新媒体时代思想政治教育创新研究［D/OL］. 武汉：武汉理工大学，2018［2022-06-22］.https://kns.cnki.net/kcms/detail/detail.aspx?dbcode=CDFD&dbname=CDFDLAST2019&filename=1019831804.nh&uniplatform=NZKPT&v=xdMBgDCoOocoiWGL8V_J8fqIiR9ukBZVaMWW5I1XpRSukJToaVJCEKInmSA3_2ex.

七、其他

［1］中共中央、国务院印发《中国教育现代化 2035》［EB/OL］.（2019-02-23）［2022-06-22］.http://www.gov.cn/xinwen/2019-02/23/content_5367987.htm.

［2］中共中央 国务院印发《"健康中国 2030"规划纲要》［EB/OL］.（2016-10-25）［2022-06-22］.http://www.gov.cn/xinwen/2016-10/25/content_5124174.htm.

［3］中共中央办公厅、国务院办公厅印发《关于进一步加强和改进新形势下高校宣传思想工作的意见》［EB/OL］.（2015-01-19）［2022-06-22］.http://www.gov.cn/xinwen/2015-01/19/content_2806397.htm.

［4］中华人民共和国教育部 . 教育部等六部门关于加强新时代高校教师队伍建设改革的指导意见：教师〔2020〕10 号［EB/OL］.（2021-01-04）［2022-06-22］.http://www.moe.gov.cn/srcsite/A10/s7151/202101/t20210108_509152.html.

［5］中华人民共和国教育部 . 教育部关于印发《高等学校课程思政建设指导纲要》的通知：教高〔2020〕3 号［EB/OL］.（2020-06-01）［2022-06-22］.http://www.moe.gov.cn/srcsite/A08/s7056/202006/t20200603_462437.html.

［6］中华人民共和国教育部等 . 教育部等八部门关于加快构建高校思想政治工

作体系的意见：教思政〔2020〕1号〔EB/OL〕.（2020-04-28）〔2022-06-22〕.
http://www.moe.gov.cn/srcsite/A12/moe_1407/s253/202005/t20200511_452697.
html.

［7］中华人民共和国教育部.教育部关于全面深化课程改革落实立德树人根本
任务的意见：教基二〔2014〕4号〔EB/OL〕.（2014-04-08）〔2022-06-22〕.
http://www.moe.gov.cn/srcsite/A26/jcj_kcjcgh/201404/t20140408_167226.html.

［8］中华人民共和国教育部.关于政协第十三届全国委员会第四次会议第4271
号（教育类437号）提案答复的函：教科信提案〔2021〕361号〔EB/OL〕.
（2021-10-14）〔2022-06-22〕.http://www.moe.gov.cn/jyb_xxgk/xxgk_jyta/jyta_
kjs/202111/t20211104_577687.html.

［9］中共教育部党组.中共教育部党组关于完善高校教师思想政治和师德师风
建设工作体制机制的指导意见：教党〔2021〕79号〔EB/OL〕.（2021-12-
07）〔2022-06-22〕.http://www.moe.gov.cn/jyb_xwfb/gzdt_gzdt/s5987/202112/
t20211231_591670.html.

［10］中共教育部党组.中共教育部党组关于印发《高等学校学生心理健康教
育指导纲要》的通知：教党〔2018〕41号〔EB/OL〕.（2018-07-06）
〔2022-06-22〕.http://www.moe.gov.cn/srcsite/A12/moe_1407/s3020/201807/
t20180713_342992.html.

［11］中共教育部党组.中共教育部党组关于印发《高校思想政治工作质量
提升工程实施纲要》的通知：教党〔2017〕62号〔EB/OL〕.（2017-
12-05）〔2022-06-22〕.http://www.moe.gov.cn/srcsite/A12/s7060/201712/
t20171206_320698.html.

［12］国家中长期教育改革和发展规划纲要工作小组办公室.国家中长期教育改
革和发展规划纲要（2010—2020年）〔EB/OL〕.（2010-07-29）〔2022-06-22〕.
http://www.moe.gov.cn/srcsite/A01/s7048/201007/t20100729_171904.html.

［13］财政部、教育部、人民银行、银监会.财政部 教育部 人民银行 银监会
关于进一步落实高等教育学生资助政策的通知：财科教〔2017〕21号
〔EB/OL〕.（2017-03-28）〔2022-06-22〕.http://www.moe.gov.cn/jyb_xxgk/
moe_1777/moe_1779/201704/t20170413_302466.html.

［14］全国学生资助管理中心.关于印发《2022 年学生资助工作要点》的通知：教助中心〔2022〕10 号［EB/OL］.（2022-03-07）［2022-06-22］.http://www.xszz.cee.edu.cn/index.php/shows/6/7506.html.

［15］全国学生资助管理中心.西北工业大学以价值塑造为引领构建发展型资助体系［EB/OL］.（2022-04-12）［2022-06-22］.http://www.csa.cee.edu.cn/index.php/shows/5/7508.html.

［16］全国学生资助管理中心.中南民族大学多措并举解决困难学生"急难愁盼"问题［EB/OL］.（2022-02-24）［2022-06-22］.http://www.csa.cee.edu.cn/index.php/shows/5/7493.html.

［17］全国学生资助管理中心.华侨大学组织学生资助宣传大使开展"助力乡村振兴"周宁研习营活动［EB/OL］.（2021-07-13）［2022-06-22］.http://www.xszz.cee.edu.cn/index.php/shows/5/6262.html.

［18］全国学生资助管理中心.宣讲资助政策 服务学生成长——西南交通大学广泛开展资助政策宣讲服务［EB/OL］.（2021-12-08）［2022-06-22］.http://www.xszz.cee.edu.cn/public/index.php/shows/5/7353.html.

［19］全国学生资助管理中心.寒冬家访暖人心，资助育人递"农"情——华中农业大学开展家庭经济困难学生家访活动［EB/OL］.（2022-04-12）［2022-06-22］.http://www.csa.cee.edu.cn/index.php/shows/5/7509.html.

［20］中共中央办公厅 国务院办公厅印发《关于深化教育体制机制改革的意见》［EB/OL］.（2017-09-24）［2022-06-22］.http://www.gov.cn/xinwen/2017-09-24/content_5227267.htm.

2016年12月7日至8日，全国高校思想政治工作会议在北京召开，习近平总书记发表了重要讲话，强调高校要把立德树人作为中心环节，把思想政治工作贯穿教育教学全过程，实现全程、全方位育人，并要求高校各门课程要与思政课同向同行，要创新学术话语体系，要注重以文化人以文育人，要广泛开展各类社会实践，要把思想政治工作传统优势与信息技术高度融合等。2017年12月，中共教育部党组印发了《高校思想政治工作质量提升工程实施纲要》的通知，《纲要》明确提出要切实构建"十大"育人体系，这是本书选题的直接政策依据。

思想政治工作是党的优良传统、鲜明特色和突出政治优势，是学校各项工作的生命线，是全面提升人才培养能力、办好中国特色社会主义高校的重要保证。高校思想政治工作育人体系的创新发展是推动高校切实落实立德树人根本任务的重要环节，而推动构建"十大"育人体系，坚持一体化育人，有助于将高校思想政治工作融入人才培养各环节，充分发挥高校各项工作中育人元素的育人功能，增强高校对人才培养的政治引领和价值引导作用，确保高校切实做到为党育人、为国育才，从而为培养社会主义建设者和接班人做出积极贡献。

高校思想政治工作育人体系创新发展的最终落脚点在于"育"，因而本书始终坚持育人导向，突出价值引领，强调课程教学工作、科研工作、实践活动、文化建设工作、网络工作、心理建设工作、管理工作、服务工作、资助工作、组织工作开展过程中对大学生理想信念、价值理念、道德观念等的教育引领；始终坚持遵循规律，力求推动改革创新，强调各项育人工作要在遵循思想政治工作规律、教书育人规律、学生思想品德发展规律等的基础上实现改革创新发展；始终坚持问题导向，努力实现协同联动，强调构建"十大"育人体系要优先解决各项育人工作中的突出问题，切实推动各项育人工作协同发展、形成合力。

全书主要对"十大"育人理念、机制、实践路径等进行了系统研究，参考了大量文献，使用了大量案例，对有关作者、单位一并表示衷心的感谢。本书是在张永红教授的主持下集体完成的，并最终由张永红统稿、定稿。各章节作者如下：第一章：闫蕾；第二章：史绍华；第三章：闵翠翠；第四章：邓晓；第五章：张永红、陈艺灵；第六章：欧阳林洁；第七章：李强；第八章：张少卿；第九章：张永红、高静、马邈筝；第十章：彭甜媛。

是为后记。

张永红

2022 年 6 月